"十四五"国家重点出版物出版规划项目
交通运输科技丛书·公路基础设施建设与养护
跨海交通集群工程智能化运维系列丛书

跨海桥梁智能化检测、监测与评估

景强 韩万水 梁鹏 王鹏 杨干 著

人民交通出版社

北京

内 容 提 要

本书依托国家重点研发计划项目"港珠澳大桥智能化运维技术集成应用"部分研究成果编写，是"跨海交通集群工程智能化运维系列丛书"中的一本。

本书依托港珠澳大桥，主要介绍了跨海桥梁智能监测、检测与评估技术。以跨海桥梁服役状态感知与评估技术现状与创新前景作为技术背景，首先，介绍了港珠澳大桥健康监测系统的设计原理、设备资产、数据管理、数据实时处理、数据分析和软件体系；接着，从桥梁钢结构表面病害智能化检测、桥梁典型结构表面智能评估方法、表面病害智能化等级评定方法等方面介绍了基于无人平台的桥梁水上结构检测与评估技术；然后，介绍了港珠澳大桥的风、波浪、交通、温度、地震等运营荷载的重构技术、多场耦合作用下桥梁仿真计算框架以及跨海桥梁服役状态综合评估方法；最后，展示了跨海桥梁服役性能监测与评估系统，并总结了本书在设备、技术手段、评估理论以及体系上的创新。

本书可供桥梁领域的科研工作者、桥梁运营管理者以及工程师在其研究和工作中参考使用。

图书在版编目（CIP）数据

跨海桥梁智能化检测、监测与评估 / 景强等著. —北京：人民交通出版社股份有限公司，2024.5
（跨海交通集群工程智能化运维系列丛书）
ISBN 978-7-114-19266-1

Ⅰ.①跨… Ⅱ.①景… Ⅲ.①桥梁结构—检测—研究 Ⅳ.①U446

中国国家版本馆 CIP 数据核字（2024）第 026192 号

Kuahai Qiaoliang Zhinenghua Jiance、Jiance yu Pinggu

书　　名：	跨海桥梁智能化检测、监测与评估
著 作 者：	景　强　韩万水　梁　鹏　王　鹏　杨　干
责任编辑：	侯蓓蓓　黎小东　周　宇
责任校对：	赵媛媛
责任印制：	刘高彤
出版发行：	人民交通出版社
地　　址：	（100011）北京市朝阳区安定门外外馆斜街 3 号
网　　址：	http://www.ccpcl.com.cn
销售电话：	（010）59757973
总 经 销：	人民交通出版社发行部
经　　销：	各地新华书店
印　　刷：	北京市密东印刷有限公司
开　　本：	787×1092　1/16
印　　张：	18.5
字　　数：	287 千
版　　次：	2024 年 5 月　第 1 版
印　　次：	2024 年 5 月　第 1 次印刷
书　　号：	ISBN 978-7-114-19266-1
定　　价：	110.00 元

（有印刷、装订质量问题的图书，由本社负责调换）

交通运输科技丛书编审委员会

(委员排名不分先后)

顾　问：王志清　汪　洋　姜明宝　李天碧

主　任：虎　松

副主任：洪晓枫　林　强

委　员：石宝林　张劲泉　赵之忠　关昌余　张华庆

　　　　郑健龙　沙爱民　唐伯明　孙玉清　费维军

　　　　王　炜　孙立军　蒋树屏　韩　敏　张喜刚

　　　　吴　澎　刘怀汉　汪双杰　廖朝华　金　凌

　　　　李爱民　曹　迪　田俊峰　苏权科　严云福

跨海交通集群工程智能化运维系列丛书
编审委员会

主　任：郑顺潮

副主任：（排名不分先后）

陈　纯　　张建云　　岳清瑞　　叶嘉安

滕锦光　　宋永华　　戴圣龙　　沙爱民

方守恩　　张劲泉　　史　烈　　苏权科

韦东庆　　张国辉　　莫垂道　　李　江

段国钦　　景　强

委　员：（排名不分先后）

汤智慧　　苗洪志　　黄平明　　潘军宁

杨国锋　　蔡成果　　王　罡　　夏　勇

区达光　　周万欢　　王俊骅　　廖军洪

汪劲丰　　董　玮　　周　波

《跨海桥梁智能化检测、监测与评估》编写组

丛书总主编：景　强

主　　编：景　强　韩万水　梁　鹏　王　鹏

　　　　　杨　干

参　　编：（排名不分先后）

　　　　　夏子立　麦权想　周永川　李东洋

　　　　　周　恺　胡银洲　张书颖　冯　宇

　　　　　许　昕　郭雪莲　刘晓东　李光玲

　　　　　张　阳　刘玖贤　单彧诗　卢聚斌

编写单位：港珠澳大桥管理局

　　　　　长安大学

　　　　　中国航发北京航空材料研究院

　　　　　香港理工大学

总序 GENERAL FOREWORD

科技是国家强盛之基，创新是民族进步之魂。中华民族正处在全面建成小康社会的决胜阶段，比以往任何时候都更加需要强大的科技创新力量。党的十八大以来，以习近平同志为核心的党中央做出了实施创新驱动发展战略的重大部署。党的十八届五中全会提出必须牢固树立并切实贯彻创新、协调、绿色、开放、共享的发展理念，进一步发挥科技创新在全面创新中的引领作用。在最近召开的全国科技创新大会上，习近平总书记指出要在我国发展新的历史起点上，把科技创新摆在更加重要的位置，吹响了建设世界科技强国的号角。大会强调，实现"两个一百年"奋斗目标，实现中华民族伟大复兴的中国梦，必须坚持走中国特色自主创新道路，面向世界科技前沿、面向经济主战场、面向国家重大需求。这是党中央综合分析国内外大势、立足我国发展全局提出的重大战略目标和战略部署，为加快推进我国科技创新指明了战略方向。

科技创新为我国交通运输事业发展提供了不竭的动力。交通运输部党组坚决贯彻落实中央战略部署，将科技创新摆在交通运输现代化建设全局的突出位置，坚持面向需求、面向世界、面向未来，把智慧交通建设作为主战场，深入实施创新驱动发展战略，以科技创新引领交通运输的全面创新。通过全行业广大科研工作者长期不懈的努力，交通运输科技创新取得了重大进展与突出成效，在黄金水道能力提升、跨海集群工程建设、沥青路面新材料、智能化水面溢油处置、饱和潜水成套技术等方面取得了一系列具有国际领先水平的重大成果，培养了一批高素质的科技创新人才，支撑了行业持续快速发展。同时，通过科技示范工程、科技成果推广计划、专项行动计划、科技成果推广目录等，推广应用了十余项科研成果，有力促进了科研向现实生产力转化。组织出版"交通运输建设科技丛书"，是推进科技成果公开、加强科技成果推广应用的一项重要举措。"十二五"期间，该丛书共出版72册，全部列入"十二五"国家重点图书出版规划项目，其中12册获得国家出版基金支持，6册获中华优秀出版物奖图书提名奖，行业影响力和社会知名度不断扩大，逐渐成为交通运输高端学术交流和科技成果公开的重要平台。

"十三五"时期，交通运输改革发展任务更加艰巨繁重，政策制定、基础设施建设、运输管理等领域更加迫切需要科技创新提供有力支撑。为适应形势变化的需要，在以往工作的基础上，我们将组织出版"交通运输科技丛书"，其覆盖内容由建设技术扩展到交通运输科学技术各领域，汇集交通运输行业高水平的学术专著，及时集中展示交通运输重大科技成果，将对提升交通运输决策管理水平、促进高层次学术交流、技术传播和专业人才培养发挥积极作用。

当前，全党全国各族人民正在为全面建成小康社会、实现中华民族伟大复兴的中国梦而团结奋斗。交通运输肩负着经济社会发展先行官的政治使命和重大任务，并力争在第二个百年目标实现之前建成世界交通强国，我们迫切需要以科技创新推动转型升级。创新的事业呼唤创新的人才。希望广大科技工作者牢牢抓住科技创新的重要历史机遇，紧密结合交通运输发展的中心任务，锐意进取、锐意创新，以科技创新的丰硕成果为建设综合交通、智慧交通、绿色交通、平安交通贡献新的更大的力量！

2016年6月24日

序 | FOREWORD

  港珠澳大桥作为世界上最长的跨海大桥，不仅是中国工程史上的壮丽篇章，更是技术创新的杰作。保证港珠澳大桥在复杂多变的海洋环境中稳定运行，对桥梁的检测、监测与评估提出了前所未有的挑战。本书基于国家重点研发计划项目"港珠澳大桥智能化运维技术集成应用"的部分研究成果，深入解析了港珠澳大桥在智能化监测、检测与评估技术方面的创新实践。

  面对庞大的工程规模，传统的监测、检测和评估方法存在着成本高、效率低等问题。虽然已经出现了无人机或机器人进行自动化检测的技术，但也存在设备功能单一封闭、接口繁杂等问题，其在复杂任务中的高效稳定使用仍受到一些制约。传统桥梁评估方法虽然具有较强的普适性，但是对于环境复杂、功能多样、规模庞大的跨海集群桥梁工程，现行规范标准所提供的评定方法及实施流程难以高度契合，需要建立更针对、更全面合理的跨海桥梁评估方法体系。针对上述问题，该书以港珠澳大桥统一化、规范化的结构解析为基础，构建了统一的数字大桥底座。同时，开发无人机、机器人等新设备，引入5G通信、物联网、流计算、人工智能等新技术，建立了数据中台、智联平台等集成应用平台，改变了多设备、多系统数据之间的孤岛状态，实现了数据的互享共通，进而助力了桥梁检测、监测的智能、高效、准确。此外，针对港珠澳大桥的运营阶段，开发了多场耦合作用下的桥梁有限元仿真计算软件，结合正向仿真模拟和反向监测诊断开展结构评估。这些新技术、新方法、新理念已经初步在港珠澳大桥的监测、检测和评估中得到了实践和应用。

该书有助于推动结构智能化监测、检测与评估技术的发展与应用，为大型跨海桥梁工程运营管理提供技术支持，同时也可供相关研究领域的学者和工程师提参考。

2024 年 4 月 11 号

前言 PREFACE

　　港珠澳大桥地处珠江口伶仃洋海域，是现今世界上建设规模最大、运营环境最复杂的跨海集群工程，代表了我国跨海集群工程建设的最高水平。为攻克跨海重大交通基础设施智能运维技术瓶颈，示范交通行业人工智能和新基建技术落地应用，港珠澳大桥管理局统领数十家参研单位，依托国家重点研发计划"港珠澳大桥智能化运维技术集成应用"、广东省重点领域研发计划"重大跨海交通集群工程智能安全监测与应急管控"、交通运输领域新型基础设施建设重点工程"数字港珠澳大桥"、交通强国建设试点任务"用好管好港珠澳大桥"等开展技术攻关，将港珠澳大桥在智能运维方面的积极探索以关键技术的方式进行提炼，共同撰写了"跨海交通集群工程智能化运维系列丛书"。丛书的出版，对促进传统产业与新一代信息技术融通创新具有重要意义，为国内外跨海集群工程智能化运维提供了丰富的借鉴和参考。

　　本书集中汇聚了港珠澳大桥跨海集群工程中桥梁结构智能化检测、监测与评估技术方面所取得的创新科技成果。在监测方面，依托数据中台、云计算平台等有效提高数据管理和处理的稳定性和实时性；深度挖掘数据信息，反演桥梁状态，为桥梁正向仿真与反向监测结合的评估体系提供数据支撑；打通数据处理、数据分析、超限报警、监测报告生成等全监测业务流程；从算据管理、算力强化、算法打通、业务集成、自主掌控等多方面全面提升健康监测系统的准确性、可靠性和稳定性。在检测方面，针对跨海桥梁水上结构表面存在的易腐蚀且难以被快速感知、识别的问题，建立智能巡检机器人及巡检无人机的综合集控系统，利用5G技术、盲区定位技术，实现对无人机、机器人的协同控制和数据传输；同时借助航空装备发展理念，建立结合结构离散技术的病害智能化识别专家决策系统，以形成基于无人平台的桥梁水上结构检测与评估技术体系。在桥梁评估方面，基于荷载的感知数据对港珠澳大桥运营环境中的风、波浪、交通、温度和地震等荷载进行转译和重构；自主研发了多场耦合作用桥梁仿真计算软件；建立了技术状况评定指标及分级评定标准，并针对港珠澳大桥的应用场景提出了技术状况指标评定方法，同时开展了关键易损构件的专项评估；综合桥梁健康监测、仿真计算等多源数据，采用正向仿真计算和反向监测诊断相结合的方式对桥梁结构的适应性进行评估；基于多属性效用理论评定方法，对不同维度的数据进行去量纲化整合分析，针对港珠澳大桥的桥梁安全性、耐久性、适用性和其他性能进行综合评价。

本书共分8章，第1章介绍了本书的研究背景，所涉及领域的现状、所依托的工程情况以及主要内容概括。第2章主要介绍港珠澳大桥健康监测系统在监测设备资产、数据管理、数据实时处理、数据分析理论和软件等方面的关键技术亮点。第3章从桥梁钢结构表面病害智能化检测、桥梁典型结构表面智能评估方法、表面病害智能化等级评定方法等方面介绍了基于无人平台的桥梁水上结构检测与评估技术。第4~6章分别介绍了港珠澳大桥的风、波浪、交通、温度、地震等运营荷载的重构技术、多场耦合作用下桥梁仿真计算框架以及跨海桥梁服役状态综合评估平台。第7章重点展示了跨海桥梁服役性能监测与评估系统。第8章总结了本书在设备、技术手段、评估理论以及体系上的创新。

限于作者的水平和经验，书中错漏之处在所难免，恳请读者批评指正。

作　者

2024年1月

目录 CONTENTS

第 1 章　绪论

1.1　研究背景……………………………………………………………………002
1.2　跨海桥梁服役状态感知与评估技术现状…………………………………004
1.3　跨海桥梁服役状态感知与评估创新………………………………………013
1.4　依托工程概况………………………………………………………………015
1.5　本书主要内容………………………………………………………………020

第 2 章　跨海桥梁健康监测

2.1　概述…………………………………………………………………………024
2.2　监测设备资产………………………………………………………………025
　　2.2.1　有线传感网络监测设备……………………………………………025
　　2.2.2　无线传感网络监测设备……………………………………………026
2.3　数据管理……………………………………………………………………029
2.4　数据实时处理………………………………………………………………031
2.5　数据分析理论方法…………………………………………………………033
　　2.5.1　数据异常诊断………………………………………………………033
　　2.5.2　港珠澳大桥运营模态自动识别……………………………………038
　　2.5.3　港珠澳大桥涡激振动自动识别与报警……………………………043

2.5.4　港珠澳大桥斜拉索异常振动自动识别与报警 …………………… 046
2.6　数据分析软件 ……………………………………………………………… 052
　　2.6.1　软件概况 …………………………………………………………… 052
　　2.6.2　智联平台集成环境 …………………………………………………… 053
　　2.6.3　数据处理 …………………………………………………………… 054
　　2.6.4　业务支撑 …………………………………………………………… 055
　　2.6.5　软件业务层 …………………………………………………………… 056
　　2.6.6　展示集成 …………………………………………………………… 058
2.7　本章小结 …………………………………………………………………… 059

第 3 章　基于无人平台的桥梁水上结构检测与评估技术

3.1　概述 ………………………………………………………………………… 062
3.2　桥梁结构表面病害智能化检测 …………………………………………… 062
　　3.2.1　箱梁外表面巡检机器人 ……………………………………………… 064
　　3.2.2　箱梁内轨道巡检机器人 ……………………………………………… 067
　　3.2.3　高耸结构物巡检用智能无人平台 …………………………………… 070
　　3.2.4　5G 综合指挥车 ……………………………………………………… 076
3.3　桥梁典型结构表面智能评估方法 ………………………………………… 077
　　3.3.1　概述 …………………………………………………………………… 077
　　3.3.2　桥梁钢结构与混凝土表面病害等级评价标准 ……………………… 079
　　3.3.3　表面病害识别方法 …………………………………………………… 083
　　3.3.4　表面病害智能化等级评定方法 ……………………………………… 100
3.4　本章小结 …………………………………………………………………… 104

第 4 章　跨海桥梁荷载场重构技术

4.1　概述 ………………………………………………………………………… 108
4.2　风荷载仿真技术 …………………………………………………………… 108
　　4.2.1　良态/台风场重构 …………………………………………………… 109

4.2.2　桥梁风荷载模拟 ……………………………………………… 113
4.3　波浪荷载仿真技术 ……………………………………………………… 115
　　4.3.1　波浪场重构 ……………………………………………………… 115
　　4.3.2　桥梁波浪荷载模拟 ……………………………………………… 118
4.4　交通荷载感知与荷载仿真技术 ………………………………………… 122
　　4.4.1　融合多源异构信息的交通荷载重构方法 …………………… 123
　　4.4.2　基于历史数据的交通荷载智能推演 ………………………… 130
4.5　温度作用仿真技术 ……………………………………………………… 134
　　4.5.1　温度场重构 ……………………………………………………… 135
　　4.5.2　桥梁温度作用模拟 ……………………………………………… 144
4.6　地震作用仿真技术 ……………………………………………………… 146
　　4.6.1　地震场重构技术 ………………………………………………… 147
　　4.6.2　桥梁地震作用模拟 ……………………………………………… 150
4.7　本章小结 ………………………………………………………………… 153

第5章　跨海桥梁服役状态智能仿真技术

5.1　概述 ……………………………………………………………………… 156
5.2　荷载耦合关系 …………………………………………………………… 156
　　5.2.1　风浪耦合关系 …………………………………………………… 156
　　5.2.2　风车耦合关系 …………………………………………………… 169
5.3　跨海桥梁最不利荷载组合 ……………………………………………… 174
5.4　多场耦合作用下桥梁动力分析 ………………………………………… 176
　　5.4.1　跨海桥梁多荷载场加载 ………………………………………… 177
　　5.4.2　风-车-浪-桥多耦合振动分析 …………………………………… 178
　　5.4.3　系统验证 ………………………………………………………… 180
　　5.4.4　多场耦合作用下桥梁结构仿真分析系统架构 ……………… 182
5.5　基于正反结合的桥梁动力学模型修正与算法优化 …………………… 183
　　5.5.1　数据预处理 ……………………………………………………… 184
　　5.5.2　神经网络模型的选取 …………………………………………… 187

5.5.3 损测模型训练、性能评估与误差分析 ·············· 188
5.5.4 荷载仿真与有限元模型修正 ·············· 189
5.6 本章小结 ·············· 190

第6章 跨海桥梁服役状态综合评估

6.1 概述 ·············· 192
6.2 桥梁综合技术状况评定 ·············· 192
 6.2.1 评定指标体系建立及分级评定标准 ·············· 193
 6.2.2 桥梁技术状况指标评定方法 ·············· 196
 6.2.3 关键易损构件的评估 ·············· 197
6.3 桥梁适应性评定 ·············· 208
 6.3.1 承载能力评定 ·············· 208
 6.3.2 通行能力评定 ·············· 211
 6.3.3 抗灾害能力评定 ·············· 212
6.4 桥梁综合评定 ·············· 214
 6.4.1 效用函数确定方法 ·············· 215
 6.4.2 综合评估方法 ·············· 218
6.5 本章小结 ·············· 220

第7章 跨海桥梁服役性能监测与评估系统

7.1 概述 ·············· 222
7.2 港珠澳大桥健康监测系统 ·············· 222
 7.2.1 目标 ·············· 223
 7.2.2 需求分析 ·············· 224
 7.2.3 系统细部设计 ·············· 228
 7.2.4 系统实施与部署 ·············· 229
7.3 港珠澳大桥桥梁服役性能仿真、在线评估与分级预警系统 ·············· 231
 7.3.1 需求分析 ·············· 232

7.3.2 平台架构设计……………………………………234
7.3.3 平台细部设计……………………………………242
7.3.4 平台实施与部署…………………………………244
7.4 本章小结……………………………………………255

第8章 结语

8.1 设备创新………………………………………………258
8.2 技术手段创新…………………………………………259
8.3 评估理论创新…………………………………………260
8.4 评估体系创新…………………………………………261

参考文献

索引

CHAPTER 1 | 第 1 章

绪论

1.1 研究背景

1)港珠澳大桥桥岛隧一体化感知与评估体系

港珠澳大桥地处珠江口伶仃洋海域,是在海洋环境下建造和运营的跨海集群工程,是连接香港特别行政区、广东省珠海市、澳门特别行政区的大型跨海通道。大桥工程集桥岛隧于一体,全长约55km,其中主桥长度约29.6km,穿越伶仃航道和铜鼓西航道段为6.7km长的沉管隧道,隧道东、西两端各设置一个海中人工岛(蓝海豚岛和白海豚岛)。

港珠澳大桥战略地位和通航要求极高,代表了中国交通基础设施建设的最高水平,是标志我国从"交通大国"迈向"交通强国"的国家工程。同时,港珠澳大桥是现今世界上建设规模最大、运营环境最复杂的跨海工程,设计使用年限首次采用120年标准,长期承受风、浪、洋流、温度、盐雾、行车等复杂因素的耦合作用,并可能受到火灾、船撞、地震等极端灾险的考验,面临着桥梁、人工岛、沉管隧道协同服役的安全性、稳定性和耐久性难题。充分有效的运营与维护是交通基础设施持久安全服役的基本保障,直接关系到设计使用寿命、经济社会效益的实现。因此,如何全面感知、评估港珠澳大桥集群工程的服役状态,进一步指导运维决策的科学制定,成为大桥运营和延长使用寿命的关键。

目前,我国已经形成了一套较为完善的跨海桥梁结构的检测、监测与评估技术体系,并在大量的工程中得到了应用和发展,为跨海桥梁结构提供了有效的保障和管理手段。然而,港珠澳大桥以人工岛作为桥隧转换设施的应用在国内属于首例,关于人工岛评定和沉管隧道评定的理论方法和技术体系在国内外都处于空白,缺乏可参考的技术标准和规范。目前在集群工程服役状态维养领域,国内外运营及科研人员主要针对单一结构设施及特定服役阶段进行研究,导致各组成部分的评估体系相互割裂,不可避免地形成了"信息孤岛",制约了运维决策的协同联合及高质效实施。而对于建设规模更大、运营难度更高、涉及领域更多的跨海集群交通基础设施维养决策,无法单纯依靠人工巡检、随机抽查以及限制荷载等传统方法,现行标准规范所提供的评定方法及实施流程难以满足智能运维与决策的需要,尤其是对于港珠澳大桥这种由桥梁、人工岛与沉管隧道组成的超大型跨海集群工程,迫切需要建立全方位感知、系统化评估及智能化维养体系。

针对以上问题,国家重点研发计划项目"港珠澳大桥智能化运维技术集成应用"提出桥岛隧结构一体化感知与评估体系,如图 1.1-1 所示,建立了桥岛隧不同设施类型的"技术状况评定-适应性评定-综合评定"评估方法与标准,打通"数据感知-仿真分析-结构响应-结构评定"业务链条,为桥岛隧服役状态评估奠定理论基础,实现了桥岛隧服役安全性能、适用性能、耐久性能等综合性能的评估;进一步研发了桥梁、人工岛、沉管隧道服役性能仿真在线评估及分级预警系统,实现了桥岛隧结构服役性能的实时评估与分级预警。

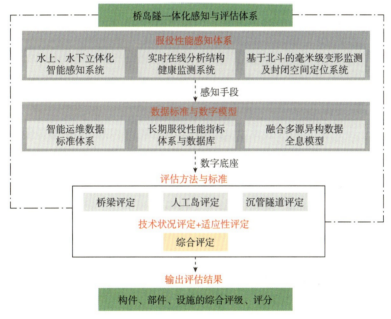

图 1.1-1 桥岛隧一体化感知与评估体系框架

本书针对港珠澳大桥桥岛隧结构一体化评估体系的关键一环——跨海桥梁评定,基于国家重点研发计划项目课题二"港珠澳大桥智能化运维技术集成应用"子课题二"桥梁服役状态智能仿真、在线评估与分级预警",从桥岛隧一体化评估体系框架出发,围绕港珠澳大桥跨海桥梁条件复杂和工程结构特点,开展桥梁服役状态评估和预警、服役信息智能感知、服役行为模型试验、服役状态智能仿真等关键技术研究,最终形成跨海桥梁服役状态感知、评估和预警技术保障体系。相关研究成果能够为行业内跨海桥梁的智能运维树立工作标杆和提供成果借鉴,推动传统领域与新兴人工智能技术的结合,加速推进交通强国建设进程。

2）跨海桥梁服役现状与特点

跨海桥梁作为最常见的跨海通道形式,具有技术成熟、造价相对低廉、运营效率高等优点,对于提高交通运输效率,促进区域经济发展起到了举足轻重的作用。我国目前已经建成了多座世界级的跨海大桥,如港珠澳大桥、杭州湾跨海大桥、厦门海沧大桥等,这些桥梁在设计、施工、材料、装备等方面都具有自主创新的技术和特色,为世界桥梁工程的发展作出了重要贡献,充分展示了我国在桥梁工程领域的自主创新能力和领先水平。

跨海桥梁在服役过程中,需要面对多种恶劣环境和人为因素的影响,如风、浪、洋流、温度、盐雾、船撞、地震等,这些因素会对桥梁结构造成不同程度的损伤,影响桥梁的安全性和耐久性。因此,对跨海桥梁进行有效的检测、监测与评估是保证其正常运营和延长使用寿命的重要手段。目前,我国已经形成了一套较为完善的跨海桥梁结构的检测、监测与评估技术体系。然而,现有技术体系仍面临4大瓶颈问题:①成本高;②效率低;③精度差;④外海作业安全风险大。究其根源,在于以下3个共性技术难题的阻碍:①服役状态感知能力低;②监测信息利用率低;③运维管理信息化和养护决策智能化程度低。

近年来,信息技术、大数据技术、大型感知设备研发技术等的快速发展,为交通基础设施运维数字赋能、信息化加持提供了新的契机,为上述4大瓶颈问题的解决、3个共性技术难题的攻克提供了新的机遇。在此背景下,以跨海桥梁高质效运维养护为目标,聚焦以下问题的解决:①桥梁检测精度、效率与覆盖率的提升;②智能化与自动化监测评估的实现;③大数据与云计算等新兴技术在数据处理、决策支持等业务中的深度应用。

1.2 跨海桥梁服役状态感知与评估技术现状

1）现行规范方法及不足之处

我国在役桥梁安全保障多通过技术状况评定实现。桥梁技术状况评定是通过各种检测、监测手段,获取反映桥梁服役力学性能的相关信息,再基于相关评估理论和计算方法,对获取的桥梁信息进行综合分析,最终对桥梁的总体技术状况作出合理科学的评定。我国在役桥梁检测评估工作主要依托《公路桥梁技术状况评定标准》(JTG/T H21—2011)、《公路养护技术标准》(JTG 5110—2023)相关条文开展。

《公路桥梁技术状况评定标准》(JTG/T H21—2011)以桥梁构件病害为基础,按层次分析法的原则依次对构件、部件、部位和桥梁整体进行评定,但规范要求检测的病害之外的信息无法在评定报告中体现,且把桥梁技术状况等级作为后期养护的唯一依据。然而,传统的桥梁技术状况评定大多是基于人工检测结果,检测工作量大、结果主观性强,难以客观真实地反映桥梁技术状况。例如,评定指标中包含大量的定性指标,此类指标通常难以定量描述,一般采用"一类(完好)""二类(有轻微缺损)""三类(有中等缺损)""四类(有较大缺损)""五类(有严重缺损)"等模糊语言进行描述;定量指标往往受到检测人员操作仪器设备的熟练程度、设备精度和检测时的外界环境状况等诸多因素的影响,导致其检测结果具有一定的随机性、不确定性。

《公路养护技术标准》(JTG 5110—2023)中考虑了病害发展趋势的影响,但当病害发展较快时,按照该标准的扣分值进行评定亦不能反映桥梁的真实情况。反之,病害发展趋于稳定后按该标准的扣分值进行扣分,又会导致评定结果偏大。仅凭借上述评定结果,管理者很难综合评价桥梁服役性能并作出合理养护决策。

对于特大型交通基础设施及桥岛隧一体化工程,其结构复杂度更高、功能多样性更强、安全保障需求更强烈,现行标准规范所提供的检测评定方法及实施流程难以满足需求,迫切需要更高精度、更高覆盖率、更全面合理及更高效的检测评估方法体系。

2)跨海桥梁运营现状及病损情况

港珠澳大桥处于高温、高湿、高盐的海洋环境下,桥梁结构绝大部分为钢结构或组合结构箱梁,内部构造复杂、构件繁多,例如钢结构焊缝超过400万条,螺栓连接超过90万个。严酷的海洋腐蚀环境及复杂的风浪环境和运营荷载耦合作用,将加速其性能退化,长寿命周期内的运营工作面临巨大挑战。长效发挥港珠澳大桥对经济和区域发展的重大基础支撑作用,做好港珠澳大桥的运营工作,将成为运营管理单位的重要工作之一。

其中,钢结构涂层养护以及钢桥面铺装维护是港珠澳大桥运营工作的重中之重。按照日本本四联络桥维护经验,结构涂层抵近检查和维修的可到达率低,涂层重涂的措施费很高,涂层维养费用约占其总维养费用的40%。相比于日本本四联络桥400万m^2外涂层面积,港珠澳大桥采用外涂层＋内涂层预防养护措施,总涂层面积超过580万m^2,因此,涂层的维护是跨海长大钢结构桥梁的重要工作之一,做好涂层的预防性维养具有显著的经济效益。此外,与梁内涂层养护密切相关的是除湿机。梁内除湿机的使用能够减少或避免大规模的梁内钢结构的重涂维护。然而,港珠澳大桥梁内除湿机的效果仍需要通过健康监测系统监控梁内温湿度的变化来分析评价。

除涂层养护外,钢桥面铺装是大桥养护的另一个重点问题。港珠澳大桥钢桥面铺装规模巨大,面积超过50000m^2,其中铺装面层设计寿命15年,基层设计寿命30年。根据国内桥面铺装养护经验判断,铺装实际使用寿命远低于设计寿命,往往通车几年后就因产生严重病害需要重新铺装,直接影响到行车的安全性、舒适性、桥梁耐久性及投资效益和社会效益。因此,提高桥面铺装养护质量,延长铺装使用寿命,降低重铺次数,可以有效保障桥梁运营,显著降低维护成本,是实现全寿命周期费用最小化的重要措施之一。

病害是桥梁养护维修工作对象,港珠澳大桥正式开通运营年限较短,仅有少数构件发生钢构件锈蚀、钢结构涂层劣化等病害。随着运营年限的增加,港珠澳大桥可能会出现更多的病害或损坏情况,而且病害出现的部位也不局限于桥梁结构,还可能包括附属设施。例如,运营多年的日本本四联络桥检修通道发生了大面积的锈蚀情况,见图1.2-1。然而,现行的《公路桥梁技术状况评定标准》(JTG/T H21—2011)主要适用于常规桥梁的病害分类分级,并没有覆盖港珠澳大桥这类特殊结构桥梁的病害,例如现行标准缺乏对钢桥面铺装病害的分类。而且,现行标准的病害分类分级仍较粗略,也难以适用于港珠澳大桥的精细化管养。为此,需要补充建立适用于港珠澳大桥的病

图1.2-1　日本本四联络桥检修通道的锈蚀情况

害分类分级标准。例如可将钢构件锈蚀病害细分为点锈、一般锈等多种子病害,并建立相应的分级评定标准,如表 1.2-1 和表 1.2-2 所示。

点锈的分级评定标准　　　　　　　　　　表 1.2-1

标度	评定标准		病害图例	
	定性描述	定量描述	图片	照片
1	良好,构件表面出现很轻微的锈蚀现象	锈蚀累计面积≤构件面积的 0.1%,锈蚀深度≤0.4mm		
2	构件表面发生轻微锈蚀,部分涂层出现剥落	构件面积的 0.1% < 锈蚀累计面积≤构件面积的 3%,0.4mm < 锈蚀深度≤0.8mm		
3	构件表面发生锈蚀,较大面积涂层剥落	构件面积的 3% < 锈蚀累计面积≤构件面积的 5%,0.8mm < 锈蚀深度≤1.6mm		
4	构件表面有较多点蚀现象,涂层因锈蚀而部分剥落或可以刮除,重要部位有锈蚀成洞现象	构件面积的 5% < 锈蚀累计面积≤构件面积的 15%,1.6mm < 锈蚀深度≤3.2mm		
5	构件表面有大量点蚀现象,涂层因锈蚀而全面剥离,重要部位被锈蚀成洞	锈蚀累计面积 > 构件面积的 15%,3.2mm < 锈蚀深度≤6.4mm		

一般锈的分级评定标准　　　　　　　　　表 1.2-2

标度	评定标准		病害图例	
	定性描述	定量描述	图片	照片
1	良好,构件表面出现很轻微的锈蚀现象,少量区域出现轻微锈点	锈蚀累计面积≤构件面积的 0.1%		

续上表

标度	评定标准			
	定性描述	定量描述	病害图例	
			图片	照片
2	构件表面发生轻微锈蚀,部分涂层因锈蚀而出现剥落	构件面积的0.1%<锈蚀累计面积≤构件面积的3%		
3	构件表面发生锈蚀,较大面积涂层剥落,部分锈斑连接成片	构件面积的3%<锈蚀累计面积≤构件面积的5%		
4	构件表面锈蚀较严重,涂层因锈蚀而部分剥落或可以刮除,大部分锈斑连接成片	构件面积的5%<锈蚀累计面积≤构件面积的15%		
5	构件表面发生严重锈蚀现象,大量涂层因锈蚀而全面剥离	锈蚀累计面积>构件面积的15%		

3) 跨海桥梁病害感知技术

跨海桥梁水下部分主要涉及桥墩、墩台和基础。跨海大桥除了少数采用沉井基础外,其余大部分为钻孔灌注桩,二者均为钢筋混凝土结构。水下结构混凝土的损伤主要来源于两方面:一为海水冲刷,离子腐蚀和冻融破坏,其表现形式主要为混凝土的剥落和麻面,造成混凝土保护层厚度的减少;另一类为船舶撞击、地震、超载等造成结构受力过大,引起混凝土开裂。该部分由于处于海平面以下,海水涌动挟带大量泥沙,且靠近桥墩处易形成急流和漩涡,给传统检测方法(人工探摸、水下成像等)带来极大的不便。目前,主要的检测手段包括水下成像,多波束测探和三维成像声呐。

海上复杂的风向以及车辆-桥梁系统耦合振动引起的桥体稳定性问题是跨海大桥面临的巨大考验。桥塔、箱梁、桥墩水上部分既要承受车辆和海上横风等荷载作用,也要遭受盐雾等腐蚀破坏。关于上述部位服役状态的检测,常用的设备包括检测车、声波、雷达等,对于特殊部位的检测,也可借助无人机和爬壁机器人。此外,考虑到跨海大桥结构的特殊性,基于动力响应的检测技术和实时动态检测技术也逐渐成为桥梁检测的发展方向。

针对跨海桥梁桥塔、箱梁、桥墩水上部分等难以接触或比较隐蔽的部位,普通检测设备无法触及,无人机和爬壁机器人可以有效解决这一问题。无人机和爬壁机器人检测还能降低工作事故风险,减少预算和工作时间,在跨海大桥检测中具有独特的优势。当无人机或爬壁机器人抵近待检测部位时,通过搭载的相机等设备对待检测部位进行多角度拍摄,并将画面传送至地面接收设备存储,以备后期进行分辨处理。利用无人机进行桥梁监控的应用已经得到了发展,无人机拍摄的图像已被用于构建桥梁结构安全检测的三维结构模型。

使用无人机等进行跨海桥梁桥塔混凝土缺陷检测时,需要解决两个方面问题:一是预先对相关缺陷进行识别。解决该问题,首先需要进行大量的样本训练,例如对裂缝进行图像识别时,一般需要经历图像增强、图像降噪、图像分割、裂缝特征描述等环节。神经网络的发展,加速了图像识别技术的应用。但神经网络的训练需要大量图像作为基础,小样本迁移容易过拟合,降低识别准确率。廖延娜等针对桥梁裂缝自身复杂性和传统算法对桥梁裂缝检测效果不佳等问题,引入 YOLOv3 目标检测网络,其具有较均衡的检测速度和精度,改善了小裂缝不易检测的问题。王超等构建了一种轻量化全卷积神经网络,既解决了卷积神经网络(CNN)训练参数多、设备配置要求高、过于复杂等问题,又实现了对裂缝宽度识别误差小于 0.5mm 的精度。此外,VGG 网络、ResNet 网络、DenseNet 网络等相继被提出,旨在实现裂缝的快速检测。为了提高网络复用性,减少训练时间,基于 ImageNet 训练的网络迁移技术也广泛运用到各种任务的图像识别中。混凝土缺陷识别可进一步结合机器学习和支持向量机(SVM)等对典型损坏模式进行智能识别,更好地解决跨海大桥复杂、隐蔽和高空部位的检测难题。

第二个问题是如何解决缺陷几何尺寸的测量。该问题可通过引入像素比例尺,利用缺陷延伸方向像素点的个数和像素尺寸计算缺陷的大小。魏思航等模拟了无人机对混凝土表面裂缝的拍照,并基于数字图像法对裂缝进行识别,实现了对宽度0.4mm以上的裂缝的稳定识别,对超过0.25mm裂缝的有效识别,对0.1~0.25mm的裂缝可分辨出裂缝的存在。基于无人机或爬壁机器人的图像识别技术的一个缺点就是由于跨海大桥混凝土缺陷大多与盐类腐蚀有关,当缺陷表面附着和填充结晶盐类物质时,图像识别的结果易受影响,使所测缺陷尺寸大于实际缺陷尺寸。目前,各种图像处理技术已经证明了它们比传统统计方法具有更高的效率。但是,由于自然光线不均匀、无人机硬件噪声、路面斑点、无人机抖动等环境干扰,无人机采集到的图像往往比较模糊、对比度较低。在对采集到的图像进行处理时,传统的边缘检测算法如Canny算法、Prewitt算法、Sobel算法等存在抗噪能力较差、检测精度较低的问题。k均值聚类方法是一种无监督学习方法,可利用基于k均值聚类的方法,通过加权欧氏距离对彩色图像进行快速、准确的分割,以衡量样本之间的相关性。但在图像数量较少的情况下,无法从采集到的图像中实现对裂纹的准确识别。此外,Cha等使用了一种深度学习方法,不仅从混凝土表面图像中确定裂缝的存在,还能进一步应用边缘检测算法对裂缝进行局部定位,从而估计裂缝宽度。但这种基于深度学习的方法需要大量的图像来训练稳定的人工神经网络模型。

4) 跨海桥梁健康监测技术

桥梁健康监测是对常规的检查、检测和载荷试验的重要补充,其不可替代性主要表现在连续性、同步性、实时性和自动化四个方面。我国桥梁健康监测的标准规范和体系主要基于《公路桥梁结构监测技术规范》(JT/T 1037—2022),该规范规定了桥梁健康监测的监测内容、测点布设、监测方法、监测系统、数据管理、监测应用的要求。

桥梁健康监测系统通过网络集成技术将分布在桥梁现场和监控中心的各类传感器、数据采集与传输、数据处理与管理、数据分析与应用的硬件设备、软件模块及配套设施连接在一起,对桥梁的设定参数进行连续、自动测量和记录,对桥梁环境、作用、结构响应与结构变化的定量数据进行分析,依据监测内容历史统计值、仿真计算值、设计值和规范容许值等因素设定超限阈值进行超限报警,并根据超限情况辅助制定桥梁检查和养护措施。

桥梁健康监测系统累积了海量的监测数据,然而大型桥梁的服役环境十分恶劣,桥梁健康监测系统的大部分监测设备均于户外工作,难以避免地出现硬件、软件故障,产生多种类型异常数据。此外,监测设备的运维未纳入日常养护,设备的运营状态异常情况通常难以通过表观检查发现,致使监测设备的状态不易监控,难以保证监测设备乃至监测数据的质量。研究表明,传感器故障、传输线路噪声、采集设备异常、监测设备周边环境干扰等因素,会产生较多的异常数据。这些异常数据随机分布于监测数据中,常常会导致健康监测系统的虚假报警,同时也严重影响了数据分析的效果和健康诊断的准确性。

传统的健康监测系统由有线传感器和集中式数据采集系统组成,跨海桥梁的有线设备网络长期暴露在高温、高湿、高盐的恶劣环境中,面临恶劣环境影响、线路连接复杂、中央服务器的负荷重、维护成本高等问题。同时,在既有的监测系统进行传感器的移动或添加,所需工作量大且成本高昂。无线传感网络是一种分布式网络,可以在目标位置灵活添加或移动传感器,数据以无线的方式传输至云平台,可显著提高桥梁的监测效率且降低成本。然而,传统的无线传感网络数据传输距离有限,且云计算中原始数据从数据源上传至云端,而数据管理者则需发送数据处理请求并从云端接收处理结果,这种单向的数据流会随着数据量的增大而占用大量的带宽和计算资源。

桥梁健康监测系统的核心是数据分析和实时报警,为管养人员及时提供结构警示信息。监测系统旨在集成结构分析算法对桥梁的环境荷载激励和桥梁结构响应数据进行分析,挖掘桥梁结构潜在的性能变化情况,分析桥梁的运营状态;系统能够集成的结构分析算法的深度,直接影响到桥梁监测的实际效果。目前,基于实测数据的桥梁健康监测算法理论领域有着丰富的研究成果,但有效的分析算法难以融入系统软件中。多数监测系统仅对数据进行简单的数理统计与处理,较少地挖掘数据所反映的桥梁潜在结构性能变化,对如何将复杂算法程序集成、面对编程语言不同的程序如何调用、算法程序如何适应监测系统业务等算法集成问题的研究不深,难以发挥桥梁健康监测系统的深层价值。

传统桥梁健康监测系统通常采用离线批处理计算方案来满足海量信息处理的计算要求,但随着桥梁数量、跨度的增加,传感器的布设数量也随之增加,在面向超大规模异构数据处理的吞吐量、计算指标时延等数据实时处理能力提出了更高的要求,系统往往面临着难以实时、稳定处理海量监测数据等算力不足的挑战。

综上,对设备状态难以进行及时有效的监测、传统数据传输方式成本高昂、监测系统难以进行有效的数据分析等因素制约着桥梁健康监测系统的发展和桥梁管养的质量,使桥梁的及时监测和日常维养面临挑战。

5) 跨海桥梁服役状态评估技术

在桥梁运维业务全链条中,服役状态评估与养护决策制定直接相连,服役状态评估结果是养护决策制定的重要依据之一。如1.2中第1)小节所述,基于检测结果的桥梁技术状况评定难以有效支撑桥梁养护决策,尤其是桥岛隧一体化工程的养护决策。传统服役状态评估技术在跨海桥梁中的应用有以下局限:①对多荷载场耦合的复杂服役场景适用性差;②评定或评估结果信息单薄,与超大体量、高复杂度的跨海桥梁养护需求难以契合。

针对跨海桥梁复杂的服役场景及荷载构成,传统评估技术难以从力学层面解析该复杂场景下的结构物理力学状态,其技术瓶颈主要存在于:①复杂荷载场的高效重构,例如对桥梁结构影响较大的风荷载、波浪荷载、交通荷载、温度作用、地震作用等;②桥梁结构在复杂服役环境下的有限元仿真分析技术。上述两个技术瓶颈分别对应荷载输入与响应输出两个关键环节,是基于正向有限元仿真分析开展桥梁服役状态评估的基础。

传统基于检测结果的技术状况评定或基于健康监测的服役状态评估,从结构物理状态或响应水平出发,对桥梁开展反向服役状态评估。从跨海桥梁特殊的运维业务场景及工作需求出发,即便解决了反向服役状态评估自身存在的各类问题,高效、稳定地获取了服役状态评估结果,仍有可能存在评估结果深度不足、对养护决策制定支撑力度不够的问题。将基于有限元仿真分析的正向服役状态评估与基于健康监测数据的反向服役状态评估相结合,形成正反结合的评估思路,可有效克服上述问题,提升服役状态评估对养护决策制定的支撑力度以及所制定养护计划的科学性。

在现有反向服役状态评估的基础上,继续发展基于有限元仿真分析的正向评估,进而形成"正反结合、协同进化"的综合服役状态评估方法体系,是跨海桥梁运维科学决策、养护质效提升的必由之路。

1.3 跨海桥梁服役状态感知与评估创新

1)桥梁智能化检测、监测技术

为满足港珠澳大桥全生命周期运行、维养、安全保障等重大需求,针对港珠澳大桥目前检测效率不高、检测数据专业性强、对用户专业技能要求高、结构病害检查困难、人工摸排方式的效率和精度低、巡检装备复杂且可达性差、结构表面病害信息感知效率低、末端执行器工作的稳定性和精准性亟待提升等问题,开展典型结构表面服役状态智能巡检等全息立体感知检测技术及检测装备研究,重点突破无人平台系统的多设备集成化设计、多源检测数据融合、复杂数据精处理、大信息流实时传输、智能化巡检装备研制、典型病害图像化识别等技术瓶颈,形成病害全息感知与识别装备集成控制系统,实现设施监测的自动化、无人化、集成化、标准化、智能化、可视化,可为桥岛隧等跨海集群设施的维养决策评估提供准确、全面的技术参数。

桥梁健康监测系统通过建立数据中枢,分别针对实时处理、离线处理等各类数据的不同处理需求,采用与之相适应的数据管理方式,实现稳定的数据流通、存储和供给。对海量的实时传感器数据进行数据上传、转发、传输、存储等专项处理,并采用流式处理方式对数据进行实时计算,提高系统的实时数据处理能力。

系统以分析算法为核心,通过模块化集成分析算法,打通分析算法集成、参数化动态配置、数据实时分析、实时报警处置的全链条,将模态识别、涡振识别、数据异常诊断等分析算法集成到系统运行体系中,实现实时化、自动化、数据深度挖掘,实时获取结构运营状态并进行报警判断,及时为管养人员提供监测数据分析指标。

2)桥梁正反结合评估体系

桥梁仿真计算通过建立有限元模型,模拟桥梁在不同工况下的受力和响应情况。该手段可以帮助桥梁工程师深入了解桥梁结构行为,并为预测潜在的性能问题奠定基础。通过分析仿真结果,可以获取桥梁在不同条件下的响应信息,为桥梁状态评估提供科学依据。桥梁健康监测系统利用传感器和监测设备实时采集结构响应、环境数据等信息,通过数据分析和处理,对桥梁的运行状况进行实时监测。该手段可以及时发现桥梁异常情况,并提供预警信息,有助于采取适当的维修和加固措施,确保桥梁的安全性和可靠性。桥梁仿真计算是从数学、物理机理出发,而健康监测系统则是从实测响应出发。将桥梁仿真计算和桥梁健康监测系统相结合进行桥梁状态评估,可以充分发挥两者的优势。

以港珠澳大桥为例,桥梁健康监测系统在智联平台下实现正常运行及极端状态感知数据互联互通,开展流式数据重组、解析、研判,以"响应数据—结构评估"链条为导向,实现桥梁反向评估。港珠澳大桥桥梁服役性能仿真、在线评估及分级预警系统引入重构技术,实现多介质、多场、多荷载随机重构,以桥梁健康监测系统协同互联感知数据及力学-数学模型为双向驱动,融合多源异构数据突破智能仿真评估预警关键技术,建立桥岛隧智能仿真、实时在线评估及分级预警体系,实现"荷载仿真-桥梁结构模型-桥梁响应"正向评估链条。利用卷积神经网络模型,结合正反向评估数据,利用大量荷载与响应的感知及仿真工况,修正荷载仿真参数与桥梁结构有限元模型,实现桥梁一体化评估体系的"持续进化",如图 1.3-1 所示。

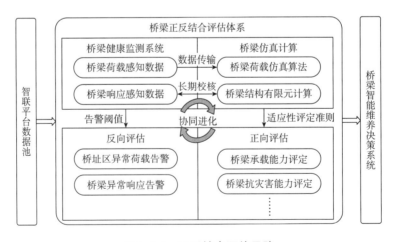

图 1.3-1　正反结合评估思路

1.4 依托工程概况

1)港珠澳大桥概况

港珠澳大桥是一座跨越伶仃洋海域,连接香港特别行政区、广东省珠海市和澳门特别行政区的世界级跨海大桥,是在"一国两制"制度下粤港澳三地首次合作建设的超大型跨海交通工程,同时也是国家高速公路网规划中珠江三角洲地区环线的组成部分和跨越伶仃洋海域的关键性工程。大桥全长约55km,包括:①海中桥隧主体工程;②香港、珠海、澳门三地口岸;③香港、珠海、澳门三地连接线。

海中桥隧主体工程由三地政府共建共管,起自珠澳口岸人工岛,止于粤港分界线,全长约29.6km。采用桥岛隧集群方案,即在两条分别长约6.7km和5km的海底沉管隧道两端各设置一个长625m、宽183m的人工岛,并用长22.9km的跨海桥梁连接,实现桥隧转换。东人工岛边缘距粤港分界线约150m,西人工岛东边缘距伶仃西航道约1.8km,两人工岛最近边缘相距约5.25km。该方案既能保护伶仃洋航道的通航安全,又能减少对珠江口生态环境的影响。

香港、珠海、澳门三地口岸分别位于各自的人工岛上,采用"三地三检"的模式,即在各自口岸进行边境检查,实现一次出入境、两次检查。香港口岸占地面积约130万m^2,可同时容纳3000辆车辆及10000名旅客。珠海口岸占地面积约70万m^2,可同时容纳2500辆车辆及5000名旅客。澳门口岸占地面积约71万m^2,可同时容纳3000辆车辆及10000名旅客。

香港、珠海、澳门三地连接线是指从各自口岸到达本地路网的连接道路。香港连接线全长12km,由屯门—赤鱲角隧道和青马大桥组成。珠海连接线全长13.4km,由高速公路和城市快速路组成。澳门连接线全长4.4km,由高速公路和城市快速路组成。港珠澳大桥平面简图见图1.4-1。

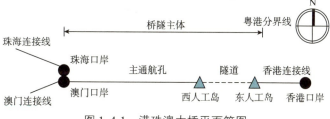

图1.4-1 港珠澳大桥平面简图

2）港珠澳大桥桥梁评估数字化底座

从港珠澳大桥全生命周期业务协同出发，构建面向桥岛隧智能运维业务的全链条数据标准体系，采用元数据和元数据模型全面准确地表达运维阶段的结构静态信息和业务动态信息，同时考虑数据的互联互通，为桥岛隧集群工程运维全场景各业务集成、协同调度、及时响应等提供数据层面技术支持。基于自研数字模型构建平台和轻量化模型构建技术，将标准化的几何信息和非几何信息进行模型化和可视化处理，通过数据融合技术，解决港珠澳大桥运维中信息传递效率、使用准确性以及多源异构数据的融合与互联问题，从而降低运维技术难度，为港珠澳大桥智能运维提供高质量、高价值数据。

(1) 数据标准与数字化离散

桥梁结构数字化离散指基于桥梁工程结构、空间位置方式对实体大桥进行解构，并通过激光点云、倾斜摄影、数据模型创建等技术进行数据采集与模型构建等数字化呈现过程。港珠澳大桥跨度长、体量大、结构复杂，单要素、单维度的解构无法将工程实体对象真正应用于数字化生产中，其中过度解构会造成工程实体对象过多，数字化成果体量过大，对于最终结果的呈现或实际养护业务的应用都无法支持，而粗略的解构会造成数字化大桥与实体大桥差异过大，无法支撑养护运维业务的开展。现行的《建筑信息模型设计交付标准》（GB/T 51301—2018）、《公路工程信息模型应用统一标准》（JTG/T 2420—2021）等缺少对跨海大桥的针对性解析。同时，现行标准多以 IFC 标准体系为框架，IFC 标准以建筑为基础，对桥梁工程有所拓展，但其体系整体是考虑与建筑体系的衔接与融合，对交通领域的针对性较弱，尤其是难以简单、高效地应用于跨海大桥数字化离散，需要结合港珠澳大桥工程建设实际经验与养护运维业务需求，建立优化的信息模型构建标准。研究团队在粤港澳大湾区标准《桥岛隧智能运维数据标准体系　建设指南》（T/GBAS 1—2022）的基础上，编制了《桥岛隧智能运维数据　桥梁结构》（T/GBAS 3—2022）和《桥岛隧智能运维数据　交通工程设施结构》（T/GBAS 51—2022），充分考虑了跨海桥梁实际养护运维需求和模型创建与展示的可行性，为港珠澳大桥的数字化离散提供数据标准基础。

《桥岛隧智能运维数据　桥梁结构》（T/GBAS 3—2022）和《桥岛隧智能运维数据　交通工程设施结构》（T/GBAS 51—2022）融合不同桥型的结构解析方法，建立统一的桥梁结构划分表，从部位、构件、子构件、零件四层对桥梁结构进行类型层面的解构。同时,考虑到跨海大桥桥型的多样性、桥梁结构的复杂性以及未来工程技术发展的可能性,支持桥梁结构划分方案在不同层级进行拓展,达到不增删原有结构即可对新增对象进行扩展并与原有数据相融合。在此基础上,依据港珠澳大桥竣工图纸对建模对象进行实例层面的解构,并依此应用自主研发的大型国产数据模型创建软件进行数字模型创建,完成数字港珠澳大桥的信息化、可视化、图形化的"零状态"建构,如图1.4-2所示。

图1.4-2 港珠澳大桥青州桥模型

为满足港珠澳大桥智能化运维过程中的综合资产管理、监测检测、评定维养以及交通运营等实际应用场景的不同需求和各业务子系统对信息模型的调用要求,减少不同应用场景单独建模的大量重复性工作,在《公路工程信息模型应用统一标准》(JTG/T 2420—2021)对运维阶段模型精细度L6.0规定的基础上,将运维阶段的桥梁模型进一步划分为L6.1、L6.2及L6.3三种精细度(表1.4-1),为桥梁评估提供多维度、精细化的数字底座模型建构方法,不同精度模型成果如图1.4-3~图1.4-5所示。

运维阶段模型精细度划分　　　　　　表1.4-1

模型精细度等级	精细度要求
L6.1	满足检测、运维作业规划的应用及展示需要,宜到部位或部件级
L6.2	满足人工或半自动化运维任务创建与实施的应用及展示需要,宜到构件或子构件级
L6.3	满足半自动化或自动化运维任务创建与实施的应用及展示需要,宜到子构件或零件级

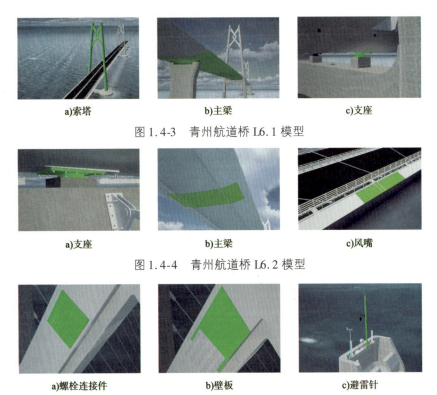

a)索塔　　　　　　　　b)主梁　　　　　　　　c)支座

图1.4-3　青州航道桥L6.1模型

a)支座　　　　　　　　b)主梁　　　　　　　　c)风嘴

图1.4-4　青州航道桥L6.2模型

a)螺栓连接件　　　　　b)壁板　　　　　　　　c)避雷针

图1.4-5　青州航道桥L6.3模型

（2）数字模型的构建与可视化展示

提出模型轻量化技术。基于数据标准、结构解析和业务需求对数字模型的单体尺度要求进行信息模型创建,通过轮廓断面代替矢量路径控制点,在不损伤模型几何信息的基础上减小模型体量,充分发挥建模软件的共享单元机制,处理三维建模过程中结构类似构件,极大缩减文件体量。

基于自主研发的国产建模平台开发辅助建模插件工具。对梁桥、斜拉桥的标准化构件进行构件库建设与参数化建模工具开发,支持不同桥梁模型的快速构建。通过开发自动化及半自动化插件,快速批量地完成海量信息的生成与录入工作。模型构建完成后,通过数据交换形式拟合项目整体空间坐标系,验证所有构件之间的拓扑关系；通过研究不同类型的构件属性在数据交互过程中单元划分紊乱的情况,优化调整模型构件绘制机理,确保模型单元划分层级稳定,融合跨平台多专业的模型数据,进一步对数据进行解析、渲染,并进行自定义场景创建,从而支持业务系统对于信息模型的调用。

为了支持各业务系统不同应用场景的模型应用需求,满足不同精度、不同层级对象模型的实时切换,实现跨精度、跨层级、跨格式模型的自定义组合等功能,基于自主研发的国产建模平台与协同平台开发子模型聚合功能,支持不同任务下的子模型自定义生成、编码、展示、调用,建立桥梁全结构、全实例的结构树,同步创建挂接 L6.1、L6.2、L6.3 全精度模型场景,以编码的方式关联结构树与场景,并通过与结构树的交互,进行不同层级、不同精度、不同对象模型的展示与调用。依据不同应用系统功能模块的模型精度需求,在不同功能模块下,内置对应精度、视角、渲染方式的模型,最终支持整体构件数超 650 万、模型面片超 50 亿、初始化数据超 1 亿条的不同精度大体量模型在不同的应用场景下,按需求、按操作进行切换展示与调用。不同精度模型在各平台系统中的效果如图 1.4-6 所示。

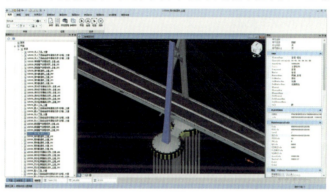

a)国产建模平台

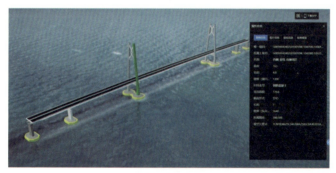

b)模型协同平台

c)智能维养系统

图 1.4-6 跨平台不同精度的数字模型

通过以上桥梁模型快速构建技术、模型轻量化技术、多源异构数据融合技术等技术研发，并基于数据标准和不同业务场景应用需求构建不同精细度等级的数据模型，同时涵盖几何信息和非几何信息，实现不同模型精度和信息深度的无缝衔接，实现模型三维可视化。同时，通过可视化模型应用协同平台，使多源异构数据模型实现跨平台协同处理与应用，解决跨海桥梁全生命期运维数据种类多、结构复杂、动态性强而导致数据融合难等问题，实现数据模型在智能化检测、监测与评估等多应用场景下的可视化交互及综合展示应用，为跨海桥梁的养护运维业务应用提供数据支撑。

(3) 桥梁评估的数字内核

在港珠澳大桥运维数据标准体系与数字化模型的基础上，从材料、构件和结构三个层次，从性能指标、性能目标和质量控制三个维度，建立结构解析的多层次扩展模型，为跨海桥梁技术状况评定提供构件相关基础数据，并在结构解析的基础上，基于定期检测数据和实时监测数据等多源数据，构建跨海桥梁多尺度、多维度、多来源的长期服役性能指标体系，为桥梁评估提供性能指标，进一步建立"定性描述+定量描述+图形标杆"的病害分级评定标准，为桥梁评估提供评定依据。

通过构建"数据标准-结构解析-数字模型-病害分级与数据库"的桥梁评估数字内核，为桥梁服役性能数据感知、服役状态评估等业务场景提供数据标准支撑；将知识库内结构化数据转换为可供计算机自动识别调用的知识图谱，为构建跨海桥梁评估及性能演变模型提供知识基础。最终实现桥梁结构智能监测、检测设备产生的元数据(如风、波浪、温度、应力、变形、裂缝等)的规范性数字化表达，结合数据分析、数值仿真和综合评估，对桥梁结构的运维状态、安全性能、服役寿命等进行科学的评定，及时发现和处理异常情况，形成具有针对性的维养决策，打通"数据感知-仿真分析-结构响应-结构评定"业务链条，为桥岛隧一体化感知与评估提供数字化底座。

1.5 本书主要内容

为解决跨海桥梁结构的监测、检测与评估技术中的检测精度、效率和覆盖率问题，智能化和自动化监测评估的实现问题，大数据和云计算等新兴技术在数据处理和决策支持中的深度应用问题，本书针对相关难点进行研究，全书共 8 章，具体内容如下：

第 1 章　绪论，介绍研究背景、研究内容、目的和意义，分析了跨海桥梁的运营现状、病损情况、健康监测技术和服役状态评估技术方法的发展现状和存在的问题，提出桥梁智能化检测、监测和正反结合评估的创新思路，并介绍了本书依托的港珠澳大桥工程概况。

第 2 章　跨海桥梁健康监测，介绍港珠澳大桥健康监测系统的设计原理、设备资产、数据管理、数据实时处理、数据分析和软件体系，重点介绍边缘计算、5G 网络无线传输技术、流计算等算力加强技术和数据诊断、分析、归类等算法与软件体系，通过设备补充和技术应用提升监测质量，以及为正反评估和大桥运营管养提供的支持。

第 3 章　基于无人平台的桥梁水上结构检测与评估技术，介绍基于行业标准的定检、巡检传统手段，并在此基础上体现智能化技术产生的提升效果和效益，包括无人机、爬壁机器人等可达性、快速扫测、自动采集、快速关联等设备和技术，以及病害识别、去噪、效率提升等理论方法，解决传统手段存在的问题，并实现设备与结构的集控。

第 4 章　跨海桥梁荷载场重构技术，介绍典型荷载（风、车-雷达/视频/WIM 结合、浪、温度、地震等）重构技术，包括良态/台风场重构、波浪场重构、融合多源异构信息的交通荷载重构方法、基于历史数据的交通荷载智能推演、温度场重构和地震场重构等方法，以及基于这些方法的桥梁风荷载模拟、波浪荷载模拟、温度作用模拟和地震作用模拟等技术。

第 5 章　跨海桥梁服役状态智能仿真技术，介绍基于正反结合的桥梁动力学模型修正与算法优化技术，包括荷载耦合关系分析、跨海桥梁最不利荷载组合选取（如温度极值、车辆荷载极值、风荷载极值等）、塔顶偏位、索力等计算值与实测值进行对比，体现模型修正、算法优化的过程和效果。

第 6 章　跨海桥梁服役状态综合评估，介绍基于适应性评定和技术状况评定的桥梁整体评定体系，包括构件和整体的评定方法和指标，以及评定结果的一键式否决权和应急处置决策的依据。

第 7 章　跨海桥梁服役性能监测与评估系统，介绍港珠澳大桥健康监测系统和服役性能仿真、在线评估与分级预警系统的需求分析、平台架构设计、平台细部设计、平台实施与部署等内容,展示系统的功能、性能和其他要求,系统的技术架构、应用体系架构、数据库设计、数据接口设计等细节,以及系统的各个模块的实现和效果。

第8章 结语,总结本书的主要创新点和贡献,包括设备创新、技术手段创新与成效、评估理论创新和评估体系建立与创新,并展望了未来的研究方向和应用前景。

第 2 章

跨海桥梁健康监测

2.1 概述

港珠澳大桥健康监测系统是大桥安全运营的重要技术支撑，主要采用自动化监测手段，针对九洲桥、江海桥、青州桥三座通航孔桥，部分非通航孔桥，以及海底沉管隧道和两个海中人工岛开展实时监测和定期数据分析，并通过集成地震安全监测、混凝土结构耐久性监测、沉管管节和人工岛变形监测等专项系统，构成了大桥健康监测技术体系。

港珠澳大桥健康监测系统作为一个单位工程，分为桥梁结构监测、隧道结构监测、人工岛结构监测、综合布线、监控中心系统、结构监测系统软件六个分部工程，如图2.1-1所示。

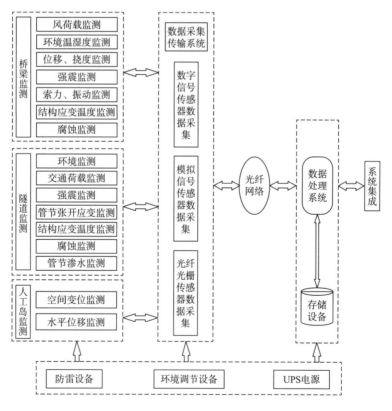

图2.1-1 港珠澳大桥健康监测系统总体构架

港珠澳大桥处于珠江出海口、伶仃洋海域，跨越的海域范围航道密度较大，通航要求高，海上运输繁忙，来往的各式船只对大桥具有一定的潜在威胁。本项目处于海上作业环境，面临高温、高湿、高盐、高振动、台风等严酷环境，对设备和巡检人员是一个巨大的考验。

2.2　监测设备资产

港珠澳大桥健康监测系统所采用的监测设备包含有线传感网络监测设备和无线传感网络监测设备。

2.2.1　有线传感网络监测设备

港珠澳大桥健康监测系统设备网规模庞大，包含现场采集站 15 台、传感器设备 1266 个、光纤光栅解调仪 10 台、cRIO 数据采集仪 21 台、信号调理滤波器 21 台、同步模块 6 个（包含传感器系统、采集系统、传输系统、控制系统），横跨近 30km 范围。这些监测设备均已纳入大桥资产管理范围内。

港珠澳大桥监测数据采集站机柜安装于箱梁和隧道中管廊内，桥梁段共设置了 7 台数据采集站机柜，隧道段共设置了 6 台数据采集站机柜，东西人工岛各设置了 1 台数据采集站。机柜内部安装工业交换机、直流电源、不间断电源、断路器、防雷器等设备，机柜采用镀锌钢制作，防护等级为 IP65，可对机柜内部设备起到良好的保护作用。

港珠澳大桥健康监测系统通过光缆传输数据。桥梁段设置一个数据采集环形以太网，隧道和东人工岛段设置一个数据采集环形以太网，GPS 设备单独组建 GPS 环形以太网，通过交通工程施工单位提供的通信主干光缆，连接到西岛监控中心机房内的交换机上。

桥梁段的数据采集环形以太网包括桥梁上的 7 个节点和西人工岛监控所的 1 个节点；隧道和东人工岛段数据采集环形以太网包括隧道的 6 个节点、东人岛的 1 个节点和西人工岛监控所的 1 个节点。GPS 环形以太网包括口岸人工岛、桥梁、东西人工岛的 17 个节点。环形以太网通过双纤光缆成环，采用隔站跳接的连接形式。

西岛监控中心与管理中心通过机电施工单位提供的通信系统环网连接。

为了减少数据采集环形以太网中的联网设备和数据流量,将采集站内数字传感器和一体化工作站组成小的局域网,由一体化工作站对数字传感器输出数据进行解析,再按照统一的接口协议发送到数据采集环形以太网相应的采集服务器。

2.2.2　无线传感网络监测设备

传统的桥梁健康监测系统由有线传感器和集中式数据采集系统组成,面临线路连接复杂、中央服务器负荷重、维护成本高等问题。此外,在既有的监测系统进行传感器的移动或添加,所需工作量大且成本高。无线传感网络是一种分布式网络,可以在目标位置灵活添加或移动传感器,数据以无线的方式传输至云平台,显著提高了桥梁的监测效率且降低成本。然而,传统的无线传感网络数据传输距离有限,且云计算中原始数据从数据源上传至云端,而数据管理者则需发送数据处理请求并从云端接收处理结果,这种单向的数据流会随着数据量的增大而占用大量的带宽和计算资源。

物联网和微控制器的进步,以及人工智能的发展,推动了边缘计算。边缘设备直接在数据源附近执行数据处理任务,而非从云端发送请求和接收内容,显著降低了数据传输时间和网络复杂度。桥梁健康监测系统的海量数据不可避免地受到噪声和传感器故障的影响,在数据传输之前进行数据预处理,可以提高桥梁健康监测系统的数据质量并减轻数据传输的压力。基于边缘计算,将人工智能算法部署进到边缘设备中,可实现高效、智能的数据预处理及异常检测。

无线监测网络设备由19个加速度计、2个高温计和2个热成像仪组成,如图2.2-1所示。加速度计用于测量桥面和桥塔的振动;一个高温计朝上测量太阳直接辐射,另一个朝下测量来自海平面的反射太阳辐射;热成像仪直接测量路面温度。无线传感网络容易出现硬件或通信故障,尤其是在恶劣的环境条件下,且海量数据的传输和同步也面临挑战。为解决这些问题,青州桥的无线监测系统采用了5G和边缘计算等新兴技术,极大程度上缓解了数据传输和网络复杂性等带来的挑战。

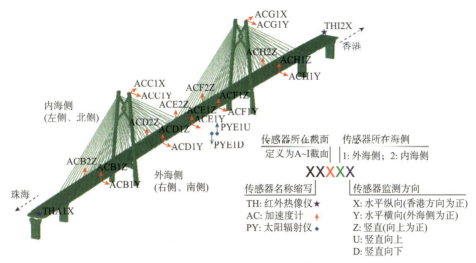

图 2.2-1 青州桥无线监测系统和采集箱三维布置图

以加速度计为例阐明该系统的组成模块,模块架构如图 2.2-2 所示。组件包括 PCB393B31 加速计、HTeC-D3000 数据采集单元、宏电 Z2 5G 网关、英伟达 Xavier NX 边缘计算板和阿里巴巴云平台。5G 时序模块与各个传感器本地连接,确保时间同步。此外,5G 通信的低延迟和宽带宽特性提高了数据传输速度和容量。所有处理过的数据都将自动传输到中央云平台进行评估和长期数据存储,易于扩展和维护,授权用户可从云端远程配置边缘设备。

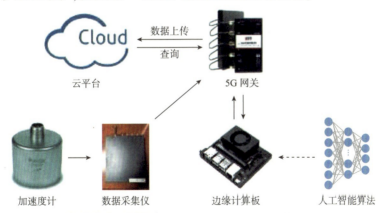

图 2.2-2 数据采集、无线传输与边缘计算架构

边缘计算是该系统的另一个特点,相比于传统的云计算,边缘计算具备以下关键优势:

(1)边缘计算可以加快响应速度,因为数据处理更接近源头,从而减少了延迟。这种实时处理能力对于无线监测系统至关重要,及时的决策和干预可以防止潜在的基础设施损坏或出现故障。

（2）边缘计算有助于降低电池消耗和带宽成本。通过在网络边缘处理数据，可大大减少向远程云服务器持续传输数据的需要，降低用电量且有效利用可用带宽，最终实现成本节约。

（3）边缘计算还能提高数据安全性和隐私性。本地化的数据处理最大限度地降低了数据在传输过程中被破坏或拦截的风险，确保敏感信息的安全。

本系统边缘计算的成功实施，归功于英伟达 Xavier NX 边缘设备的强大处理能力、高能效和紧凑的设计。英伟达 Xavier NX 边缘计算板集成了本地数据处理任务，保证了数据安全，降低了数据传输负荷，并能在特定情况下及时响应，使其成为将高级分析和实时监控集成到桥梁健康监测系统的理想选择，最终有助于提高桥梁基础设施的整体安全性和可靠性。

每个传感器本地都连接了一个 5G 授时模块，以确保时间同步，并集成了英伟达 Xavier NX 边缘计算板，用于在网络边缘检测异常数据，以减轻数据传输压力。通过跨桥知识迁移，开发了一种新型数据异常检测方法。不同于传统的需要源域和目标域数据集共存的模型适配，该方法基于无源域适配，更适用于边缘计算，减少边缘设备的数据存储和计算资源消耗。

基于所设计的无线监测系统，人工智能算法可以部署在边缘计算板，以检测由于传感器故障导致的数据异常。基于数据异常检测的无源域适配方法，将从有足够标注数据的一座桥上训练的人工智能模型迁移到缺乏标注数据的青州桥上，缓解了传统监督训练中缺乏标注数据的问题，避免了传统域适配中需要预先存储源数据于边缘计算板中的要求，开发方法的框架如图 2.2-3 所示。在完成数据处理后，只有质量良好的数据才会被传输到云平台。

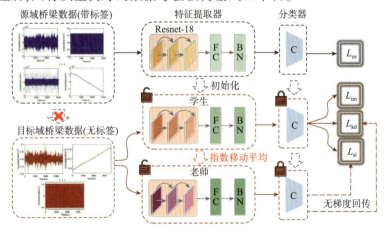

图 2.2-3 基于无源域适配的数据异常智能检测

2.3 数据管理

桥梁健康监测系统部署于港珠澳大桥智联平台,受智联平台统一管理和资源支撑。桥梁健康监测系统产生的所有数据接入港珠澳大桥智联平台的数据中台,业务系统从中台获取数据。数据中台接入各种静态及动态异构数据,实现对桥梁健康监测系统所有数据的资产化,并对数据资产进行有效的加工和管理。数据中台推动项目全部数据落地,统一处理外部数据接入、数据存储、数据清洗、数据治理、存档备份,并提供直接数据访问(即针对存储引擎,不含业务逻辑)接口,充分利用统一数据接口来降低不同系统间交互的成本,使得平台的数据共享和能力共享变得更简单。

在数据接入方面,对于桥梁健康监测系统接入的现有传感器、动态称重系统称重结果以及机电设备运行状态等数据,在工控机或边缘服务器部署数据中台的前置 Agent 采集模块,接收由桥梁健康监测系统发出的用户数据报协议包(User Datagram Protocol,UDP)或消息队列遥测传输协议(Message Queuing Telemetry Transport,MQTT 报文),然后转发到数据中枢的消息队列。对于新增或新集成的传感器及设备,传感器或设备相关的建设单位需要将获取的实时数据通过 UDP 或 MQTT 协议发送到数据中台提供的接收地址和端口。对于现有业务数据库的在线数据,将通过数据中枢的数据库日志变更数据捕获模块(Change Data Capture,CDC)经由消息队列实时同步到中台,待同步的数据表要求设置有主键。

在数据存储方面,数据中枢基于云平台提供标准的关系数据库、时序数据库、图数据库、搜索引擎、消息队列、对象存储、块存储等,各业务系统无须在云平台自建数据存储。

基于全分布式考虑,存储引擎包含下列内容:

(1)时序数据库:采用 Clickhouse 存储大规模传感器数据,性能优异,支持高效实时统计;

(2)关系数据库:采用 MySQL/PostgreSQL 存储业务相关数据,实施自动化分

库分表;

(3) 消息队列:采用 Kafka 数据流缓冲,支持 Sink 到数据库、文件或推送服务;

(4) 搜索引擎:采用 ElasticSearch 存储数据标准、数据字典、数据表 Schema、日志等,支持基于文本、范围的全文检索;

(5) 模型及文件:采用 Minio 存储在线访问文件及模型文件;采用 HDFS 以 Parquet 格式存储压缩存档、离线计算文件;各类文件分布式存储、分布式加载,并通过内存映射做性能优化;

(6) 键值对存储:采用 Redis 存储实时消息、缓存、警告等,支持多种类型的数据结构。

在数据治理方面,主要体现在对元数据和主数据的有效管理。数据标准的数字化落地是数据治理的实施前提。数据中台将提供一个元数据管理平台来对各类元数据进行盘点、集成和管理。元数据管理平台架构可分为 5 层:数据源层、采集层、数据层、功能层和访问层。在数据源层,平台提供直连多种不同类型的数据源,包括数据库类型、ETL 类型、文件类型、业务系统类型等,不同应用系统可用其中任何一种方式提供元数据,平台将通过对应的采集适配器接收数据并存入数据层。元数据功能层提供了元数据管理产品的基本功能,包括元模型增删改查及版本发布功能、元数据增删改查及版本管理、元数据变更管理、元数据分析应用、元数据检核以及产品的系统管理功能。其中元模型管理模块用于操作元模型,元模型是对各个种类元数据以及元数据之间关系的定义,包括两部分:一部分由元数据管理平台产品内置的标准元模型,另一部分是用户根据管理需求自定义的元模型。元模型管理还设计了发布功能,只有在发布之后才会生效,使用户在设计元模型时,不会影响到元数据的使用。此外,数据中台将提供一个主数据管理平台来对各类主数据进行建模、整合和管理。主数据管理平台架构可分为数据建模、数据整合、数据管理、数据服务、基础管理、标准管理等功能模块。

在数据传输方面,业务系统会向数据中台写入以及从数据中台读取数据。对于针对数据表的增删改查操作,数据中台能够利用联机 API 模块来生成和发布 Restful API,供业务系统调用。同时除了联机生成的 Restful API 外,数据中台还提供 GraphQL、JDBC、WebSocket、消息队列等多种其他形式的接口用于数据读取。其中,中台会基于元数据提取 GraphQL Schema 并自动生成 API 服务,此时客户端可以利用 GraphQL Client 自行定义 API 返回数据的 Schema。联机 API 本质上是基于 GraphQL Schema 在服务端自动建立 GraphQL API 代理,然后以 Restful 的形式发布出来供客户端调用。数据中台开放数据任务调度接口,实施数据计算、数据探索和在线分析等数据任务的调度和状态获取。

2.4 数据实时处理

传统桥梁健康监测系统通常采用离线批处理计算方案来满足海量信息处理的计算要求,但随着桥梁数量、跨度的增加,传感器的布设数量也随之增加,对面向超大规模异构数据处理的吞吐量、计算指标时延等数据实时处理能力提出了更高的要求,系统往往面临着难以实时、稳定处理海量监测数据等算力不足的挑战。

流计算引擎是融合复杂事件处理、可计算缓存等理念的实时流数据处理平台,通过在数据流水流转过程中嵌入流计算引擎将所有流过的数据进行实时处理,并将处理后的中间结果合并生成一个多维度的可计算数据魔方,其工作方式如图 2.4-1 所示。

图 2.4-1 流计算引擎工作示意图

流计算引擎从消息队列或关系数据库中实时接收来自业务系统的增量数据,当数据流过流计算引擎时,流计算引擎会根据预先载入的流计算引擎脚本得到一个时间窗口可伸缩的计算结果,并将结果保存在分布式存储中。

实时流计算技术作为大数据技术的重要组成部分,与传统的批式大数据处理技术相比,在面向低时延、高并发的实时计算应用场景方面有着更大的优势,具体体现在流处理计算引擎的相关设计和实现上。

1) 高性能分布式实时存储

流计算引擎产品采用了高性能、分布式弹性的 NoSQL 内存数据库架构设计，其主要优点如下：

高可靠：依靠多副本数据同时存储以及集群节点间的自动同步技术，遇到单点故障时分布式缓存能可靠地自动转移存储数据，做到数据 0 丢失。

高可扩展：在不停服务的情况下，在线增加集群节点，存储数据在集群节点间自动完成平衡分布，无须人工干预即可实现 0 遗漏，提升服务能力。

分布式一致性：当数据存在多个副本时，客户端更新主数据的时候会同时更新其他副本的数据，保证各个副本间数据的一致性。

2) 专利时序处理技术

流计算引擎的时序处理技术总结下来有如下特点：

时钟驱动：流计算引擎运算指标结果包含时间的概念，因此能随着时间窗口的移动持续得到精确的计算结果。

数据驱动：新的增量数据流入流计算引擎后，流计算引擎能够根据计算脚本中定义的时间单位，自动识别是否需要合并老数据并更新指标计算结果。同时还实现了根据定义的失效时间当新数据到达时将过期数据剔除缓存以达到节省内存的目的。

时间窗口任意伸缩：存储在缓存中的计算指标结果，可以根据指标定义，任意地选择查询时间单位，即可得到想要的结果。

3) 计算模型管理简单方便

流计算引擎内置了大数据应用实际场景中大部分的计算模型，实现简单方便，可以大幅度地提高生产力。流计算引擎计算模型管理主要有如下特点：

预置算法函数库丰富：支持计数、求和、平均、最大、最小、方差、标准差、K 阶中心矩、连续、递增/递减、最大连续递增/递减、唯一性判别、采集、过滤、排序等多种分布式实时计算模型；同时支持基于事件驱动的模式识别技术(CEP)。

计算脚本编写简单：基于预置算法函数库的计算脚本编写简单方便，计算脚本编写工时以分钟计，大大提高了工作效率。

计算脚本部署快捷:计算脚本在线编写,相比于其他的开源框架不需要执行复杂的部署命令,即时部署即时生效。

4)低延时,高并发

由于采用了分布式架构以及全增量处理模式,流计算引擎平台能够在同时订阅将近50个包含各种计算复杂模型的情况下,单物理节点(普通X86服务器)每秒处理40000笔以上的数据流水(8节点集群部署可达百万流水每秒的查询处理能力),其处理时效性均为毫秒级。

2.5 数据分析理论方法

桥梁数据分析是一种基于数据和统计方法的桥梁结构性能评估和健康监测技术。它利用传感器和监测设备获取实时或离线的桥梁结构数据,并通过数据分析和处理来提取有关桥梁的信息和特征。这些信息可以用于评估桥梁的结构健康状况、指导养护维修决策。

2.5.1 数据异常诊断

桥梁健康监测系统累积了海量的监测数据,然而大型桥梁的服役环境十分恶劣,桥梁健康监测系统的大部分功能模块均于户外工作,这难以避免地因为硬件、软件故障产生多种类型的异常数据。大量的桥梁健康监测数据分析表明,大型桥梁健康监测系统中存在较多的异常数据。这些异常数据随机地分布于监测数据中,常常会导致健康监测系统虚假报警,同时也严重影响了数据分析的效果和健康诊断的准确性。如何有效诊断、识别异常数据是亟待研究的科学问题。

桥梁健康监测异常数据可能是由监测系统故障产生,也可能是因结构损伤或荷载变化而产生,现有数据分析结果和先验信息难以准确判断并验证异常数据的产生原因。因此,可取的策略是将这些异常数据从监测大数据中识别定位,以便后续进一步分析处理。

在近些年的人工智能领域中,深度学习得到了广泛的应用。其中,卷积神经网络(Convolutional Neural Networks, CNN)已在基于图像的多个问题中表现出了优越的性能。在桥梁健康监测领域，CNN大量应用于表面缺陷诊断和建筑安全的图像识别。概括地，CNN通过采集邻近像素输入的信息生成滤波器中的子特征，以此模仿动物视觉皮层的传感功能。基于融合桥梁监测数据的时域和频域信息，采用基于CNN的数据质量诊断方法已经得到了成功应用。首先，将原始时间序列数据进行切片，从而分成若干部分，分别将时序片段在时域和频域进行可视化。然后将时域、频域图像叠加为一个3通道的RGB图像，并根据3通道图像特征进行人工标注类别。随后，设计并训练CNN进行异常数据分类，通过卷积操作学习异常模式特征的描述和表示。最后，根据学习的异常模式特征实现数据异常模式的自动化判断。

例如，考虑了港珠澳大桥健康监测系统监测的桥梁振动加速度数据，将数据异常情况分为8种模式：缺失、次小、离群、趋势、漂移、常值、噪声和超量程振荡。根据融合的时域-频域特征，每幅时域-频域复合图像被标记为表2.5-1所展示的模式之一。虽然表2.5-1定性总结了各类异常模式，但模式内的各段数据依然存在变异性。

各类数据时域和频域特征描述 表2.5-1

序号	模式	时域特征描述	频域特征描述	产生原因
0	正常	时域响应关于x轴对称	频域响应因由卓越频率主导而呈峰状	—
1	缺失	时域响应的所有或大部分区域空白无记录	频域响应空白或为常值0	监测系统出现故障、传感器短时间内采集异常等原因
2	次小	时域响应以极小的幅值振动，时程图像呈阶梯状不连续	频域响应无峰状特征	传感器自身失效
3	离群	时域响应中包含一个或多个离群值	频域图像由忽略离群值后的数据主要特征决定	风、撞击等影响而造成数据的幅值突然增大
4	趋势	时域响应呈现非平稳的单调上升/下降趋势	受趋势项影响，卓越频域接近0Hz	传感器自身失效或者环境干扰引起

续上表

序号	模式	时域特征描述	频域特征描述	产生原因
5	漂移	时程响应呈现非平稳的随机漂移	受漂移影响,卓越频域接近0Hz	传感器自身失效或者环境干扰引起
6	常值	时域响应呈现水平直线	无明显特征	传感器自身失效
7	噪声	包括弱噪声、强噪声两种情况。噪声的频带有别于结构自身的本征频率,在时程上通常表现为较大的波动性	频域响应峰值呈等间距分布,各主峰值之间含有多个次峰值	系统电磁辐射噪声、设备电路噪声,会影响监测数据特征值的精度
8	超量程振荡	时程响应无意义且超出传感器量程	频域响应无峰状特征	传感器故障

  VGGNet 深度卷积神经网络常用来提取图像特征,其使用很小的卷积核和池化核来构建网络结构,能够取得较好的识别精度,通过不断加深网络来提升性能,且 VGG 可以通过重复使用简单的基础块来构建深度模型。常用的四种 VGG 网络结构分别是 VGG11、VGG13、VGG16、VGG19,四者在本质上没有区别,只是网络深度不一样。例如,VGG16 包含了 13 个卷积层和 3 个全连接层,VGG19 包含了 16 个卷积层和 3 个全连接层。VGG 网络的结构非常一致,从头到尾全部使用的是 3×3 的卷积和 2×2 的最大池化。由于时频域图像的各个类别的特征本身不复杂,类别数量也不多,VGG16 相比其他网络较简单,因而选用 VGG16 网络结构模型,使用深度学习开源框架 Pytorch 搭建 VGG16 深度神经网络,其工作架构如图 2.5-1 所示。

  基于 CNN 对桥梁健康监测数据进行诊断,可以通过多种可视化方式在不同维度对诊断结果进行分析和展示。图 2.5-2 展示了 2022 年港珠澳大桥通航孔桥之一江海航道桥的斜拉索振动加速度数据的异常模式时空分布,从监测数据的异常模式时空分布图中可以对数据质量及传感器的工作状况作出初步评估与诊断。在各个通道、各个时段、各个模式内对数据质量进一步分析,从不同维度对数据异常情况进行统计,图 2.5-3 展示了 2022 年江海航道桥斜拉索振动加速度数据在三个不同维度下的数量统计及分析结果。

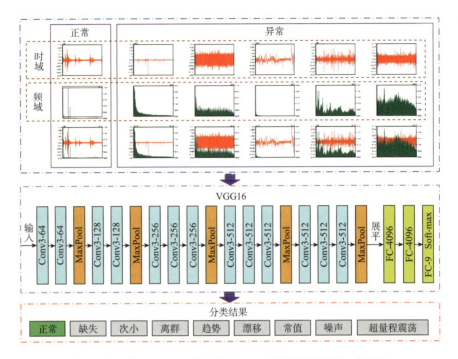

图 2.5-1　基于 Pytorch 搭建的 VGG16 深度神经网络工作架构

图 2.5-2　数据异常模式的时空分布

根据以上经过 CNN 诊断并统计得到的结果,数据异常模式呈现出明显的时空聚类特征。例如多个通道在同一时间段出现同一种异常模式,同一个通道持续出现同一种异常模式。通过分析时空分布图并结合各类异常模式、各个通道、各个时间段这三种不同维度下的统计结果,可以初步判断部分传感器的运行状况以及整体监测数据的质量情况。总体来看,上述可视化的诊断结果直观地展示了桥梁监测数据的异常模式分布规律和质量情况,通过分析监测数据的诊断结果，为后续桥梁健康监测系统的评估与维护及桥梁养护决策提供参考。

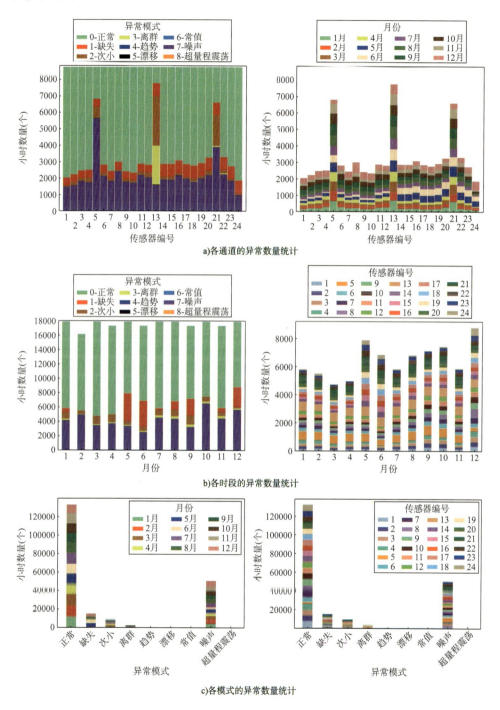

图 2.5-3　不同维度下数据质量诊断的统计结果

2.5.2 港珠澳大桥运营模态自动识别

振动监测是港珠澳大桥监测的重要内容,通过结构振动响应提取结构模态参数,是开展桥梁结构评估、模型修正、振动控制等研究的重要基础。由于环境因素的影响,单次识别的模态参数在工程应用中局限性较大,因此,为提供更准确的模态参数,必须得到随机环境下大量、长期的模态参数。因此,模态参数识别必须摆脱人工干预,实现自动化。

港珠澳大桥模态参数自动识别采用基于稳定图的模态参数自动识别方法,包含3个步骤:

(1)建立稳定图。建立稳定图主要通过经典模态识别算法完成,通过计算不同系统阶次下的模态参数,建立稳定图。

(2)清洗稳定图。清洗稳定图是指剔除稳定图中由于系统阶次过估计而引入的虚假模态,提升后续解析稳定图的成功率和计算效率。

(3)解析稳定图。解析稳定图是将清洗后的稳定图中剩余的模态按照相似性自动进行分类,从而实现模态参数的自动识别,并采用异常值诊断方法剔除识别结果中存在的异常值。

基于稳定图的模态参数自动识别的各过程的任务及方法如图2.5-4所示。

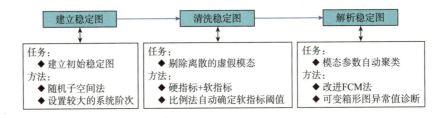

图2.5-4　基于稳定图的模态参数自动识别过程

港珠澳大桥建立稳定图需要的模态参数采用随机子空间法(Stochastic Subspace Identification,SSI)计算得到。为了得到较多的模态参数,SSI法的系统阶次需要设置得足够大,因此稳定图中会引入大量因系统阶次过估计而得到的虚假模态,在进行稳定图解析前,需要对虚假模态进行剔除,提高自动识别的准确性并提高计算效率。

采用基于硬指标和自动计算的软指标阈值识别并剔除虚假模态,软指标采用模态置信度(Modal Assurance Criterion,MAC)指标和振型平均相位差(Mean

Phase Deviation,MPD)指标。分两步剔除虚假模态：

(1)基于硬指标剔除绝对虚假模态。

(2)基于自动计算的 MAC 和 MPD 指标阈值剔除虚假模态。

硬指标为检验模态真实性的最基本的原则性指标,这些指标基于基本物理规律设定,当某模态的相关参数值不符合硬指标时,表示该模态违背了基本物理规律,是绝对的虚假模态,需要立即剔除。

硬指标有三种：

(1)阻尼比应大于 0；

(2)阻尼比应小于 0.2；

(3)该模态具有其复共轭对。

第一个指标的物理含义是实际结构系统不存在负阻尼；第二个指标通常用于土木结构,因为实际结构中不存在不符合实际的大阻尼结构；第三个指标表示在 SSI 法中,每一个物理模态总是与它的复共轭模态成对出现。

两个软指标的阈值按以下过程自动确定：

(1)计算稳定图中每一个模态与其下一系统阶次下相对频率差最小的模态之间的振型 MAC 值。

(2)将所有模态按照 MAC 指标降序排列,并选取第 S_p 个模态参数的 MAC 值作为 MAC 指标阈值,S_p 如式(2.5-1)所示：

$$S_p = t \cdot \frac{N}{2} - t \cdot \frac{t-1}{4} \tag{2.5-1}$$

式中：t——稳定图频带内理论物理模态的数量；

N——稳定图中最大系统阶次。

(3)再将所有模态参数按照 MPD 指标升序排列,并选取第 S_p 个模态的 MPD 值作为 MPD 指标阈值。

(4)将所有模态中 MAC 和 MPD 指标均不满足指标阈值的模态识别为虚假模态并剔除,剩下的模态即为潜在真实模态参数。

确定 S_p 需要确定 t 和 N，N 是建立稳定图时必须人工定义的参数,是已知的,所以唯一需要确定的参数是 t。对于任何一个结构,在特定频带内可以识别的物理模态的数量是确定的,也是固定的。当 SSI 法输入的信号的频带范围确定时,t 也是确定的,而且是不会改变的。t 可以通过多种手段确定,比如通过结构响应信号的频谱图或者奇异值曲线中的峰值的个数确定,也可以通过有限元模型确定。对于土木结构而言,建立实际结构的有限元模型是必要的工作,因此确定 t 并不会引入额外工作。而且,t 一旦确定就不需要改变,因此可以认为 t 是与 N 类似的基础参数。在实际应用中,建议将 t 设置得比理论值值大 1~2,以避免真实模态被剔除。

为了实现稳定图自动解析,对传统模糊 C 均值聚类(Fuzzy C-Means algorithm,FCM)法进行改进,通过引入无向图的概念,实现聚类数目的自动确定,进而实现模态自动分类。基于改进 FCM 法的模态自动识别过程如下:

(1)对监测数据进行滤波预处理,选择合适的频带范围,提高信号的可识别性。

(2)设定参考点数量、Hankel 矩阵分组等基本信息,基于 SSI 法计算模态参数及其对应的不确定度。

(3)采用硬指标和自动计算的软指标阈值剔除虚假模态,进行稳定图清洗。

(4)设置默认最大聚类数目,采用 FCM 算法迭代计算不同聚类数目下的隶属度矩阵和邻接矩阵。

(5)计算累积邻接矩阵。

(6)基于深度优先搜索算法确定最佳聚类数目。

(7)根据确定的最佳聚类数目获得稳定图聚类结果。

稳定图解析得到的真实模态类中的某些模态并不一定是精确的,某些模态参数值可能具有相对较大的离散性,这些不符合大部分模态参数值分布规律的模态被认为是异常模态,需要被剔除掉。没有具有严格物理意义的指标来确定哪些模态参数为异常值,但是从统计角度剔除不符合整体分布规律的离群值是有意义的。

采用可变箱形图识别异常值,并剔除异常值。可变箱形图的最大优点是能够适应不同概率分布的数据,通过自动计算样本概率分布的偏度调整传统箱形图上下限,识别不符合样本概率分布的异常值,保证异常值识别结果的可靠性为 99.3%。可变箱形图的上下限指标如式(2.5-2)所示:

$$L = Q_1 - 1.5 \cdot e^{\alpha MC} \cdot IQR, U = Q_3 + 1.5 \cdot e^{\beta MC} \cdot IQR \quad (2.5\text{-}2)$$

式中:L——识别异常值的下限;

U——识别异常值的上限;

Q_1——样本数据的第一分位值;

Q_3——样本数据的第三分位值;

α——与 MC 相关的常数;

β——与 MC 相关的常数;

MC——数据的偏度标准;

IQR——四分位差。

L 和 U 表示识别异常值的下限和上限,即当样本数据值大于 U 或者小于 L 时,该样本被识别为异常值;Q_1 和 Q_3 表示样本数据的第一和第三分位值;α 和 β 为与 MC 相关的常数;MC 表示数据的偏度标准;IQR 表示四分位差,根据 IQR = $Q_3 - Q_1$ 计算获得。

对于每个模态参数聚类结果,将可变箱形图用于频率和阻尼比识别结果。当频率或阻尼比超过对应的上限或下限时,将对应的模态认为是异常模态,并剔除。异常值检测过程迭代进行,当该模态类中所有模态的频率和阻尼比都不能检测出异常值时,停止该过程,并得到最终精确识别结果。

采用基于稳定图的模态自动识别算法对港珠澳大桥振动监测数据进行自动分析,获取结构长期模态参数。江海直达船航道桥某时刻建立的初始稳定图、清洗的稳定图和解析的稳定图分别如图 2.5-5 ~ 图 2.5-7 所示。

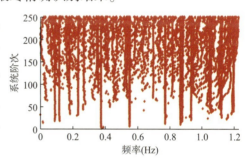

图 2.5-5 初始稳定图

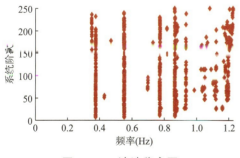

图 2.5-6 清洗稳定图

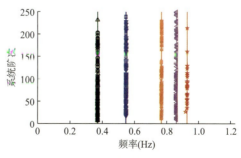

图 2.5-7 解析稳定图

识别的江海直达船航道桥 2022 年全年频率和阻尼比分别如图 2.5-8、图 2.5-9 所示。

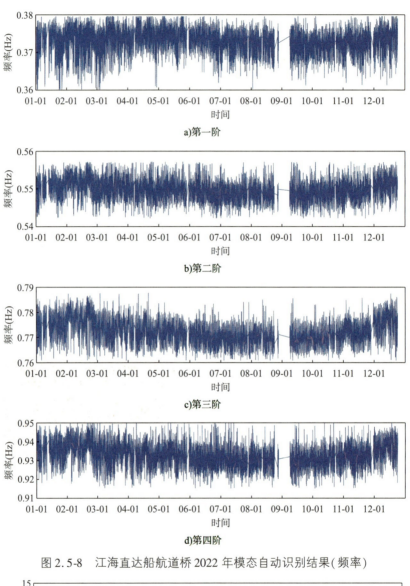

图 2.5-8　江海直达船航道桥 2022 年模态自动识别结果(频率)

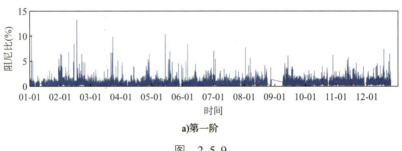

a)第一阶

图　2.5-9

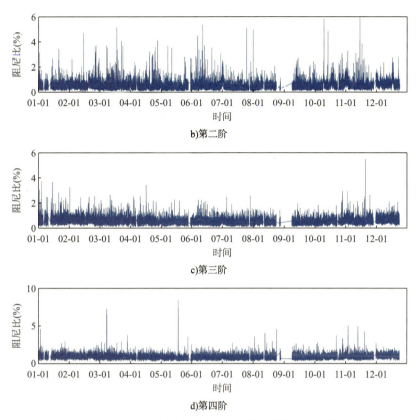

图 2.5-9 江海直达船航道桥 2022 年模态识别结果(阻尼比)

基于该模态自动识别算法,在港珠澳大桥健康监测系统中开发了模态参数自动识别模块,实时在线分析港珠澳大桥振动数据,自动获取港珠澳大桥模态参数。

2.5.3 港珠澳大桥涡激振动自动识别与报警

涡激振动(Vortex Induced Vibration, VIV)是一种风致限幅振动,是桥梁与风相互作用引起的典型异常振动。涡激振动不会导致桥梁倒塌,但会对驾驶员视野和心理产生严重影响,造成驾驶安全问题,也可能对桥梁的关键部件造成严重的疲劳问题。严重的涡激振动也会引起广泛的社会关注,因此,监测、识别和跟踪涡激振动,给桥梁管理者决策提供重要信息,是保证港珠澳大桥安全运行和避免潜在事故的重要工程需求。

为了实现涡激振动自动识别,基于振动信号,分别从频率和复域提出能辨别涡激振动和随机振动的特征指标。第一个特征指标来自频域,定义为能量相似

比(Similarity Ratio of Energy,SRE),如式(2.5-3)所示:

$$\mathrm{SRE} = \frac{A_1 - A_2}{A_1} \tag{2.5-3}$$

式中:A_1——加速度功率谱图(图2.5-10)中最高峰值对应的功率谱密度值;

A_2——加速度功率谱图(图2.5-10)中次最高峰值对应的功率谱密度值。

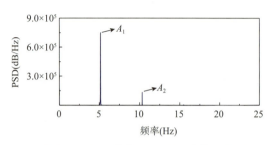

图2.5-10 能量相似比(SRE)计算示意图

第二个特征指标来自复数域,定义为振幅相似比(Similarity Ratio of Amplitude,SRA)如式(2.5-4)所示:

$$\mathrm{SRA} = \frac{d_{\min}}{d_{\max}} \tag{2.5-4}$$

式中:$d_{\min}$——振动加速度信号经Hilbert变换后形成的分析信号的实部和虚部组成的复平面圆内径;

$d_{\max}$——振动加速度信号经Hilbert变换后形成的分析信号的实部和虚部组成的复平面圆外径(图2.5-11)。

典型VIV和随机振动的原始信号和投影圆分别如图2.5-12和图2.5-13所示。

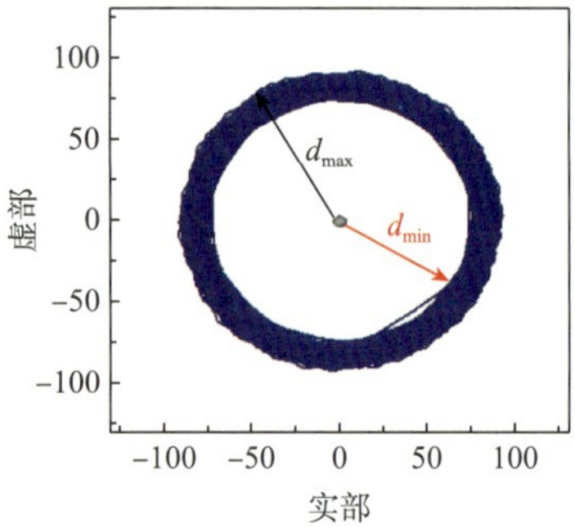

图2.5-11 振幅相似比(SRA)计算示意图

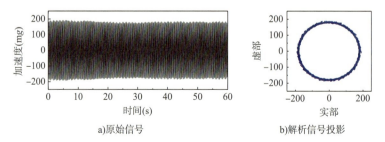

a)原始信号　　　　　　b)解析信号投影

图2.5-12 涡激振动信号Hilbert变换信号投影圆(SRA=0.95)

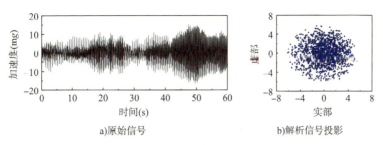

图 2.5-13　随机振动信号 Hilbert 变换信号投影圆(SRA=0.03)

基于特征指标 SRE 和 SRA,建立表征斜拉索振动状态的特征向量如式(2.5-5)所示:

$$V_s = [v_{SRA}, v_{SRE}] \quad (2.5\text{-}5)$$

式中:V_s——特征向量;

v_{SRA}——SRA(振幅相似比)值;

v_{SRE}——SRE(能量相似比)值。

采用最小欧拉距离分类器(Minimal Euclidean Distance Classifier,MEDC)实现涡激振动识别过程的自动化。欧式距离是最常见的距离度量,衡量的是多维空间中各个点之间的绝对距离,定义两个 n 维向量 $a(x_{11},x_{12},\cdots,x_{1n})$ 和 $b(x_{11},x_{12},\cdots,x_{1k})$ 的欧式距离如式(2.5-6)所示:

$$d_{12} = \sqrt{\sum_{k=1}^{n}(x_{1k}-y_{2k})^2} \quad (2.5\text{-}6)$$

式中:d_{12}——距离;

n——数据的维度;

x_{1k}——计算样本点;

y_{2k}——目标中心点。

根据欧拉距离建立的涡激振动自动识别过程如下:

(1)设置涡激振动和随机振动的初始特征向量的 V_0 和 V_1;

(2)计算当前信号对应的特征向量到两个特征向量的欧拉距离;

(3)根据当前信号的特征向量到 V_0 和 V_1 距离大小,判断当前特征向量归属类别。

通过对港珠澳大桥 3 座斜拉桥和 3 座非通航孔桥主梁 3 年振动数据进行分析,没有发现港珠澳大桥有涡振发生。

2.5.4 港珠澳大桥斜拉索异常振动自动识别与报警

斜拉索由于重量轻、柔度大极易发生异常振动。斜拉索异常振动影响桥梁使用性能,给交通带来极大不便,甚至影响桥梁的安全和耐久性,是斜拉桥维护阶段需要特别注意的问题之一。斜拉索的异常振动主要包括:大幅度抖振、涡激振动、风雨激振、参数共振和尾流驰振等。这些异常振动一旦发生,可能导致驾驶员心理发生变化,进而可能引起驾驶安全问题。同时,斜拉索的异常振动可能意味着斜拉索的阻尼系统服役状态发生变化,因此,斜拉索异常振动监测、识别和分析对结构安全和交通安全都具有重要的意义。

在实际工程中,斜拉索异常振动主要有涡激振动、风雨激振、尾流驰振、参数共振,这些异常振动可以分为有规律的涡激振动和大振幅振动(Large-Amplitude Vibration,LAV)。涡激振动具有明确的振动规律,且发生频繁,对斜拉索可能造成疲劳损伤;大振幅振动虽然没有明确的振动规律,但由于其振动加速度和位移的幅值较大,会导致索力异常和拉索损伤等问题。因此,监测港珠澳大桥斜拉索的异常振动,是港珠澳大桥斜拉索养护的重要需求。

斜拉索涡激振动与桥梁涡激振动产生机理和振动特征相同,因此,可采用桥梁涡激振动自动识别方法进行斜拉索涡激振动自动识别。采用实测加速度均方根值(Root Mean Square,RMS)与正常振动的加速度均方根比值 r 作为大振幅振动识别指标,定义如式(2.5-7)所示:

$$r = \frac{\text{RMS}_C}{\text{RMS}_T} \tag{2.5-7}$$

式中:RMS_C——当前信号段振动加速度均方根;

RMS_T——运营期内斜拉索正常振动加速度均方根上限值。

基于识别阈值 r,可以根据当前信号段的 RMS 与阈值 r_0 的比值来估计振动的严重性,这样就能根据比值估计振动的严重程度,发出多级警告。

斜拉索的异常振动自动识别流程如图 2.5-14 所示,首先对振动信号进行滤波降噪预处理,然后计算能量相似比(SRE)、振幅相似比(SRA)和加速度均方根(RMSA),基于这三个特征指标,对斜拉索异常振动进行识别,并进行报警。

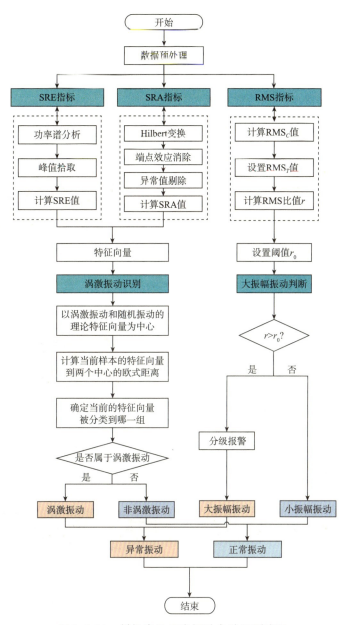

图 2.5-14 斜拉索的异常振动自动识别流程

斜拉索起振快,振动持续时间短,因此,为了准确识别到斜拉索的异常振动,在斜拉索异常振动识别中,每次分析时长设置为 3min,分析步长设置为 1min。同时,为了剔除振动信号 Hilbert 变换的端点效应,分别剔除 Hilbert 变换后信号前、后各 1min 的数据,实际参与计算的分析时长也为 1min,并选择斜拉索加速度 1min 的 RMS 作为斜拉索的振动幅值大小的特征值。

在涡激振动识别中,根据涡激振动的严重程度,将涡激振动设为三阶报警,不同报警等级对应的特征向量和信号特征图分别如表 2.5-2 和图 2.5-15~图 2.5-18 所示。

涡激振动特征向量报警等级对照表　　　表 2.5-2

[SRE,SRA]	报警等级	[SRE,SRA]	报警等级
[0.7,0.01]	未报警	[0.9,0.3]	二级
[0.8,0.2]	一级	[1.0,0.5]	三级

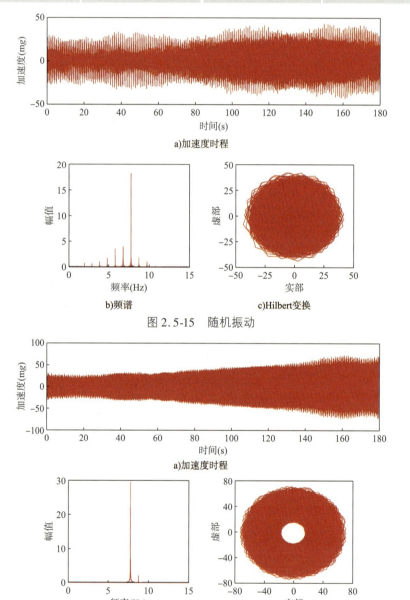

图 2.5-15　随机振动

图 2.5-16　规律性振动出现阶段(一级报警)

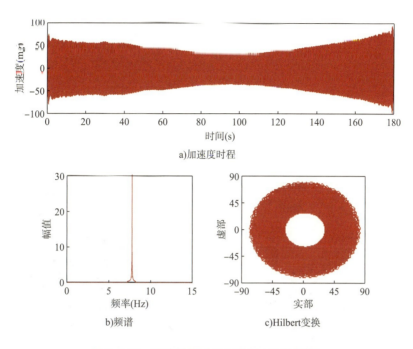

图 2.5-17 规律性振动发展阶段(二级报警)

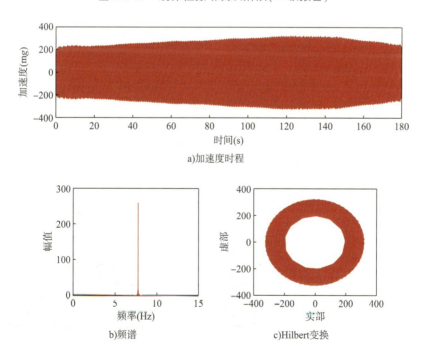

图 2.5-18 规律性振动稳定阶段(三级报警)

港珠澳大桥斜拉索在大振幅振动识别中,不同报警等级对应的加速度均方根如表 2.5-3 所示。

大幅振动报警阈值设定表　　　　　表 2.5-3

加速度均方根(mg)	报警等级	加速度均方根(mg)	报警等级
0≤RMS<100	未报警	200≤RMS<300	二级
100≤RMS<200	一级	RMS≥300	三级

自动分析了港珠澳大桥三座斜拉桥所有监测的斜拉索两年的振动数据,九洲航道桥所有斜拉索异常振动统计结果如图 2.5-19、图 2.5-20 所示。

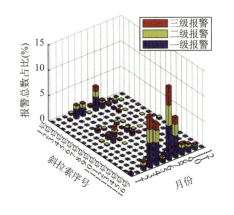

图 2.5-19　九洲航道桥所有斜拉索 2022 年　　图 2.5-20　九洲航道桥所有斜拉索 2022 年
　　　　　大幅振动报警统计结果　　　　　　　　　　　　　　涡振报警统计结果

基于识别结果,分析斜拉索涡激振动和大振幅振动之间的关系,分别绘制九洲航道桥 16 号(右边跨最长斜拉索)斜拉索的涡激振动中大振幅振动分布和大振幅振动中涡振分布。SRA、SRE 和 RMS 指标的关系如图 2.5-21 所示。

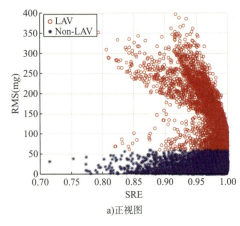
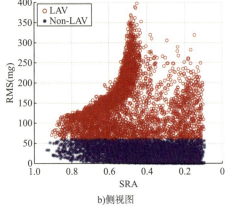

a)正视图　　　　　　　　　　　　　　　　b)侧视图

图　2.5-21

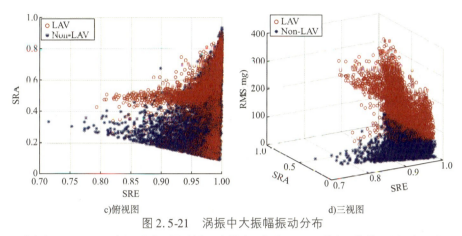

c)俯视图　　　　　　　　　　　d)三视图

图 2.5-21　涡振中大振幅振动分布

由图 2.5-21a)可以看出,涡激振动的加速度 RMS 值涵盖范围很广,从 0mg 到 400mg,其中涡激振动有很大一部分振动加速度 RMS 值小于 60mg,说明涡激振动并不都是大振幅振动。

大振幅振动中涡振和非涡激振动的 SRA、SRE 和加速度 RMS 的关系如图 2.5-22 所示。

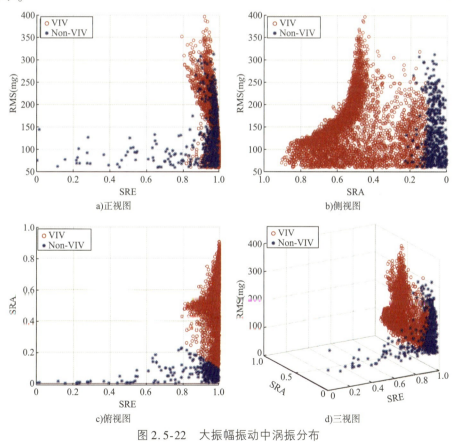

a)正视图　　　　　　　　　　　b)侧视图

c)俯视图　　　　　　　　　　　d)三视图

图 2.5-22　大振幅振动中涡振分布

由图2.5-22可以看出,大振幅振动中只有一部分振动为涡激振动。根据图2.5-21和图2.5-22,可以得出结论,涡激振动与大振幅振动没有必然关系。因此,如果只对大振幅振动进行识别,一些小振幅的涡激振动将无法识别。持续时间较长的小振幅涡激振动可能比其他振动更容易引起斜拉索阻尼系统的损坏或缺陷,这意味着仅关注大振幅振动可能无法及时监测到斜拉索异常状态。同理,如果只对涡激振动进行识别,也会忽略一些没有明显的振动模式的大振幅振动,但这些大振幅振动也是斜拉索异常工作状态的重要表现之一。因此,在港珠澳大桥监测中,同时对涡激振动和大振幅振动进行了在线监测。

2.6 数据分析软件

港珠澳大桥健康监测系统数据分析软件集成于港珠澳大桥智联平台,旨在通过实时获取采集数据进行实时处理、分析、报警,为大桥管养提供有效的监测信息支撑。

2.6.1 软件概况

港珠澳大桥健康监测系统数据分析软件以分析算法为核心,通过模块化集成分析算法,打通分析算法集成、参数化动态配置、数据实时分析、实时报警处置的全链条,实现桥梁健康监测全流程实时化、自动化,实现数据采集传输、数据深度挖掘、数据展示/监测平台的全链条打通。实时获取结构运营状态并进行报警,及时为管养人员提供处置依据。

桥梁健康监测系统可分为以下五个部分:感知层、数据层、支撑层、业务层、展示层,其中数据层、支撑层、业务层、展示层属于数据分析软件。

数据层对数据传输方式和存储方式进行管理,实现数据有效的流通、存储和供给。数据层针对实时处理、离线处理等不同数据需求,采用不同的数据管理方式,实现数据的稳定流转。

支撑层通过混合编程技术,集成数据分析算法,实现结构分析;并结合数据、报警分析等业务服务,支撑软件的分析、报警与展示功能的稳定运行。

业务层分为实时在线分析与报警、定时离线分析两部分。实时在线分析是指数据的采集、分析和展示同步进行，即边采集、边分析、边展示，目的是对输入、输出或状态突变及时报警；定时离线分析是指连续解析一定时长的历史监测数据，目的是挖掘结构性能的长期演变规律，为结构养护提供建议。实时在线分析和定时离线分析都由计算机自动联网完成，初始设置好之后无须人工干预。

展示层主要负责实现已搭建各个模块的可视化展示，是用户对软件运行进行管理与获取信息的主要媒介。用户通过可视化界面发布指令实现对监测过程的控制；并通过界面对结构的实时监测、分析、统计、报警等结果进行查看，获取大桥运营状态。

软件可以自成体系，实现从数据采集、数据传输、数据分析到数据展示流程的全链条；也可与外部平台进行对接，通过部署集成、数据集成、展示集成、权限集成，将监测系统的主体分析与展示功能集成到智联平台，成为智联平台的一部分。

2.6.2 智联平台集成环境

软件集成于智联平台，实现数据集成、业务集成、权限集成，由智联平台统一管理：

数据集成：采集数据由智联平台供给，软件运营数据和文件存储于智联平台，受智联平台统一管理，并依托于智联平台，实现软件与其他系统的数据共享与交互。

业务集成：软件部署于智联平台，软件服务受智联平台统一管理，运行资源由智联平台统一分配。

展示集成：软件的前端符合智联平台统一用户界面（User Interface，UI）规范，并作为一个子项嵌入智联平台，软件的使用权限与智联平台用户绑定，受智联平台权限分配的统一管理。

软件依托于智联平台，通过智联平台获取监测数据，对数据进行实时分析和长期数据统计，得到反映结构状态的关键指标，并对结构状态变化进行实时报警。同时软件分析得到的分析结果和报警信息会通过智联平台的数据中枢，发送至维养系统、应急系统等管养业务系统，为港珠澳大桥维养提供监测信息支撑。

2.6.3 数据处理

港珠澳大桥健康监测系统的数据采集站15个,接入三向超声波风速仪、机械式风速仪、温湿度仪、加速度计、压力变送器等共计1204个传感器,产生风速、风向、温度、湿度、位移、振动等监测内容等共计1349个通道测点的数据,每秒2.4万个数据;每天20.57亿个数据,时序数据库存储每天存储5.75GB;每年7508.72亿个数据,时序数据库存储每年存储2TB。动应变占20%,加速度(结构振动、斜拉索振动、地震动)占55%。大量实时数据和海量的历史数据给桥梁健康监测系统数据分析软件的数据管理和业务运行带来了巨大的挑战。

此外,桥梁健康监测系统所接入的数据类型多样,包括海量监测数据和软件运行所产生的业务配置静态数据、分析业务动态数据、报警数据等。数据处理需求也各不相同,实时数据需要实时处理、统计、分析,长期历史数据需要分周期性统计、递推和分析,基本业务数据需要满足实时变更和高频读取的需求。因此,传统的数据处理方式难以保证海量实时数据处理和长期历史数据处理的稳定性。

在海量数据的实时处理方面,采用websocket技术将原始数据传输到浏览器进行实时展示,建立从服务器端到浏览器端的数据直连,实现实时数据的毫秒级展示;采用港珠澳大桥智联平台的流立方平台对实时数据进行处理,得到如3s风速均值、1min振动均方根等短时间的实时数据特征指标,便于管养人员查看反映实时数据基本特征的监测指标,实时掌握数据变化情况;采用Kafka对实时数据进行管理和发布,将短期实时数据存储到Mongodb数据库中,通过数据的定时删除保证数据库访问带宽和访问速度,对短期数据进行实时分析,得到反映数据和结构状态的信息,并对分析指标进行实时报警;通过SignalR将分析结果与报警信息实时推送给浏览器端,以便管养人员第一时间将最新的结构状态信息反馈给管养人员,为大桥的维养管理提供监测信息支撑。

在海量数据存储方面,采用关系型数据库存储监测业务配置数据、报警信息、报告数据等复杂逻辑关系且存在变更的数据;采用缓存数据库对实时数据处理时的测点参数进行缓存与频繁读取,对实时报警判断时的实时指标与报警状态信息进行缓存;采用文档型数据库对实时原始数据进行存储与定期删除等频繁、批量的增删改查,提高实时分析的数据读写速度与稳定性;采用时序数据库对原始数据、分析数据等海量、时序且不会动态变更的数据存储进行存储,提高海量数据的压缩率和读写速度;采用对象存储操作支持系统(Operation Support Systems,OSS)对软件生成的监测报告和视频等大批量、大体量的文件进行存储,提高实时数据处理的稳定性、提高海量数据的读写速度。

2.6.4 业务支撑

结构响应是结构状态的映射,健康监测的工作方式是通过解析结构响应,获取结构运行状态,对结构进行评估。如何自动化地将数据转换成信息是桥梁健康监测系统的核心,是避免桥梁健康监测系统沦为"数据的搬运工"的基本前提。

目前阶段,健康监测领域基于实测数据对结构、构件进行分析计算的优秀算法较多,但受限于不同的编写语言、开发环境与集成难易程度,多数系统难以实现与分析算法的直接集成,这降低了桥梁健康监测系统对数据的挖掘能力,影响系统的推广与应用。

桥梁健康监测是算法驱动型研究领域,为了便于及时纳入最新科研成果,采用模块化的思想集成分析核心。在整体架构上,实时在线分析和定时离线分析两个模块相互独立;在模块内,按照功能不同,将具有不同分析功能的分析内核模块化。

根据数据的分析时效性要求和分析需求的不同,软件将数据分析划分为两种:实时在线分析和定时离线分析。

实时在线分析是指数据的采集、分析、展示、存储同步进行,即边采集、边分析、边展示、边存储,将实时数据流直接通过内存传递而无须经过数据库/数据文件的中转。实时在线分析的任务是对输入、输出或状态突变进行实时监测、报警和快速评估。

定时离线分析只有在预定的时刻(日、周、月、季、年)才触发,连续解析一定时长的历史监测数据;处理完成之后,存入服务器供以后查阅。定时离线分析的任务是追踪结构服役性能长期演变过程和时空关联特点,掌握过去、分析现在、预测未来。

数据分析软件架构如图 2.6-1 所示。

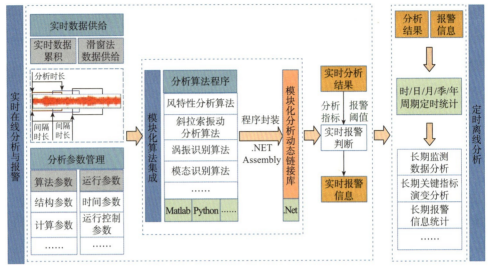

图 2.6-1　数据分析架构

2.6.5　软件业务层

桥梁健康监测系统需要面对桥梁、隧道、人工岛等多种结构类型的交通工程基础设施，需要满足多种监测实施方案和数据处理分析的需求。因此，软件需要能够适用于多种监测应用需求。

常规桥梁健康监测系统是特定结构监测方案的开发产物，包含测点布设、数据采集、数据处理、数据存储、数据展示等功能。在该种监测系统设计与开发模式下，系统的具体功能与特有的监测方案一一对应，难以通过系统界面对不同的监测设备进行配置。监测点位、设备参数、数据分析与报警内容等大多作为系统运行的内部常量，用户层面无法修改，代码层面难以维护，导致各个功能模块的复用性较差，难以适用于不同类型结构的不同监测方案和同一结构监测需求变更的情况。

软件依托《公路桥梁结构监测技术规范》（JT/T 1037—2022）等桥梁健康监测相关的现行标准规范，梳理桥梁健康监测业务流程和技术要求，明确整个监测业务流程中所产生的数据和数据间的关联关系，提炼关键业务数据的重要参数，建立桥梁健康监测业务数据标准，将关键业务数据以标准化的形式进行总结，指导软件开发时各监测业务数据的参数化。

为建立全监测业务参数化管理，需要建立监测测点布设、监测设备应用、监测数据分析、关键指标报警、监测报告生成等完整监测流程的业务参数配置和运行控制功能,将软件运行的参数以界面参数的形式直接反馈在界面窗口中,进而使用户根据实际监测方案直接对传感设备、监测点位、分析参数等控制信息进行配置,基于一套软件、不必进行二次开发的情况下,用户可直接通过软件的配置功能,用户能够在软件上从零开始建立一个完整的监测项目,并对业务运行进行控制,监测业务管理架构如图2.6-2所示。

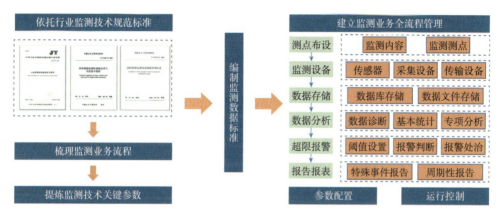

图 2.6-2　监测业务管理架构

桥梁健康监测系统软件包含监测业务管理、实时在线分析与报警、定时离线分析、监测报告、系统管理五大部分,软件功能如图2.6-3所示。

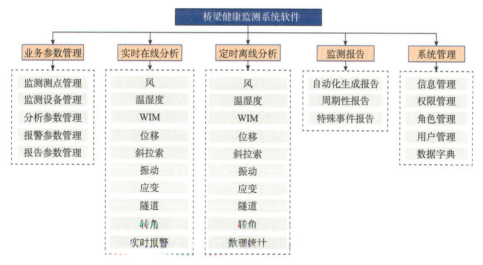

图 2.6-3　桥梁健康监测系统软件功能

软件的数据分析功能主要包含自动化的实时在线分析、定时离线统计功能两大类,以满足用户对于结构的实时化监测和自定义长期性能演变追踪的需求。数据分析将全自动、多角度、深层次地挖掘冰冷的数据背后所蕴含的丰富信息。

数据异常诊断：将数据异常情况分为缺失、次小、离群、趋势、漂移、常值、噪声和超量程振荡等8种模式，进行实时判断和统计。

横向集成与纵向打通并举：横向多种算法集成，纵向多个模块打通，全部代码自主开发，数据到信息的全链条转化。软件能够进行实时数据查询、风特性分析、车流特性分析、模态识别、涡振识别、索力识别和斜拉索异常振动报警、变形应力监测、管节沉降变形、管节接头张合变形分析、管节接头水密性分析等功能，对港珠澳主体工程结构运营状态进行实时监测和快速评估。

当前突变与长期演变并重：实时在线分析重在实时监测、报警和快速评估，定时离线分析重在追踪性能长期演变和时空关联。

手动分析向自动分析升级：对算法升级改造，只需配置初始参数，全部分析过程就能自动完成。

监测报告包括定时自动生成的监测报告和用户选择手动分析报告。报告内容丰富，包含软件内基本的数理统计信息和风、温湿度、位移、车辆荷载、振动、索力等专项分析信息。此外，用户可以自行配置监测报告模板，控制监测报告的内容，且报告均由软件生成。

健康监测报告分为周期性报告和特殊事件报告两大类：

（1）周期性报告：由时间驱动（time-driven），包括日报、月报、季报、半年报、年报，从不同时段、不同时间粒度上刻画环境、作用、响应，以及三者的关联关系和对结构性能的映射。

（2）特殊事件报告：由事件驱动（even-driven），在恶劣天气、外加冲击（地震、船车物撞击等）、结构异常振动（结构涡振、斜拉索振动等）等特殊事件发生时，自动生成专项报告。

系统管理模块包含用户个人信息管理、角色管理、用户管理、数据字典管理等功能。系统管理模块是依据监测业务和管理体系，总结不同部门的岗位职能，抽象出若干种角色，赋予相应权限，实现不同部门、岗位下的不同用户具备不同的功能操作权限和数据操作权限，并允许用户自定义角色权限。

2.6.6 展示集成

软件采用 B/S 架构、前后端分离开发模式，前端采用 Vue 框架进行开发，并采用 Echarts、ElementUI 等技术进行图标、表单、图标组件的开发，软件展示层架构如图 2.6-4 所示。前端页面与后端交互以 http 协议和 websocket 协议为主。数据交互一般都是 http 协议,告警信息的通知一般为 websocket 协议。前端 UI 遵循智联平台统一 UI 规范,并作为一个子项嵌入智联平台,软件的使用权限与智联平台用户绑定,受智联平台权限分配的统一管理。

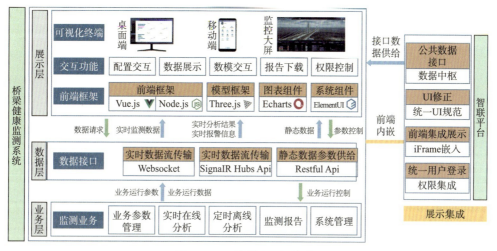

图 2.6-4　软件展示层架构

桥梁健康监测系统软件旨在通过对数据进行实时,挖掘结构状态的最新状态变化并予以及时报警,为智联平台的桥梁评估系统、智能维养系统等提供分析数据,为大桥维养提供监测信息支撑。

2.7　本章小结

港珠澳大桥健康监测系统能够对数据进行快速响应,数据中台和流立方平台的支撑,提高了数据管理与处理的稳定性和实时性;对数据进行实时展示、分析和报警,实时、自动地对监测数据进行深入分析,挖掘数据背后的信息,结合响应数据的"荷载感知数据-桥梁状态预警"的反向评估方法,为桥梁正反结合的评估体系提供数据支撑;实现数据处理、数据分析、超限报警、监测报告生成等全监测业务流程的自动化,为管养人员快速提供最新的结构状态信息和警示信息,并能够根据管养人员需求一键自动化生成监测报告,为管养人员提供更高效和更深入的数据支撑。

第 3 章

基于无人平台的桥梁水上结构检测与评估技术

3.1 概述

港珠澳大桥位于南亚热带海洋性季风气候区,年平均气温在 22.4~23℃ 之间。热带气旋影响十分频繁,平均每年约有 2 个,最多时每年可达 6 个,4~12 月均有可能发生,主要集中在 6~10 月,极限风速达 48.7m/s。港珠澳大桥建成通车后,势必将长期处于海洋大气环境中。海洋大气环境中较为突出的环境因素,如干湿交替、辐照、高温、盐雾、pH 值等,会诱发桥体结构中的钢结构、混凝土结构、焊接部位、受力结构等处形成腐蚀损伤,使其成为易发生腐蚀的关键区域,将对桥梁的安全造成严重的威胁。桥体跨度大、结构复杂、易腐蚀区域多、分散广、腐蚀程度不一等实际问题,对桥梁整体维护维修的及时性和有效性造成了较大的困难,同时也会形成巨大的成本开支。

针对港珠澳大桥等跨海桥梁水上结构表面在海洋大气环境中易发生腐蚀并难以被快速感知、识别的问题,采用实地病害信息采集、制备及试验场预置,研制可携带不同病害感知识别的各类巡检装备;建立智能巡检机器人及巡检无人机的综合集控系统,利用 5G 技术、盲区定位技术,实现对无人机、机器人的协同控制和数据传输;同时借助航空装备发展理念,建立结合结构离散技术的病害智能化识别专家决策系统,以形成基于无人平台的桥梁水上结构检测与评估技术体系。本章将结合行业技术应用现状及港珠澳大桥智能化运维项目研究实践重点介绍该技术体系的构成及应用场景。

3.2 桥梁结构表面病害智能化检测

随着我国经济的发展,高速公路、铁路干线、海岛开发等建设与兴起,给我国的桥梁建设带来了前所未有的机遇,我国桥梁建设进入了一个辉煌时期。下一步,我国桥梁建设市场将逐渐转移到对已建桥梁的维修和管理中,这是社会经济发展的必然结果。桥梁维修市场急需突破检测与修复技术瓶颈,特别是重视桥梁检测,加大对桥梁检测方面科研投入,培养管养人才队伍,加大养护资金投入。桥梁和一般建筑物一样在露天环境下运营,其运营环境恶劣且上部结构承受动荷载,车辆在桥梁上的制动、起动及碰撞等都对桥梁整体造成一定的冲击,随着时间的流逝,桥梁部分结构和构件会出现不同程度的涂层老化、锈蚀以及损坏,这对桥梁运营的安全性构成了极大威胁。而现有的桥梁健康监测系统只是在一些关键位置和关键点上布设传感器,事实上整座桥只有极少的部分被传感器网络所覆盖,不能被传感器覆盖的区域,以及传感器覆盖不了的探知对象(如钢箱梁的锈蚀、涂层的开裂)等,往往是桥梁安全运营的盲点所在。

由于上述桥梁病害监测的局限性,目前国内采用人工巡检的方式定期或不定期地对这些部位进行巡检,如图 3.2-1 所示,及时发现问题并迅速养护,这在一定程度上避免了桥梁安全事故的发生。根据国家相关标准规范文件,结合国内桥梁使用及检修现状,一般情况下对于桥梁易达结构进行定期人工巡检(半年~一年),难达结构(高空)进行不定期人工巡检,如发生地震、洪水、台风等气象灾害或其他事故,则根据实际情况增加特殊检查。人工巡检常规检测主要项目为涂层外观、涂层厚度、附着力测试,同时对于锈蚀、粉化、脱落等肉眼可见的损坏老化现象予以记录,并最后形成涂层巡检报告。国内桥梁钢结构涂层检测中,常用的标准及规范主要包括《钢结构工程施工质量验收规范》(GB/T 50205—2020)、《公路桥梁钢结构防腐涂装技术条件》(JT/T 722—2008)。

a)桥梁易达结构定期巡检　　b)桥梁难达结构不定期巡检

图 3.2-1　我国桥梁人力巡检方式

但人工巡检存在着"劳动强度大,检测可达性差,安全隐患多,误判率高、漏判率高"这四大缺陷。国内外都在大力发展智能巡检技术与装备,对桥梁实施及时快速、全面、准确的高效检测。智能巡检不仅可以解决定点监测与人工巡检的缺陷,而且可经常性实施小规模标准化智能巡检(不会影响正常的交通运输),还可以及时发现人工巡检不了的尚处于初期的病害,防患于未然,并可在结构表面一旦检测到发生病害时,能及早地进行修复,防止结构表面病害的加重以致影响结构的安全。

港珠澳大桥主体工程箱梁外表面涂装多达132.6万 m^2,海中墩台的混凝土外表面约35.5万 m^2,7座桥塔外表面施工涂装量为4.57万 m^2,外表面结构及涂层等均无法通过传统监(检)测手段满足管养要求,且外表面涂层体系受海洋高温、高湿、高盐等恶劣环境影响,监测需求异常突出。目前,以"人工+望远镜"定期巡检的传统方式根本无法满足全覆盖、高质量检测的要求,人工作业效率低、检测质量稳定性差,且存在安全风险。因此,急需引入基于具有高检测效率和质量稳定好的无人机和攀爬机器人相结合开发的全息立体感知的综合监测系统。

3.2.1 箱梁外表面巡检机器人

对于港珠澳大桥桥梁部分来说,主要的构成结构有两种,分别是带有大挑臂U形肋结构的标准钢箱梁结构和顶板路面为混凝土、箱体下部为钢结构的混合梁结构(图3.2-2),特别是桥面上的灯杆均匀分布在两侧(图3.2-3),这使得传统的桥检车(图3.2-4)携带人员和装备进行巡检时难以沿着桥梁方向持续前进。为了解决这一难题,结合桥梁结构连续的反斜面和U形肋边缘底面钢结构与当前磁吸附机器人的发展现状,设计开发了箱梁外表面巡检机器人BIAM0100(图3.2-5),创造性地解决了桥梁钢结构外表面典型病害的连续性智能巡检问题。

a)标准钢箱梁　　　　　　　　　　b)钢混组合梁

图3.2-2　港珠澳大桥主体工程桥梁部分典型结构

图 3.2-3　港珠澳大桥主体工程路面灯杆布局　　　图 3.2-4　传统桥检车

箱梁外表面巡检机器人主要的任务是通过在桥梁箱梁表面移动来对桥面情况进行全面检测,这就要求机器人能够携带电源模块及无线设备,在较为复杂的桥梁环境具备良好的吸附功能和无线通信功能。操作人员在远程安全的环境下使用良好的人机交互界面和遥控终端,远程发送无线信号控制机器人的运动,同时接收机器人信息及其传输回来的图像并显示在遥控终端。机器人除了承担一定的负载外,还具有实时性高、稳定性高以及壁面适应能力强的特点。

图 3.2-5　钢箱梁外表面巡检机器人 BIAM0100

根据对各种不同类型桥梁的箱梁外表面工作环境的调研,确定了钢箱梁外表面巡检机器人采用检测机器人、供电机器人、跟随机器人和桁架结构结合的设计理念,其中检测、供电和跟随机器人的技术指标,如表 3.2-1 所示。

机器人技术参数　　　　　　　　　　表 3.2-1

项目	检测机器人	供电机器人	跟随机器人
型号	BIAM0100B	BIAM0100A	BIAM0100C
整机尺寸(mm)	1000×700×500（不含顶部机械臂）	1000×700×500（不含顶部机械臂）	1100×500×400（长×宽×高）
整备质量(kg)	80	130（机器人本体80,电池50）	60

续上表

项目	检测机器人	供电机器人	跟随机器人
满载质量（kg）	160	160（负载为机械臂）	—
供电方式	磷酸铁锂电池 51.2V/120Ah，供电机器人转接输入	磷酸铁锂电池 51.2V/120Ah，供电机器人转接输入	磷酸铁锂电池 51.2V/120Ah
续航能力	可连续工作 3h 以上	可连续工作 3h 以上	理论上可连续工作 2h 以上
运动速度（m/min）	≤10	≤10	≤15
最大功耗（W）	≤790	≤880	≤540
观测范围	360°	360°	—
通信方式	工业以太网及 CAN 总线	工业以太网及 CAN 总线	对外无线通信，5G 路由 CPE 与地面控制台通信，对内 CAN 总线通信
工作温度（℃）	-10~60	-10~60	-10~60
工作湿度	10%RH~90%RH（非凝露）	10%RH~90%RH（非凝露）	10%RH~90%RH（非凝露）

检测机器人与跟随机器人共同支撑桁架，通过永磁体吸附的方式，固定在钢箱梁结构上，其驱动系统分为左右两部分，负责提供整个机器人的动力。检测机器人采用模块化设计思路，有两个完全相同的独立的一体化驱动轮组，用于驱动轮组运动。在后部使用两个万向脚轮根据驱动轮的差速实现不同方向的随动运动，一体驱动轮组由直流无刷伺服电机、高负载行星减速机等组成，可以对机器人行进速度进行实时控制和调整。两侧驱动系统为对称式独立驱动双轮差速，可以分别控制，以起到对机器人进行前进、拐弯、360°原地转向的差速控制。供电机器人与检测机器人共用运动底盘，在其底部设计电池安装位，电池用于供给整个检测系统的电量，保证系统正常工作 3h。

当然，对于箱梁反斜面及底面平板结构，则不需要使用组合式机构，仅使用供电机器人携带六自由度机械臂即可满足巡检需求。

对于港珠澳大桥,主体工程箱梁外表面涂装多达132.6万 m^2,虽然外表面钢结构有较厚的耐候涂层保护,但由于外表面涂层体系会受到海洋高温、高湿、高盐和阳光紫外线辐射等恶劣环境的影响,并且桥梁用钢材料本身的热胀冷缩现象和腐蚀行为也会给桥梁钢结构的焊接和栓接方式的可靠性与耐久性带来挑战。通过引入常规的可见光图像、厚度、色差、光泽度等涂层病害检测手段,可以赋予智能检测快速发现涂层劣化及螺栓脱落现象并给出早期预警的能力。当然,桥梁箱梁涂层结构表面会有经常性的污染物质,其形状、颜色等特征与涂层破坏以及锈蚀后的形貌接近一致,这些污染物造成的疑似病害形貌无法通过图像识别技术进行判定,若采用单一图像识别技术对桥梁工程现场采集的图像图片进行识别,会造成误判甚至无法判定。另外,当焊接部位出现涂层裂缝时,在没有大面积破坏涂层时无法判断涂层下部金属基底出现焊缝开裂现象。这给单靠可见光图像智能识别的巡检方式带来了巨大的挑战。因此,引入高光谱相机和X射线衍射仪的智能巡检方式,成为可见光图像智能识别方式的有效补充,也显著提高了箱梁外智能巡检机器人的智能化缺陷识别能力。各类设备及作用如表3.2-2所示。

检测设备说明 表3.2-2

序号	检测设备名称	型号	检测对象	检测缺点	用途
1	高清相机组	BIAM0101	箱梁外涂层、箱梁外螺栓	仅能对混凝土表面的缺陷进行识别,难以分辨附着物和锈蚀,也无法检测焊缝开裂	用于初次巡检
2	三合一测试仪(测厚、色差、光泽度)	BIAM0104	钢结构涂层厚度、色差、光泽度	单次检测面积小,难以开展面扫描	作为精确(二次)巡检方式
3	高光谱仪	BIAM0102	钢结构涂层表面附着物	测量时间过长,不宜大面积展开	
4	X射线衍射仪	BIAM0103	钢结构涂层裂缝及焊缝开裂	检测时间过长	

3.2.2 箱梁内轨道巡检机器人

港珠澳大桥全长22.9km,自珠海口岸出发,以第115号桥墩为分界,远离珠海一侧约 16.9km 为钢箱梁结构，靠近珠海一侧约 6km 范围内为钢混组合梁结构。

钢箱梁结构中最为典型的是深水区非通航孔桥桥体钢箱梁标准段，由 4 节组成，宽度为 33.1m，中心高度为 4.5m，节段长度主要为 10m、14m、15m 三种。内部结构单元可分解为顶板、腹板、底板、横隔板、U 形肋、加强板筋、节段焊缝和栓接点。顶板加劲筋主要采用 U 形肋形式，材质为 Q345qD 钢材；底板采用板肋加劲，标准间距 600mm，材质为 Q420qD 钢材；斜底板设置两道 U 形肋加劲筋，作为除湿机通风道，材质为 Q420qD 钢材；中腹板采用板肋加劲，材质为 Q345qD 钢材；边腹板采用板肋加劲，材质为 Q345qD 钢材；横隔板标准间距为 10m，材质为 Q345qD 钢材；横隔板中间设置三道横肋板，间距 2.5m，材质为 Q345qD 钢材；横隔板中部设置拱门，最大高度为 2m，下部宽度为 1.1m；拱门下方架设内部检修车轨道，采用 126mm×53mm×5.5mm 槽钢制造，为保证行车安全，在轨道两端装有限位装置。

现有巡检轨道车宽 960mm，高 1700mm，车轮间距 700mm，如图 3.2-6 所示，全桥配有 16 辆。箱梁内顶部中心位置每 2.5m 设有 1 盏白光 LED 灯，功率约 14W，实测照度约为 250 lx。每 660m 箱梁之间存在 0.7~1m 宽的伸缩缝。箱梁内每 30m 设有充电接口，位于横隔板靠近拱门下方位置，以便于现有的箱梁内巡检轨道车充电，电源输入电压 200~250V，346~415V，频率 50~60Hz。通信信号随着进入箱梁内部的深度增加而逐渐衰减，距离出口约 30m 处完全无信号覆盖。箱梁内环境温度约为 35℃，靠近除湿机的区域，相对湿度约为 50%，远离除湿机的部分区域，相对湿度达到 80%。

图 3.2-6　港珠澳大桥箱梁内巡检轨道车

钢混组合梁包括浅水区组合梁和九洲航道桥箱梁，两处箱梁内部尺寸相同。内部以轨道为中心，呈左右对称分布，每 4m 为一个间隔区间，并存在一对桁架，每 10 个间隔区间存在一个拱门，两边等距离布置线缆挂架，主梁中心处梁高

4.3m。组合梁钢结构部分为倒梯形开口薄壁结构,由上翼缘板、底板、腹板、横隔板和加劲肋等板件通过焊接方式组合而成。内部拱门结构、轨道尺寸、内部照明均与深水区非通航孔桥钢箱梁内部情况一致。

除此之外,钢箱梁结构还包括跨越崖 13-1 气田管线桥钢箱梁、江海直达船航道桥、青州航道桥钢箱梁三类典型结构。与深水区非通航孔桥桥体钢箱梁标准段相比,其内部空间结构差异主要是轨道距离顶板、底板、中腹板、斜底板的距离差异和拱门间距差异,影响机械臂的协同运动设计。其余方面,包括轨道尺寸、光照、工作环境条件、线缆挂架、拱门尺寸等均保持一致。各类箱梁内部主要尺寸差异见表3.2-3。

港珠澳大桥各类箱梁内部差异(单位:m)　　表3.2-3

箱梁名称	箱梁类型	跨度	轨道与顶板距离	轨道与底板距离	轨道与中腹板距离	轨道与斜底板距离	拱门间距
浅水区非通航孔箱梁	钢混结构	5440	2.65	1.00	3.95	3.30	多为40
九洲航道桥箱梁	钢混结构	693	2.65	1.00	3.95	3.30	多为40
跨越崖 13-1 气田管线桥钢箱梁	钢结构	370	3.30	3.20	3.20	7.60	多为10
江海直达船航道桥钢箱梁	钢结构	994	3.70	0.80	3.20	7.60	多为10
深水区非通航孔钢箱梁	钢结构	13310	3.70	0.80	3.20	7.60	多为10
青州航道桥钢箱梁	钢结构	1150	3.70	0.80	3.20	7.60	多为10

对于钢箱梁内部需要重点巡检的典型内容主要有内部涂层劣化情况、由汽车交变荷载带来的顶板裂缝、顶板栓接用的螺栓松动、钢箱梁内部温湿度分布、钢箱梁底部积水。针对上述巡检内容,开发了搭载激光立体视觉相机、高清相机、温湿度传感器、红外摄像机的箱梁内表面轨道巡检机器人。

箱梁内表面轨道巡检机器人分为车体行走及举升系统、机械臂系统、图像检测系统、作业控制系统、业务管理系统、5G 数据通信系统、Lora 通信系统等几部分。

箱梁内表面智能巡检机器人共有四只机械臂,机械臂系统包括机械臂设备和控制系统。两只布置在车顶的机械臂其高度设置为高于上方管线,两只位于车底的机械臂低于下方管线。上方的机械臂须升高一段距离,设计举升装置;机械臂的第一段长度较长,在伸出的第一段机械臂添加支撑装置,如图 3.2-7 所示,两只位于上方的机械臂搭载激光相机,负责检测箱梁上半段,两只位于下方的机械臂负责检测箱梁下半段,保证巡检覆盖范围足够。机械臂主要包括成品机械关节、关节安装底座、碳纤维管、支撑装置等。通过伸缩和折叠,在展开时可以满足箱梁内覆盖的前提下,还可以确保机器人顺利通过横隔板中部设置的拱门。在检测顶板裂缝时,主要使用上方机械臂搭载激光相机对顶板裂缝进行扫描,如图 3.2-8 所示,可快速发现钢箱梁常见的顶板裂缝。

图 3.2-7 箱梁内轨道智能巡检机器人 BIAM0400

图 3.2-8 顶板裂缝测试现场示意图

3.2.3 高耸结构物巡检用智能无人平台

作为重点巡检的工程对象,青州桥索塔采用双柱门形框架塔且为中央独柱型混凝土塔,九洲桥索塔为钢混结构且由竖直的塔柱和弯曲的曲臂组成,江海直达船航道桥索塔为"海豚"形全钢结构且索塔塔身分为主塔柱、副塔柱以及主副塔柱联系杆三部分,其他桥墩部分结构表面均为混凝土。如图 3.2-9 所示,其中"中国结"部分为钢结构,其余部分为混凝土结构。而风帆塔和海豚塔这两种桥塔的主要构成则为钢结构。三种类型 7 座桥塔的外表面总涂装面积约为 4.57 万 m^2。在引入智能无人平台之前,桥塔表面病害的巡检与修复完全依赖人工,如图 3.2-10 所示,风险大并且难以对表面进行精准量化。

a)青州桥塔　　　　　　b)风帆塔　　　　　　c)海豚塔

图 3.2-9　港珠澳大桥索塔

图 3.2-10　港珠澳大桥青州桥塔人工检测与维养

高耸结构物除了桥塔之外,还有桥墩。长达 22.9km 的港珠澳大桥主体工程,含有 224 个桥墩,根据所处位置不同各墩的高度也不相等。这些桥墩矗立在海中,如图 3.2-11 所示,在硅烷浸渍剂的保护下常年经受着海洋腐蚀环境的严峻考验。桥墩上的混凝土病害如果不能在早期发现,将导致氯离子空气或海水对混凝土内钢筋产生侵蚀,进而威胁到桥墩的承载力和耐久性。因此,早期的病害巡检和预防性养护显得尤为重要。

图 3.2-11　港珠澳大桥桥墩

在百米高的桥塔和数十米高的桥墩外立面上寻找钢结构涂层和混凝土结构表观病害并进行预防性养护,给养护人员带来了极大的挑战,很多检测和修复工具受限于可达性,难以及时地应用到这些巨型结构上去,即使通过脚手架或者吊篮可以实现这种养护,高昂的造价和无法承受的时间成本也限制了人工巡检方式在港珠澳大桥的长期应用。

针对桥塔、桥墩等高耸结构物典型结构表面在海洋大气环境中易发生腐蚀并难以被快速感知、识别的问题,采用实地病害信息采集,制备及试验场预置,研制可携带不同感知识别装备的巡检无人机及各类巡检机器人,并通过利用无人机的快速部署和全域抵达能力对结构病害进行快速发现和初步确认,接着采用负压式或磁吸附式爬壁机器人进行抵近式精确判别与快速修复,消除跨海桥梁结构表面初期病害带来的安全隐患,用"治未病"的方式持续提升桥梁结构耐久性寿命,为世纪工程保驾护航。建立智能巡检机器人及巡检无人机的综合集控系统,利用5G技术、盲区定位技术,实现对无人机、机器人的协同控制和数据传输;同时借助航空装备发展理念,建立病害智能化识别专家决策系统,提高跨海设施运维管养装备智能化运行水平。

1)高耸结构物巡检无人机

针对跨海钢结构桥梁抵近作业时存在的大风、乱流、高湿、盐雾、温度变化范围宽等显著负面作业环境进行技术攻克,设计了符合任务需求的飞行作业平台,实现在港珠澳大桥桥塔区域昼间晴朗气候下的预定航线负重飞行,完成环绕桥塔结构表面的相关巡检动作,并将采集到的图像数据回传到指挥车的人工智能服务器中。无人机及其检测图像见图3.2-12~图3.2-14。

图3.2-12 无人机搭载相机进行青州桥塔混凝土结构表面图像采集(一) 　　图3.2-13 无人机搭载相机进行青州桥塔混凝土结构表面图像采集(二)

通过研究无人机抗风稳定性技术、系统通信方案设计技术、超宽带(Ultra Wide Band,UWB)辅助定位技术、自主巡航技术、异种机型集控技术、检测设备集控等关键技术,搭建了箱梁外表面典型病害全息感知与识别装备集控系统,实现了港珠澳大桥箱梁外典型涂层病害智能化采集与识别。提出了利用中继无人机作为UWB基站,对在信号覆盖范围内的任务无人机进行定位,实现桥底盲区导航。通过地面站控制软件二次开发和SDK接口协议转换,实现了异种无人机型集控,提升了无人机编组的灵活性和复杂业务适应性,如图3.2-15所示。

图3.2-14 无人机搭载相机采集到的青州桥塔混凝土结构表面图像

图3.2-15 异种无人机编队在南沙大桥开展UWB辅助定位验证工作

2)桥塔钢结构表面巡检机器人

针对港珠澳大桥桥塔的钢结构表面病害巡检需求开发了桥塔钢结构表面巡检机器人,如图3.2-16所示,旨在实现在桥塔钢结构表面实现上下及翻面运动,用于搭配工装进行巡检工作,巡检图像如图3.2-17所示。桥塔钢结构表面巡检机器人载具组件由磁吸附机器人和索并联系统组成,磁吸附在钢结构表面巡检钢桥塔立面及结形撑结构的表面情况,载具组件可被用于搭载六自由度机械臂及末端巡检工装来实现作业任务。

图 3.2-16　桥塔钢结构表面巡检机器人 BIAM0300

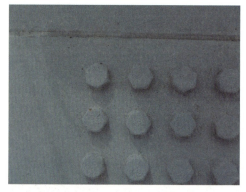

图 3.2-17　桥塔钢结构表面巡检机器人巡检图片

3）混凝土表面巡检机器人

高耸结构物混凝土塔当前的巡检方式为人工吊篮作业，危险系数高、作业效率低。而负压吸附机器人可在混凝土外立面自行吸附爬行，搭载检测与修复装备进行作业。通过将负压爬壁机器人与六自由度机械臂相结合，采用以 RTK 定位为主的多传感器融合组合导航定位方式，具备大负载强抗风能力的双腔四风机多动力源吸附方式，以及可自由移动及过渡大圆弧表面行走的全向轮驱动方式，研发并测试了搭载多检测设备的桥梁混凝土结构表面巡检机器人，将 1 亿像素可见光相机、高速高清摄像机、红外相机、混凝土锈蚀仪等装备与爬壁机器人集成，并进行了通信测试，打通了从机器人载具、数据采集到数据后处理的全部链路，满足了港珠澳大桥青州桥塔混凝土结构塔柱及桥墩表面典型病害的抵近检测需求。混凝土表面巡检机器人及其检测图像见图 3.2-18～图 3.2-21。

a)近景 b)远景

图 3.2-18　混凝土表面巡检机器人搭载相机进行青州桥塔混凝土结构表面图像采集

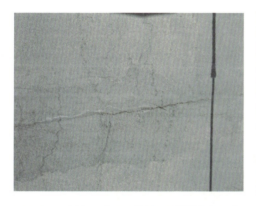 

图 3.2-19　混凝土表面巡检机器人搭载相机采集到的青州桥塔混凝土结构表面图像　　图 3.2-20　混凝土表面巡检机器人搭载相机进行深水区非通航孔桥结构表面巡检

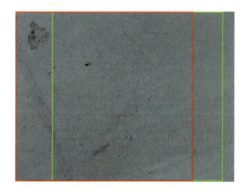

图 3.2-21　混凝土表面巡检机器人搭载相机检测到的深水区非通航孔桥结构表面剥落病害

3.2.4 5G 综合指挥车

针对港珠澳大桥海量的检测数据传输需求和复杂苛刻外海环境下无人装备作业通信低时延的实际需求,通过搭载 5G 专网基站的移动车辆实现相关数据的检测也是十分有必要的。通过整合完成病害信息采集的采集模块、病害信息传输的 5G 无线专网通信模块、无人装备控制的集控模块、病害信息处理的病害识别模块和病害信息展示的三维可视化显控模块,实现病害巡检信息系统的搭建。将信息采集、传输、处理、显示功能集成显示,获得桥梁表面疑似病害图像机器定位坐标信息的实时获取、识别与三维可视化直观展示,如图 3.2-22 所示,满足多种智能无人装备在外海环境下重要基础设施周围集中应用时的信号控制、状态监控、数据回传处理、通信保障、运输保障、能源保障需求。采用车载抵近部署的无线专网技术确保通信安全性和控制链路可靠。指挥车集成的两大缺陷图像识别系统可实现人工智能抵近部署,有效缩短缺陷识别与定位时间,节约宝贵的数据回传带宽。

图 3.2-22 水上检测装备集控及病害识别系统

通过系列的技术集成,首次实现车载 5G 无线专网通信技术在检测用机器人、无人机等无人装备集群控制中的应用,极大降低了无人检测装备的控制时延,提高了检测数据的实时传输速度,如图 3.2-23、图 3.2-24 所示。通过引入显控与集控技术,提高了桥梁检测用无人装备集群作业效率和可靠性,增强了桥梁巡检无人装备集群及检测技术的可移植与推广能力。

图 3.2-23　5G 综合指挥车桥塔通信性能测试

图 3.2-24　5G 综合指挥车支撑高耸结构物巡检用
智能无人平台开展联合巡检作业

3.3　桥梁典型结构表面智能评估方法

3.3.1　概述

港珠澳大桥钢结构涂装面积约为 580 万 m^2,涂料用量约为 390 万 L,主要涂装在深水区非通航孔桥箱梁内外侧、江海直达航道桥、九洲航道桥钢主塔以及对应的防撞栏等。钢结构涂装体系对于钢结构防锈防腐,确保其承载能力、使用功能和耐久性而言至关重要。作为桥梁典型结构,钢结构与混凝土结构的表面质量是影响港珠澳大桥寿命与交通安全的核心参数之一,在海洋高温、高盐、高湿的腐蚀环境下,钢结构的表面涂层容易出现损伤。受交通荷载的影响,混凝土表面也容易出现缺陷。对其进行智能检测与等级评定,对减少维护成本、提高维护效率、降低使用风险、保障港珠澳大桥长期安全运营具有重要意义。

由于变色、鼓泡、裂纹、剥落、锈蚀等病害类型较多,图像采集环境存在水汽、强光、设备噪声、泥点、蚊虫等影响,无人机及机器人拍摄的钢结构表面病害图像会存在模糊不清的现象。在图像上呈现出病害与背景图像在颜色、灰度、纹理上存在灰度差异小的特点,仅以灰度差异、突变边缘等条件进行病害提取难以实现对目标病害的有效分割。对于如此背景复杂的病害分割问题,背景的纹理本身存在灰度差异性,仅以灰度差异、突变边缘等条件进行病害提取则根本无法实现,常用的方法是模板匹配法,但模板匹配法还存在着图像配准的问题。

不同类型的钢结构涂层病害和混凝土缺陷在图像上表现形式具有任意性,例如相同的病害图像,因为大小、面积等不同可能呈现出不同的图像特征;而不同病害图像,又可能在几何尺寸上呈现相同的图像特征。如何提取图像特征以及如何选择重要特征、去除无意义的特征,减少特征数量上的冗余度,保留特征表面处相同病害的同类性、同病害的差异度,是病害判别的难点问题。如何根据检测需求,结合病害目标特征,设计准确、快速的模式分类器,是病害分类的又一难点问题。

病害检测算法识别效果很大程度上依赖于充足的有标签病害样本,当训练样本较少时,检测效果很难满足应用需求。考虑到港珠澳大桥智能化运维技术集成项目开始阶段收集的有标签样本量偏少,稀有病害的有标签样本量收集困难,会导致病害检测算法识别效果不佳、出现大量的误识别现象,加之常见的半监督与无监督学习算法大多依赖于复杂的先验假设,实际应用过程中假设条件很难满足,因而算法模型精度较低。

目前对某一个区域桥体钢结构涂层和混凝土质量的评价方式一般采用涂层劣化面积占检测面积的比例进行评价,确定的标准较为模糊宽泛,也未定量考虑不同类型的病害对涂层劣化程度的综合影响。同时,由于不同构件对桥梁整体安全的影响也有不同,因此病害发生的位置也至关重要,这直接影响到不同部位的维修养护策略及后续资金人力物力的投入。在桥梁日常运维过程中,一般由运维专家根据定检检查出的涂层劣化数据,综合考虑桥体不同位置、是否为关键部位和严重病害信息等情况,给出继续观察、局部修复、整体涂装等综合性的涂层维养决策,没有形成一个统一确定的标准。本节将重点介绍基于层次分析法的桥体钢结构表面涂层与混凝土表面的等级评价方法。

3.3.2 桥梁钢结构与混凝土表面病害等级评价标准

1)桥梁钢结构表面病害评价标准

桥梁钢表面病害主要通过巡检机器人进行图像数据采集。一般地,钢结构桥梁涂层劣化五种类型为涂层变色、涂层起泡、涂层开裂、涂层剥落和生锈。

(1)涂层变色

按《色漆和清漆 涂层老化的评级方法》(GB/T 1766—2008)测定和计算待评估图像与初始状态试样的色差值,按色差值进行评级,如表3.3-1所示。

涂层变色单项病害等级划分　　表3.3-1

等级	0	1	2	3	4	5
典型图像						
色差值	≥1.5	1.6~3.0	3.1~6.0	6.1~9.0	9.1~12.0	>12.0

(2)涂层起泡

测量待评估图像表面涂层起泡面积,计算起泡面积与总表面积的百分比,按起泡面积百分比进行评级,如表3.3-2所示。

涂层起泡单项病害等级划分　　表3.3-2

等级	0	1	2	3	4	5
典型图像						
起泡面积比	0	0~0.3%	0.3%~5%	5%~16%	16%~33%	>33%

(3)涂层开裂

测量待评估试样裂纹宽度,按裂纹宽度进行评级,如表3.3-3所示。

涂层开裂单项病害等级划分　　表3.3-3

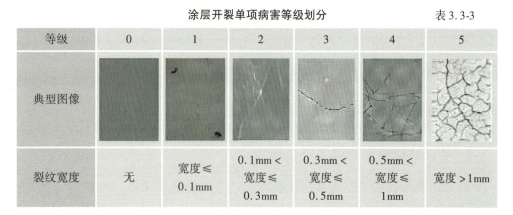

等级	0	1	2	3	4	5
典型图像						
裂纹宽度	无	宽度≤0.1mm	0.1mm<宽度≤0.3mm	0.3mm<宽度≤0.5mm	0.5mm<宽度≤1mm	宽度>1mm

（4）涂层剥落

测量待评估图像表面涂层剥落面积，计算剥落面积与总表面积的百分比，按剥落面积百分比进行评级，如表3.3-4所示。

涂层剥落单项病害等级划分　　表3.3-4

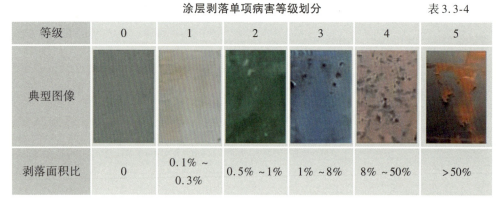

等级	0	1	2	3	4	5
典型图像						
剥落面积比	0	0.1%~0.3%	0.5%~1%	1%~8%	8%~50%	>50%

（5）生锈

测量待评估图像表面基体锈蚀面积，计算锈蚀面积与总表面积的百分比，按锈蚀面积百分比进行评级，如表3.3-5所示。

生锈单项病害等级划分　　表3.3-5

等级	0	1	2	3	4	5
典型图像						
锈蚀面积比	0	0.05%~0.5%	0.3%~1%	1%~3%	3%~15%	>15%

2）桥梁混凝土表面缺陷评价标准

（1）裂缝

混凝土裂缝：由于受到温度应力、塑性收缩、干燥收缩、化学收缩、冻融循环、不均匀沉降和外部荷载等因素的作用，混凝土发生的开裂，且裂缝宽度超过所规定的桥梁不同部分混凝土裂缝宽度的最大允许值。根据《公路养护技术标准》（JTG 5110—2023）、《城市桥梁养护技术规范》（CJJ 99—2017）、《混凝土结构设计规范》（GB 50010—2010）、《公路桥涵养护规范》（JTG 5120—2021）中不同部位裂缝宽度最大允许值的规定，按照最严格标准确定桥梁不同部分混凝土裂缝宽度的最大允许值，如表3.3-6所示。

桥梁不同部位裂缝宽度最大允许值（单位：mm） 表3.3-6

结构类别	裂缝部位	宽度最大允许值（mm）	其他要求
钢筋混凝土梁	主筋附近竖向裂缝	0.20	
	腹板斜向裂缝	0.20	
	组合梁结合面	0.20	不允许贯通结合面
	横隔板与梁体端部	0.20	
	支座垫石	0.20	
	处于海水或侵蚀环境的上述结构	0.15	
预应力混凝土梁	梁体竖向裂缝	不允许	
	梁体纵向裂缝	0.10	
	处于海水或侵蚀环境的上述结构	不允许	
墩台	墩台帽	0.30	不允许贯通墩台身截面一半
	经常受侵蚀性环境水影响的墩台身	0.20（有筋）0.30（无筋）	
	常年有水，但无侵蚀性水影响的墩台身	0.25（有筋）0.35（无筋）	
	干沟或季节性有水墩台身	0.40	
	有冻结作用墩台身	0.20	

（2）麻面

混凝土麻面：混凝土表面有凹陷的小坑和表面不光滑、不平整的现象。依据

《水电水利基本建设工程单元工程质量等级评定标准》(DL/T 5113—2019)设置麻面缺陷的评价标准,如表3.3-7所示。麻面的评价参数为面积,以麻面面积占总面积的比值进行桥梁安全性能的评价。

麻面缺陷的质量评价标准　　　　　　　　　　　　表3.3-7

缺陷特征	优良	合格
麻面	无	少量麻面,但累计面积不超过5%

(3)蜂窝

混凝土蜂窝:混凝土结构局部出现酥松、砂浆少、石子多、石子之间形成空隙类似蜂窝状的窟窿等现象。《水电水利基本建设工程单元工程质量等级评定标准》(DL/T 5113—2019)设置蜂窝缺陷的评价标准,如表3.3-8所示。蜂窝的评价参数为面积,以蜂窝面积占总面积的比值进行桥梁安全性能的评价。

蜂窝缺陷的质量评价标准　　　　　　　　　　　　表3.3-8

缺陷特征	优良	合格
蜂窝	无	少量,轻微,不连续,单个面积不超过 $0.1m^2$,深度不超过集料最大粒径

(4)露筋

混凝土露筋:混凝土构件成型后钢筋外露的现象。依据《混凝土结构工程施工质量验收规范》(GB 50204—2015)设置露筋缺陷的评价标准,如表3.3-9所示。

露筋缺陷的质量评价标准　　　　　　　　　　　　表3.3-9

缺陷特征	优良	合格	轻微	严重
露筋	无	局部露筋;累计面积小于构件面积的3%;深度小于25mm;单处面积直径<150mm;钢筋暴露,单处面积≤$0.5m^2$,但无可度量截面损失	较大范围露筋;累计面积小于构件面积的10%,深度大于25mm,单处面积直径>150mm;钢筋暴露,单处面积≤$1.0m^2$,截面损失较小	纵向受力钢筋露筋或大面积局部露筋;累计面积大于构件面积的10%,剥落深度、面积,以及钢筋截面损失影响构件承载力

(5) 剥落和磨损

混凝土剥落:指混凝土砂浆或涂膜靠近表面部分或新旧层之间的局部片状掉落。

混凝土磨损:指由于反复摩擦、研磨和冲击而发生的混凝土表面损坏。依据《水电水利基本建设工程单元工程质量等级评定标准》(DL/T 5113—2019)设置剥落和磨损缺陷的评价标准,如表 3.3-10 所示。剥落和磨损的评价参数为面积,以剥落和磨损面积占总面积的比值进行桥梁安全性能的评价。

剥落和磨损缺陷的质量评价标准　　表 3.3-10

缺陷特征	优良	合格	不合格
剥落和磨损	无	重要部位不允许,其他部位轻微、少量 (1)对混凝土与砂浆,分为:①脱皮,表面砂浆呈现轻微的薄片状掉落;②轻度剥落,有砂浆掉落但未露出粗集料; (2)对于涂膜,分为皮壳剥落(直径在 5mm 以上大片脱落)以及脱皮(层间脱落)	(1)对混凝土与砂浆,分为:①中等剥落,砂浆掉落厚度在 5~10mm 之内,有粗集料露出;②严重剥落,表面砂浆损失达 5~10mm 深,在粗集料周围有深 10~20mm 砂浆掉落,致使粗集料有明显暴露,突出于混凝土;③极严重剥落,表面砂浆损失深度在 10mm 以上。 (2)对于涂膜,分为皮壳剥落(直径在 5mm 以上大片脱落)以及脱皮(层间脱落)

3.3.3　表面病害识别方法

1) 表面病害识别方法

结构钢涂层病害与混凝土表面缺陷的检测具有实时性、高精度、定位精度高的要求,本节重点介绍开发的分类优先网络(CPN)模型,提出了一种多组卷积神经网络,分别训练不同组的卷积核以提取不同类型病害的特征图组。然后,根据分类结果将可能包含病害的特征图组分别输入到另一个 YOLO 神经网络中,以确定相应病害的边框,最终得出结构钢表面不同类型的病害,该算法大幅提高了病害的识别速度。分类优先网络的结构与计算过程。首先,结构钢与混凝土的表面图像被输入到分组卷积分类网络中预测图像中存在的病害种类。然后根据分类结果,选择相应的特征图组输入到另一个边界框回归网络计算病害的边界框信息,最后通过非极大值抑制方法对所边界框回归网络输出结果进行过滤,从而得到最终的检测结果。

(1) 分组卷积分类网络

分组卷积分类网络中既包含了共享卷积层以提取图像中的公共的底层特征,还引入了相互独立的卷积组分别用于提取不同类型病害的抽象特征。图 3.3-1 为本项目设计的分组卷积分类网络基本结构。该网络可以被分成三个部分,第一个部分与传统卷积神经网络结构相同,采用共享卷积层提取图像中的公共特征,实验中采用 CNN 网络卷积层作为预训练模型以提升网络的泛化能力。同时,考虑到不同种类病害抽象特征的差异性,本项目采用了感受野更小的 Conv3-3 卷积层。第二部分为 k 组相互独立的卷积层,其中 k 为病害类别数量,每个卷积层组只负责检测一种类型病害。实验中,分组卷积分类网络分别使用 20 个卷积核提取每一类病害特征,即每一组卷积层(kernel:$3 \times 3 \times 20$)分别独立于第一部分输出的特征图进行卷积计算,提取相应类别的病害特征。第三部分为最终的病害分类器,由于分组卷积分类网络采用相互独立的特征图组表征不同类型病害,因此最终分类器只需要对第二部分输出的 k 个特征图组进行二分类,便可得到图像中所包含的病害种类信息。为了减少相互独立的卷积层组输出特征图的差异性,病害分类器采用了共享参数策略,即同一个分类器分别对第二部分输出的 k 个特征图组进行计算,以判断原始图像中是否出现该特征图组所代表的病害种类。通过在网络第三部分采用共享参数策略,可以有效提升不同类别卷积层组输出的一致性,特别是当不同种类病害样本数量差异较大时,可以使特征图组响应更加均匀,有利于后续的病害定位。

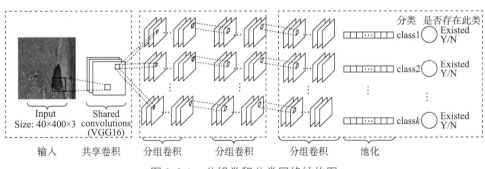

图 3.3-1　分组卷积分类网络结构图

与传统卷积神经网络相比,分组卷积分类网络最大改进之处在于采用了相互独立的卷积层组对不同类型病害进行检测。通过引入不同的卷积层组,可以将原始图像中不同类别病害信息分散到不同的特征图组之中,因而可以使网络特征提取过程更具针对性,并有效提升特征图的可解释性。

（2）边界框回归网络

通过分组卷积分类网络,我们可以得到原始结构钢图像中相应的病害类别信息,然后根据图像病害分类结果,选择包含病害的特征图对图像中病害区域进行回归,其具体过程如图 3.3-2 所示,包含结构钢表面病害信息的特征图被分别输入到边界框回归网络,计算病害的坐标和边界框尺寸。

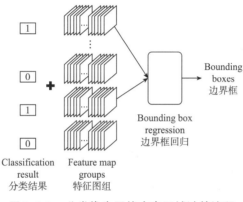

图 3.3-2　分类优先网络病害区域计算流程

分类优先网络以目前工业界广泛应用的 Yolo 目标检测网络为基础,进行边界框回归。Yolo 网络属于一步目标检测方法,该网络直接输出原始图像中包含物体的类别与位置信息,相比于两步目标检测方法具有明显的速度优势。Yolo 网络将原始图像划分成 $S \times S$ 个网格区域,每个网格区域内分别预测 B 个物体边界框与类别,然后通过非极大值抑制算法得到最终的检测结果。

考虑到网络训练前期,分组卷积分类网络往往不能够正确预测图像中存在的病害类别,导致边界框回归网络无法训练。因此,再训练过程中,边界框回归网络会根据图像的标注信息选择响应的特征图,计算病害的边界框坐标。

对港珠澳大桥采集的图像利用已经训练好的基于多尺度感受野的病害分类网络模型作为病害识别模型。该模型采用 Inception-V4 作为预训练模型。与原始 Inception-V4 网络只使用 Inception-C 模块输出特征图进行分类不同,MSRF-CNN 分别从 Inception-A、Inception-B、Inception-C 提取不同尺度特征图,构造多尺度特征对病害进行表征。MSRF-CNN 在 Conv_A、Conv_B、Conv_C 输出的卷积图基础上对原始图像进行重构。训练过程包括首先使用一个包含大量无标签钢箱梁表面病害样本集训练卷积自编码器。再训练完成后,保留卷积自编码器中的编码器将其作为半监督对抗生成网络的判别器,选择需要识别的钢箱梁表面样本训练半监督对抗生成网络。再训练半监督对抗生成网络的过程中保留了卷积自编码器图像重构误差。

2) 钢结构表面病害识别效果

目前对港珠澳大桥的钢结构表面涂层病害的裂纹(crack),起皮\剥落(peeling),锈蚀(rust)病害等均能实现检出,识别准确率为94.7%(试验数据),分类准确率为91.4%(试验数据)。软件中的病害图像检出效果如图3.3-3所示。作为参照技术,德国百视泰和美国康耐视表面缺陷检测系统的缺陷检出率一般为85%左右、分类准确率为80%左右。由此可知,本节提出的识别方法能够较好地实现港珠澳大桥钢结构表面涂层病害的在线识别。

图3.3-3　钢结构涂层表面病害检出效果

在港珠澳大桥某示范段检测过程中,共发现176处锈蚀病害,未发现变色、起泡、剥落、裂纹病害。其中较为严重的锈蚀病害有24处,主要分布在桥底铆钉连接处锈蚀呈现密集点状和片状,焊缝处的锈蚀病害沿焊缝带状分布。桥梁其余部分的锈蚀较小,呈离散的点状。检测出的桥梁缺陷如图3.3-4所示。

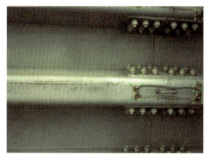
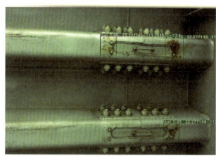

图3.3-4　钢结构涂层表面部分病害检出效果

3)混凝土表面缺陷识别方法

对于港珠澳大桥桥塔、桥墩的混凝土表观病害,目前仍采用人工巡检方式进行维护。近年来,基于深度学习图像处理技术的裂缝检测方法由于无接触、直观和便捷的优势在桥梁裂缝得到了广泛的应用,Zhang等首次将深度学习应用于道路裂缝检测问题研究,使用智能手机拍摄的校园道路图像作为样本,搭建并训练了一个深度卷积神经网络,可对强噪声环境下的道路图像做有无裂缝识别,与支持向量机和Boosting方法相比,有更优越的分类性能。冯卉使用多尺度特征图和通道注意力机制优化卷积神经网络模型完成裂缝图像的分类。车艳丽基于AlexNet网络设计了一种适合路面裂缝识别的卷积神经网络结构,同时制定了多种卷积神经网络优化策略,有效缩短样本训练时间,对路面裂缝数据集最高精度可达96.6%。温作林提出一种基于卷积神经网络的混凝土图像裂缝识别方法CrackNet,使用滑动窗口扫描高像素图像,得到150×150大小图像块再输入模型进行检测。

Yang 等使用 FCN 算法对混凝土裂缝进行分割,并对裂缝的形态特征进行测量。通过比较不同大小学习率对模型训练的影响,得到最好的模型的 F1 分数为 79.95%,裂缝宽度的相对测量误差在 13.27%～24.01%之间。其误差主要体现在细小裂缝、跨图像裂缝和靠近边界的裂缝识别不准确,还需对网络做进一步改进提高检测精度。

随着桥梁和公路等基础设施的不断建设,混凝土裂缝自动检测系统也应势出现。2017 年 Ersoz 等设计了一种基于无人机的路面裂缝识别系统,使用图像处理算法提取裂缝特征,并输入支持向量机模型对图像进行分类,与车载系统相比,该方案更加经济高效。2018 年 Mandal 等设计了一套基于 YOLOv2 的路面裂缝检测系统,能够自动检测和分类不同类别的裂纹,召回率达 87.1%。综上研究,在应用到港珠澳大桥混凝土表面检测时仍存在以下问题:

①目前为满足检测的效率和精度要求,采集的图像均为高像素图像,而目前高像素裂缝图像数据较少,不足以满足模型训练需求。

②现有高像素图像检测算法多基于小尺度滑动窗口(224×224)将高像素图像裁剪为小图像块后进行检测,无法满足效率需求。

③现有裂缝分类模型,由于图像尺度变大导致模型对细小裂缝特征敏感性降低,出现了识别不足的情况,分类精度较低。此外,现有分割算法对混凝土表观裂缝图像检测时对细小裂缝、裂缝边缘检测精度低,存在细节丢失、边缘平滑等问题。

根据以上问题对基于深度学习的混凝土表观病害目标检测算法和裂缝分割算法进行研究,同时基于数字图像处理技术研究了裂缝特征参数量化算法。为实现高像素混凝土表观裂缝图像的自动检测和提高检测效率,将目标检测、分割和量化算法进行级联,结合滑动窗口技术,提出了高像素混凝土表观裂缝图像检测算法。其中,为解决大尺度病害识别的问题,采用 yolov4-tiny 算法,提高了病害识别精度,同时大大减少了模型参数量;同时,在经过 yolo 算法检测完成后得到不同种类的病害,对于块状缺陷可以直接量化缺陷面积,而针对表面病害中更加关注的裂缝病害量化相对困难,所以为解决裂缝病害图像分割的问题,提出了基于 U-Net 网络的裂缝分割模型,以及为定量评价检测出的裂缝,提出了基于连通域的断裂裂缝连接算法和裂缝特征参数量化算法,获得了裂缝的数量、长度、最大宽度、面积和类别等基础信息。最终开发了一套完备的混凝土表观裂缝图像检测系统,实现图像检测可视化。

(1)图像预处理

桥梁结构复杂,为了保证桥梁检测的完整性和时效,采用无人机、爬壁机器人搭载高清相机进行图像数据采集。同时由于图像在采集、传输和变换的过程中,受光照、抖动、电等外部环境因素的影响,会造成拍摄图像模糊、特征淹没等问题,为后期缺陷图像的分析和识别带来困难。所以需要对采集到的混凝土结构表面缺陷图片进行预处理,以消除上述影响。常见的预处理方法有图像灰度化、灰度修正、平滑滤波、数据增强等,此外,由于针对采集的高像素图像,还需进行图像多尺度切割,数据标注等预处理工作。

对上述研究的可能影响图像质量的原因,使用不同处理方法对图像进行处理,并比较不同参数下图像处理算法结果的好坏。

(2)图像灰度化算法

通过工业摄像头采集到的混凝土表面图像是彩色图像,彩色图像虽然信息量大,但对应需要的存储空间和处理计算量也都更大。一般桥梁混凝土结构表面图像构成简单,颜色单一,灰度图像里的信息就已经够用了。因此需要把采集到的彩色图像转换为灰度图像,这个过程称为图像灰度化。

红(R)、绿(G)、蓝(B)是自然界中的三种基本色,任意一种颜色都可以根据不同比例的 RGB 混合得到。在计算机中,将这三种颜色量化成 0~255 共 256 个级别,图像中的每个点的颜色都是由 RGB 三个值来表现的。灰度图为只有一个值即亮度来表现像素点的图像。通常采用加权平均法来对 RGB 图像进行灰度化,即根据 RGB 通道各自的重要性,选择合适的权重对其三个 RGB 分量进行加权平均,通常人眼对绿色最为敏感,对蓝色最不敏感,故按式(3.3-1)进行图像灰度化转换,灰度化过程如图 3.3-5 所示。

$$Gray(i,j) = [R(i,j) + G(i,j) + B(i,j)]/3 \qquad (3.3\text{-}1)$$

(3)图像灰度修正

桥梁图像在拍摄时会受到现场光线强度的变化、现场情况的光影遮挡、摄像机的成像效果以及拍摄的角度等各方面的影响,因此获得的图像在进行灰度化后常常会出现图像质量下降的现象,比如图像的整体色调偏暗,图像细节不清晰等,因此需要进行图像增强操作。

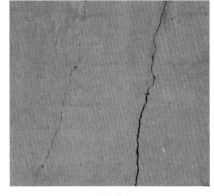

a)原始图像　　　　　　　　　　　b)灰度图像

图 3.3-5　灰度化

图像的灰度修正是图像增强处理技术中的一种处理方法,当拍摄光线较暗,图像对比度不足时,灰度修正能将图像动态的范围扩大化,从而增强图像的对比度,使图像更加清晰。常用方法包括线性灰度变换和直方图均衡。

线性灰度变换:输出图像灰度值 $g(x,y)$ 和输入图像灰度值 $f(x,y)$ 之间的函数关系是线性关系,输出图像灰度值 $g(x,y)$ 的表达式可以写成式(3.3-2)。

$$g(x,y) = \frac{N-M}{n-m}[f(x,y)-m] + M \qquad (3.3\text{-}2)$$

线性灰度变换能够较好地解决光线暗淡时拍摄图像所存在的对比度不足、细节模糊等问题,从而减少拍摄光线对图像检测效果的影响。其效果如图 3.3-6 所示,其中图 3.3-6a)是我们采集回来的原始图像,受拍摄时光照影响,图像色泽明显,通过加权平均法进行图像灰度化后,得到图 3.3-6b)所示的灰度图像。

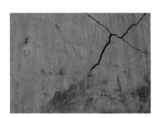

a)原图　　　　　　　　b)灰度图　　　　　　　c)线性灰度变换

图 3.3-6　线性灰度变换

直方图均衡:灰度直方图表现的是图像中具有每种灰度值的像素个数,也就是每种灰度所出现的频率。直方图均衡的基本思想是将待处理图像的直方图变成均匀分布的形式,从而增强图像的对比度。

其效果如图 3.3-7 所示,其中图 3.3-7a)是我们采集回来的原始图像,受拍摄时光照影响,图像色泽明显,通过加权平均法进行图像灰度化后,得到图 3.3-7b)所示的灰度图像。

  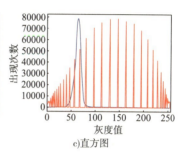

a)灰度图　　　　　　　　b)直方图均衡化　　　　　　　　c)直方图

图 3.3-7　直方图均衡化

直方图线性灰度化:由于大部分采集图像的像素范围都接近 0~255,因此线性灰度化没有起到作用。利用直方图得到大部分像素集中(98%)的区间[m', n'],用下列表达式(3.3-3)来改善直接线性灰度化的效果。

$$g(c,y) = \begin{cases} M & (0 \leq f(x,y) < m') \\ \dfrac{N-M}{n'-m'}[f(x,y)-m'] + M & (m' \leq f(x,y) < n') \\ N & (n' \leq f(x,y) \leq 255) \end{cases} \quad (3.3\text{-}3)$$

其效果如图 3.3-8 所示,其中图 3.3-8a)为混凝土表面的原始图像,受拍摄时光照影响,图像色泽明显,通过加权平均法进行图像灰度化后,得到图 3.3-8b)所示的灰度图像。

 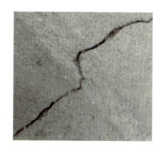 

a)灰度图　　　　　　　b)线性灰度化　　　　　　c)直方图线性灰度化

图 3.3-8　直方图线性灰度化

通过上图的比较,任务线性灰度化的方法比较适合所采集的混凝土缺陷图像的预处理。

(4) 图像平滑滤波

在图像采集过程中,会遭受很多类型噪声的污染。噪声在图像上常表现为引起较强视觉效果的孤立像素点或块,噪声信号与我们需要识别的病害信息并无关联,是一种无用的信息,并干扰了目标特征的正常识别。通常图像噪声有两种来源,一是在图像采集过程中,由于传感器材料属性、工作环境、电子元器件等影响,引入的噪声;二是图像信号传输过程中,由于传输介质和记录设备等的不完善受到的噪声污染。常见的噪声主要有椒盐噪声[图3.3-9b)]和高斯噪声[图3.3-9c)]。椒盐噪声又叫脉冲噪声,是黑白相间的一种噪声,是在图像拍摄中、图像传输中以及图像解码过程中产生的噪声,当它密集到一定密度的时候就会对病害的识别产生影响。高斯噪声是指它的概率密度函数服从高斯分布的一类噪声,主要是由于图像传感器在拍摄时现场不够明亮、亮度不够均匀以及电路元器件自身噪声和相互影响引起。

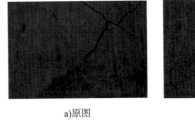
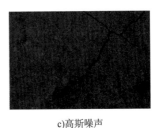

a)原图　　　　　　b)椒盐噪声　　　　　　c)高斯噪声

图 3.3-9　噪声图像

除了在拍摄与传输过程要尽量保证质量减少噪声外,也可以对图像进行适当处理去除噪声。为了提高图像目标特征的提取质量,需要减少过多不必要的噪声信息,对图像进行滤波去噪。常用的滤波方式包括均值滤波、中值滤波、高斯滤波等。

①均值滤波:均值滤波属于线性滤波,其采用的主要方法为邻域平均法。其基本原理是用均值代替原图像中的各个像素值,即对待处理的当前像素点 $f(x,y)$,选择一个模板,该模板由其近邻的若干像素组成,求模板中所有像素的均值,再把均值赋给当前像素点,作为处理后图像在该点上的灰度 $g(x,y)$,即

$$g(x,y) = \frac{\sum f(x,y)}{m} \qquad (3.3-4)$$

均值滤波本身存在着固有的缺陷,即它不能很好地保护图像细节,在图像去

噪的同时也破坏了图像的细节部分,从而使图像变得模糊,不能很好地去除噪声点,如图 3.3-10 所示。

a)原图　　　　　　　　　　　　　　b)均值滤波

图 3.3-10　图像均值滤波处理

②中值滤波:中值滤波是一种非线性平滑技术,它将每一像素点的灰度值设置为该点邻域窗口内的所有像素点灰度值的中值,让周围的像素值接近,从而消除孤立的噪声点。方法是选择某种结构的模板,让模板内的像素按照像素值的大小进行排序,再将序列中的中值赋给当前像素点,作为处理后图像在该点上的灰度 $g(x,y)$,中值滤波对椒盐噪声有很好的去除效果,如图 3.3-11 所示。

a)椒盐噪声　　　　　　　　　　　　b)中值滤波

图 3.3-11　图像中值滤波处理

③高斯滤波:高斯滤波是一种线性平滑滤波,适用于消除高斯噪声。高斯滤波是对整幅图像进行加权平均,每一个像素点的值,都由其本身值和邻域内的其他像素值经过加权平均后得到。方法是选择某种结构的模板去扫描图像中的每一个像素,用模板确定的邻域内像素的加权平均灰度值去替代模板中心像素点的值,如图 3.3-12 所示。在图像处理中,一般采用离散化窗口滑窗卷积实现高斯滤波,常用的二维高斯分布如下:

$$G(x,y) = \frac{1}{2\pi\sigma^2} e^{-\frac{x^2+y^2}{2\sigma^2}} \tag{3.3-5}$$

a)高斯噪声　　　　　　　　　　　b)高斯滤波

图 3.3-12　图像高斯滤波处理

通过上面的比较可知,高斯滤波和中值滤波对混凝土图像去噪有较好的效果。

(5)数据增强算法

由于缺陷样本数据有限,为了提升深度学习模型的泛化能力,对已有样本进行数据增强是有必要的。本项目使用的数据增强方法包括:

①像素级变换:通过调整图像的亮度、对比度、色调、饱和度和噪声来对图像进行光度变换。并采用随机缩放、裁剪、翻转和旋转对图像进行几何变换,如图 3.3-13 所示。

图 3.3-13　像素级变换

②图像 Mosaic:混合四张具有不同语义信息的图片,可以让检测器检测超出常规语境的目标,增强模型的鲁棒性。由于批归一化是从四张图片计算得到的,Mosaic 数据增强可以减少模型训练对大批次的依赖,如图 3.3-14 所示。

(6)高像素图像识别研究

由于无人机和机器人采集到的是高像素图像,如果直接输入到图像识别算法中,算法会自动对图像进行缩放处理,调整到 608×608 的尺寸后进行识别。

缩放将导致细小缺陷特征丢失,无法被识别到,如图 3.3-15 所示,分辨率为 11648×8736,将图像压缩成 608×608 后,失去图中细小缺陷特征,没有缺陷被识别出。

图 3.3-14　图像 Mosaic

图 3.3-15　高像素图像直接输入识别

为了保证细小缺陷也被识别出来,通过有重叠的滑窗方式将图像裁剪成深度学习网络的输入尺度大小(608×608),相邻滑窗重叠区大小为 2% 的子图像,再分别将子图像输入神经网络进行识别,将识别结果进行拼接,但这样做会导致同一个缺陷被切割在几个子图像中被重复识别,如图 3.3-16 所示。为解决被重复识别的问题,提出了识别框聚类方法。

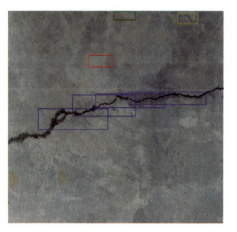
图 3.3-16　切割后图像识别结果

(7) 聚类算法

研究使用 K-means 算法拼接识别的缺陷图像,如图 3.3-17 所示,其横纵轴坐标单位为像素值,图像切割后,缺陷也被切割在几个图像中分别被识别,拼接后可见一个缺陷被识别成好几个,使用 k-means 算法将距离较近的缺陷识别成一类,即同一种颜色的缺陷为同一个缺陷,进行合并。

聚类算法虽然在一些图像上取得了比较好的识别效果,但对超高分辨率、缺陷数目多的图像仍然存在问题。如图 3.3-18 所示,由于聚类算法是无监督的,每一轮的聚类结果都不一样,聚类的类别数也是不一定的,很容易把位置比较靠近的缺陷聚类成一类,导致错误。因此,本章提出了多尺度图像切割算法。

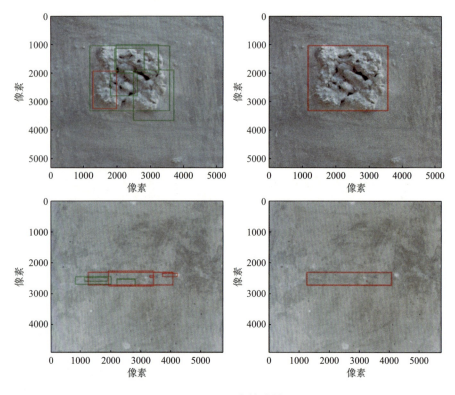

图 3.3-17 聚类算法结果

图 3.3-18 聚类算法(错误聚类)

(8)多尺度图像切割算法和 IOU 去重

由于采集的图像像素为 11648×8736,为适应深度学习模型的输入大小同时又能正确识别不同大小缺陷,通过有重叠的滑窗方式裁剪指定尺度(如 608×608,2000×2000,5000×5000),相邻滑窗重叠区大小为 2%,如图 3.3-19 所示,得到不同尺度数据集。不同尺度切割结果用于识别不同尺度缺陷,有重叠切割是为保证原图的每个区域都能被完整检测到,也用于后期结果融合时判断相邻滑窗中的识别结果是否是同一缺陷。因此一张混凝土结构表面图会裁出上百张指定尺度图像,这些图像经过识别后的识别结果合并一起就得到最终的检测结果。

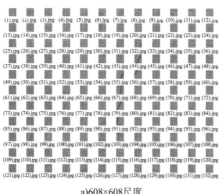

a) 608×608尺度

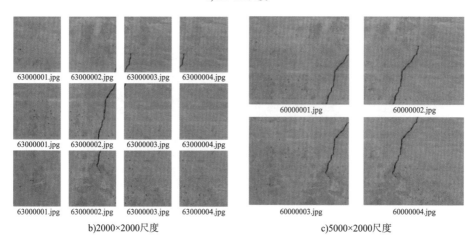

b) 2000×2000尺度   c) 5000×2000尺度

图 3.3-19 多尺度切割

对每张识别样本,首先进行多尺度切割,然后输入到不同的尺度的模型中进行识别,并分别输出得到识别结果,如图 3.3-20 所示。对图像的识别结果对照切割方法进行复原,再进行极大值抑制算法去重框;对三种不同比率切割的识别结果使用 IOU 去重,即将所有识别结果框放在一个集合中,并对所有框按类别进行两两配对,保证每个框都与除自己以外的所有同类别框有配对。对每个配对组合,求两个框的交并比。如果交并比大于阈值,则完全删除两个框中面积更小的,如果交并比小于阈值,则这一组两个框都暂时保存。去重处理后的剩余框即为图像识别结果。如图 3.3-21 所示,图 a)、b)、c) 为不同尺度切割图像的识别结果,图 d) 为去重处理后的识别结果。

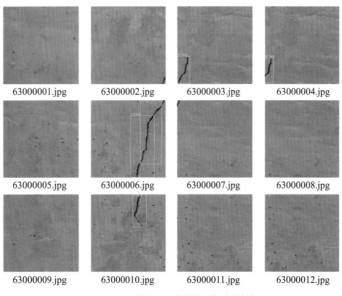

图 3.3-20　混凝土表面缺陷识别结果

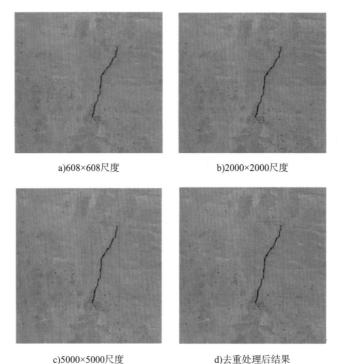

图 3.3-21　图像在不同尺度识别结果和结果去重

4）混凝土表面缺陷识别效果

应用以上混凝土结构表面缺陷检测级联算法。采集并制作了桥梁混凝土结构表面缺陷图像数据集，图像预处理后，采用基于 YOLOv4-Tiny 算法实现桥梁表面缺陷多尺度识别,采用图像量化处理算法实现裂缝缺陷的量化。研究结果表明,该检测方案对混凝土缺陷都具有很好的检测效果,对在试验场采集的样本图像,平均识别准确率达 87.69%,同时具有较高的检测效率,在 T640 服务器 4 块 tesla v100 下,对平均大小为 11648×8736 的样本图像:对不存在裂缝缺陷(可存在块状缺陷)的样本,平均识别时间为 2s/张。检测软件界面如图 3.3-22 所示。

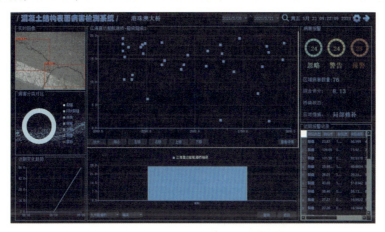

图 3.3-22 混凝土结构表面病害检测系统界面

天津中试场桥塔位于天津市经济开发区西区,是基于港珠澳大桥青州桥塔 1∶6 比例建造的智能巡检装备与技术验证平台,为验证混凝土结构表面病害检测算法有效性,对中试场桥塔进行扫塔检测,扫塔整体拼接结果如图 3.3-23 所示。检出病害共 411 条,其中忽略病害 29 条,警告病害共 282 条,报警病害共 100 条,根据层次分析法,对桥塔病害进行评分为 56.43。由于桥塔表面有大量麻点病害导致评分偏低。去除其他病害,评分结果为 86.87(评分为加分制,值越小桥梁状态越好)。其中检测出的裂缝有忽略裂缝(即宽度在 0.2mm 以下)29 条,警告裂缝(即大于 0.2mm 小于 0.5mm 且长度小于 10mm)共 110 条,报警裂缝(宽度大于 0.5mm 或长度大于 1000mm)共 24 条。长裂缝多为塔柱之间

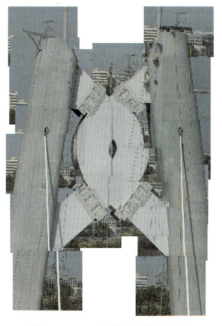

图 3.3-23 中试场桥塔拼接图

接缝开裂,如图3.3-24所示是裂缝拼接示例。

同时,为验证算法的适用性,在港珠澳大桥深水区非通航孔桥70号桥墩对混凝土结构表面检测算法进行验证,使用负压爬壁机器人共检测出99条病害,其中裂缝有85条,剥落1条,蜂窝2条,麻面11条,如图3.3-25所示为裂缝拼接结果。对桥墩病害进行评分为94.28。

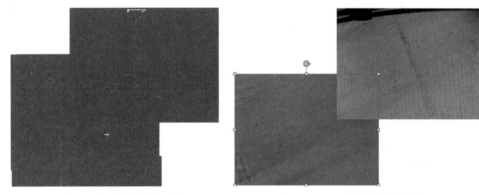

图3.3-24 裂缝拼接示例　　　　图3.3-25 实桥裂缝检测结果

3.3.4 表面病害智能化等级评定方法

根据行业要求,桥梁技术状况评估的依据为《公路桥梁技术状况评定标准》(JTG/T H21—2011)等现行评定标准,按照图3.3-26所示的评定工作流程开展技术状况评定。很多典型巡检部位的选取主要基于巡检装备和设备的可达性,而巡检病害程度也常以技术人员的工程经验来进行判定,这样受限于人工巡检装备与设备的可达性限制和技术人员的经验水平,使得定检报告中的评定标准制定立足于人工巡检的可操作性。随着大量智能装备的引入和应用,装备可达性远超出人工巡检范围,且人工智能识别技术的引入也降低了人为经验性评定的随机性,从而导致检出的病害数量也大大增加,影响了综合判定结果的有效性与适用性。为了解决这一矛盾,项目研究团队引入在其他领域已经取得成功应用的层次分析法来处理智能装备巡检的结果,以提升智能装备巡检结果的适用性和装备巡检的可操作性。

为了保障桥梁的安全运营,首先应对桥梁进行系统、全面的评价。而安全评价模型的选取将直接决定安全评价结果的可靠性。因此建立科学、有效的桥梁评价模型是十分重要的。桥梁评价系统具有模糊性、易变性、复杂性等特点,传统的、单一的评价模型很难取得与实际情况相符合的评价结果。基于此,开发了层次分析法与模糊综合评判模型结合的桥梁钢结构与混凝土表面等级评价方法,为提高维养决策效率提供了良好的支撑。

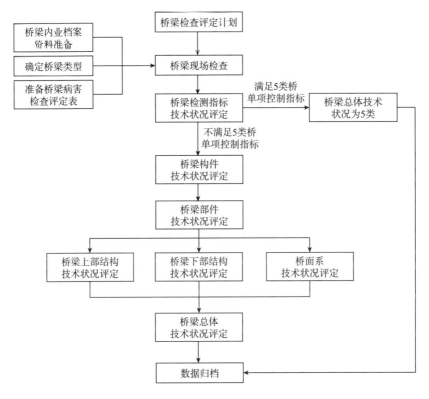

图 3.3-26 桥梁技术状况评定工作流程

1) 钢箱梁桥表面涂层典型病害层次结构模型及判断矩阵

以钢箱梁桥表面涂层典型病害层次结构模型及判断矩阵为例,利用层次分析法进行专家决策的设计思路见图 3.3-27,主要过程为利用现行标准和规范得到的涂层病害分类方法及劣化等级分类标准,结合巡检机器人、无人机等检出的钢结构病害位置、类型、大小、面积等信息,在桥梁关注的关键结构及部位,对所检测出的不同病害进行病害间重要性的比对。例如:在某构件中,起泡 1 级和锈蚀 3 级的重要性相同,在层次分析法中的结果就为 1;如果重要性不同,根据调研、专家讨论和建议、实验室加速试验等多种相关信息的获取,决定在此类型的构件中相应等级间的重要程度,用层次分析法中的数字进行表示,将所得结果输入软件,就可得到此种构件上涂层的病害相应的权重。用此方法得出的权重可以随服役桥梁的地点、桥梁的基本情况等进行修正。利用上述步骤,可科学得出层次分析法所涉及的单个病害类型划分、多个病害之间权重确定过程、不同位置的权重划分等关键数据,为准确划分大桥钢结构涂层表面质量等级提供良好的支撑。

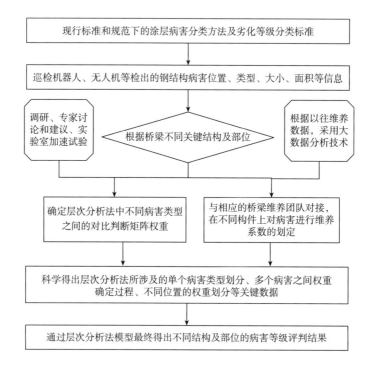

图 3.3-27　钢结构表面涂层典型病害等级评判专家决策方法设计思路

2) 钢箱梁桥表面典型涂层病害影响权重研究

各综合等级所对应的具体评分及分数的划定需要经过细致讨论和相关实验共同研究得出,并得到桥梁行业相关专家的认可。

(1) 实验室加速实验法:依据大桥钢结构表面涂装的具体情况,制作 100mm × 50mm 的实验室加速试样,进行涂层的室内加速实验。综合应用大数据分析、定量描述、科学计算等特征,提供一种较为可靠评估思路。

(2) 特征图片推断法:特征图片推断法的操作流程如图 3.3-28 所示。

层次分析法的具体操作过程见图 3.3-29,用此方法得出的权重可以随服役桥梁的地点、桥梁的基本情况等进行修正。利用上述步骤,可科学得出层次分析法所涉及的单个病害类型划分、多个病害之间权重确定过程、不同位置的权重划分等关键数据,为准确划分大桥钢结构涂层表面质量等级提供良好的支撑。同时,与相应的桥梁维养团队进行对接,在不同构件上对病害进行维养系数的划定,例如,得出的某构件上的病害权重为锈蚀、剥落、裂纹、鼓泡、变色的权重分别为 0.5128、0.2615、0.1290、0.0634、0.0333,见表 3.3-11。在此基础上设定不同的系数 C1 到 C5,即可得出综合评分,见表 3.3-12,根据评分的大小制定相应的维养方案。

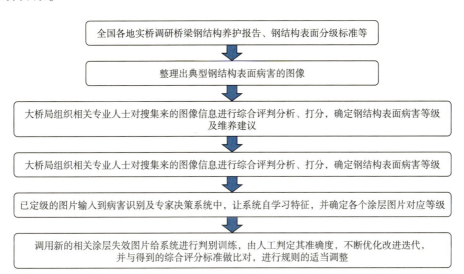

图 3.3-28 特征图片推断法流程

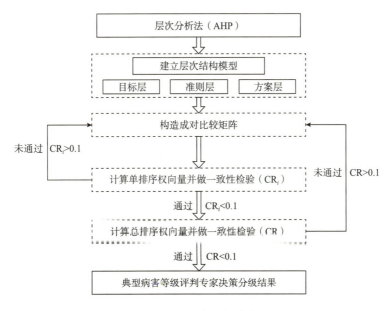

图 3.3-29 层次分析法流程

两两对比矩阵及一致性验证　　　　　表 3.3-11

项目	锈蚀	剥落	裂纹	鼓泡	变色	权重
锈蚀	1	1/3	1/5	1/7	1/9	0.5128
剥落	3	1	1/3	1/5	1/7	0.2615
裂纹	5	3	1	1/3	1/5	0.1290
鼓泡	7	5	3	1	1/3	0.0634
变色	9	7	5	3	1	0.0333
CR(0.0530) = CI(0.0593) ÷ RI(1.12) < 0.1 一致性检验通过						

涂层病害等级综合分级评定　　　　　表 3.3-12

综合等级	对应各单项最高等级					综合评分	涂层状态	应对措施
	变色	鼓泡	裂纹	剥落	锈蚀			
0	2	0	0	0	0	≤0.1	健全	保持
1	3	1	1	1	0	0.1~0.7	轻微劣化	日常维护
2	4	3	3	1	1	0.7~1.8	中等劣化	局部修复，修复区域是实际影响区域的10倍
3	5	3	3	2	2	1.8~2.5	轻重劣化	重新涂装
4	5	4	4	4	3	2.5~3.4	严重劣化	除锈并重新涂装
5	5	5	5	5	5	3.4~5.0	完全劣化	除锈并重新涂装

3.4　本章小结

典型结构的服役状态对跨海大桥的安全运营至关重要。由于环境和荷载等作用因素的差异，跨海大桥不同结构部位的损伤劣化特征并不一致。因此，跨海大桥安全性检测本质上是极其复杂的系统工程，需要根据桥梁不同部位的服役环境，采用针对性技术检测。跨海大桥的服役环境给桥梁安全和正常运行提出了巨大挑战，但也为一些新技术，新设备提供了广阔的运用前景。同时，单一技术不可避免存在局限性，如何有效协调各项技术的运用，综合分析各项技术反馈的实时数据，对于满足全域化、连续化、动态化跨海大桥的安全性检测需求至关重要。本章系统介绍了项目组针对港珠澳大桥不同部位的结构特点，以可达性、实时性、智能化为重点突破方向,通过开创性的装备与软件开发工作,在我国交通领域第一次系列化地开发了跨海桥梁巡检装备集群与软件系统,集成了国内外先进的检测技术,这些装备与软件在港珠澳大桥的应用实践必将推动交通领域的智能化维养事业向工业4.0时代迈进。

  本章还介绍了桥梁钢结构与混凝土结构表面智能评估的开发背景与技术要求,针对港珠澳大桥钢结构与混凝土表面病害等级评价的标准进行了详细的阐述。在此基础上,构建了表面病害识别方法,采用该方法对港珠澳大桥的钢结构表面涂层病害与混凝土表面缺陷进行了有效的识别。其中钢结构表面涂层的裂纹、起皮、剥落、锈蚀等病害等均能实现检出。对采集到的混凝土结构表面缺陷图片进行预处理,并通过深度学习缺陷识别方法有效地对混凝土缺陷实现了快速高效检出。最后基于表面缺陷实时检出结果,将层次分析法与模糊综合评判模型结合起来评价桥梁安全现状,通过评价结论确定桥梁的安全等级,并针对病害桥梁依据现行规范采取相应的措施,来指导现役桥梁的安全运行。

CHAPTER 4 | 第 4 章

跨海桥梁荷载场重构技术

4.1 概述

港珠澳大桥服役期间,承受风、浪、车辆、温度、地震等多种荷载的共同作用,形成了复杂的荷载场。实现港珠澳大桥荷载场的高精度重构是桥梁结构正向评估的关键,有利于全面把握桥梁服役过程的受力及损伤演化规律,有效提升大桥科学决策支持水平。

本章从港珠澳大桥的荷载监测数据入手,基于概率密度统计方法、经典荷载场理论及人工智能技术,实现了包括风荷载(正常风、极端风)、波浪、车辆、温度及地震作用场的精确重构。风荷载方面,基于风场(演变)功率谱密度,采用谐波合成法进行全桥的风场模拟;阐述桥梁静风荷载、抖振荷载、自激荷载的计算方法,实现风荷载重构。波浪荷载方面,以海洋水文监测系统为数据源开展波浪场模拟,借助群桩-承台组合结构模型试验探究结构间波浪荷载影响规律,融合经典波浪荷载计算方法实现波浪荷载重构。交通荷载方面,融合多源异构数据,基于计算机视觉的时变信息与雷达信息、动态称重时不变信息结合,实现复杂环境下超长区域交通荷载的追踪,以此实现交通荷载重构;统计分析历史交通荷载数据,对正常交通流及未来可能出现的极端拥堵车流等特殊情况进行智能推演。温度作用方面,结合现场监测的环境温度、太阳辐射等数据与全桥三维精细化有限元模型,基于三维整体统一分析,进行全桥温度场重构。地震作用方面,将克里金无偏估计算法和反距离权重插值算法融进经典的条件模拟算法,提出自创的地震场重构方法,实现港珠澳大桥地震场重构。

4.2 风荷载仿真技术

港珠澳大桥地处珠江口伶仃洋海域,受欧亚大陆和热带海洋的交替影响,天气复杂多变,灾害性天气频繁,对港珠澳大桥的抗风性能设计提出了新的挑战。采用经典谐波合成法进行全桥风场模拟;分别基于演变功率谱和 Hilbert 谱进行非平稳台风风场模拟;最后基于 Davenport 准定常理论,将风场转变为静风荷载、抖振荷载和自激荷载作用港珠澳大桥。

4.2.1 良态/台风场重构

1)三维脉动风场平稳模拟方法

谐波合成法通过一系列带有随机相位或随机幅值的余弦函数的叠加来模拟脉动风场对于多维或多变量随机过程,采用互谱密度矩阵考虑不同变量之间的相关性,并通过对互谱密度矩阵进行 Cholesky 分解以获得各余弦函数的幅值。

(1)谐波合成法基本理论

按照 Shinozuka 的建议,随机过程 $\{f_j^0(t)\}$ 的样本 $\{f_j(t)\}$ 可以由下式来模拟

$$f_j(t) = 2\sqrt{\Delta\omega}\sum_{m=1}^{j}\sum_{l=1}^{N}|H_{jm}(\omega_l)|\cos[\omega_l't - \theta_{jm}(\omega_l) + \varphi_{ml}] \quad (4.2\text{-}1)$$

式中:N——充分大的正整数;

$\Delta\omega$——频率增量,$\Delta\omega = \omega_{up}/N$;

ω_{up}——截止频率,即当 $\omega > \omega_{up}$ 时 $S_0(\omega) = 0$;

φ_{ml}——均匀分布于 $[0,2\pi)$ 区间的随机相位;

$H_{jm}(\omega_l)$——$\mathbf{S}^0(\omega_l)$ 的 Cholesky 分解矩阵 $\mathbf{H}(\omega_l)$ 中的元素

$$\omega_l = \left(l - \frac{1}{2}\right)\Delta\omega, \omega_l' = \omega_l + \delta\omega_l \quad (l = 1,2,\cdots,N) \quad (4.2\text{-}2)$$

$\delta\omega_l$——均匀分布于 $(-\Delta\omega'/2,\Delta\omega'/2)$ 的随机频率,且 $\Delta\omega' \ll \Delta\omega$。

$$\mathbf{S}^0(\omega_l) = \mathbf{H}(\omega_l)\mathbf{H}^{T*}(\omega_l) \quad (4.2\text{-}3)$$

式中:$\theta_{jm}(\omega_l)$——$H_{jm}(\omega_l)$ 的复角,可表示为

$$\theta_{jm}(\omega_l) = \tan^{-1}\left\{\frac{\text{Im}[H_{jm}(\omega_l)]}{\text{Re}[H_{jm}(\omega_l)]}\right\} \quad (4.2\text{-}4)$$

为了运用 FFT 技术,取 $M = \dfrac{2\pi}{\Delta\omega\Delta t}$ 为整数

$$f_j(p\Delta t) = 2\sqrt{\Delta\omega}\text{Re}\left\{G_j(p\Delta t)\exp\left[i\left(\frac{p\pi}{M}\right)\right]\right\}$$

$$(p = 0,1,\cdots,M-1; j = 1,2,\cdots,n) \quad (4.2\text{-}5)$$

$G_j(p\Delta t)$ 可通过 FFT 进行计算

$$G_j(p\Delta t) = \sum_{l=0}^{M-1} B_j(l\Delta\omega) \exp\left(ilp\frac{2\pi}{M}\right) \quad (4.2\text{-}6)$$

$B_j(l\Delta\omega)$ 可以表示为

$$B_j(l\Delta\omega) = \begin{cases} \sum_{m=1}^{j} H_{jm}(l\Delta\omega)\exp(i\varphi_{ml}) & (0 \leq l < N) \\ 0 & (N \leq l < M) \end{cases} \quad (4.2\text{-}7)$$

根据 Deodatis 的研究,随机过程 $\{f_j^0(t)\}$ 的样本 $\{f_j(t)\}$ 也可以用下式进行模拟

$$f_j(t) = 2\sqrt{\Delta\omega}\sum_{m=1}^{j}\sum_{l=1}^{N}|H_{jm}(\omega_{ml})|\cos[\omega_{ml}t - \theta_{jm}(\omega_{ml}) + \varphi_{ml}] \quad (4.2\text{-}8)$$

式中:ω_{ml}——双索引频率,可以表示为

$$\omega_{ml} = (l-1)\Delta\omega + \frac{m}{n}\Delta\omega \quad (l = 1,2,\cdots,N) \quad (4.2\text{-}9)$$

(2)数值算例

本算例选取位于伶仃洋海域的某大跨度斜拉桥作为风场模拟的桥梁模型,桥梁总长为1150m,跨径布置形式为(110 + 236 + 458 + 236 + 110)m。本次模拟将于主梁上布置61个模拟点,间距分布为 $5 \times 20m + 50 \times 18.6m + 5 \times 20m$,模拟点如图4.2-1所示。

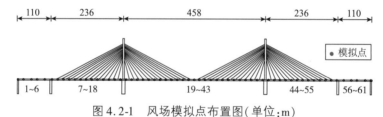

图4.2-1 风场模拟点布置图(单位:m)

基于谐波合成法依次对主梁61个模拟点的风速时程进行了模拟。受篇幅限制,下面给出主梁12号、31号模拟点的风速时程模拟结果,如图4.2-2所示。

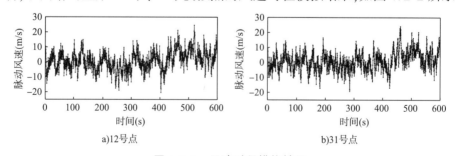

a)12号点　　　　　　　　　b)31号点

图4.2-2 风速时程模拟结果

为了检验基于谐波合成原理所模拟的顺风向以及竖向脉动风速时程的适用性,分别从功率谱密度与相关函数两个角度对模拟结果进行了验证。图 4.2-3 所示为 12 号点和 31 号点的脉动风功率谱密度与各自目标值的对比结果,图 4.2-4 所示为自(互)相关函数模拟值与目标值的对比结果。从图中可以看出,脉动风速模拟谱与目标谱在频域内吻合程度较高,自相关函数以及互相关函数模拟值与目标值趋势一致。

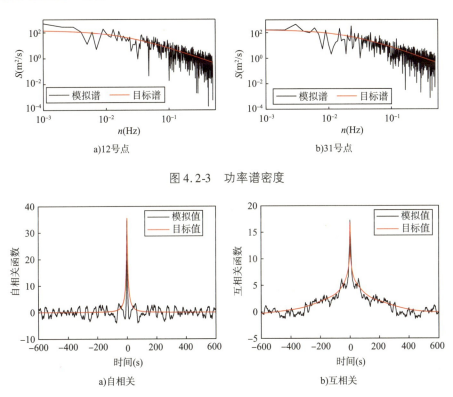

图 4.2-3　功率谱密度

图 4.2-4　相关函数

2)强(台)风场非平稳模拟方法

台风等极端强风环境经常表现出明显的非平稳特征,需要从非平稳角度开展极端风环境的模拟研究。Priestley 建立了平稳与非平稳风场的统一框架,将台风风场视为非平稳随机过程,其非平稳特性可通过 EPSD(Evolution Power Spectral Density,演变谱密度)予以刻画。

(1)基于演变谱密度的非平稳风速过程模拟方法

在台风风场模拟过程中,模拟点处的互演变谱密度矩阵为:

$$\boldsymbol{S}(\omega,t) = \begin{bmatrix} S_{11}(\omega,t) & S_{12}(\omega,t) & \cdots & S_{1n}(\omega,t) \\ S_{21}(\omega,t) & S_{22}(\omega,t) & \cdots & S_{2n}(\omega,t) \\ M & M & 0 & M \\ S_{n1}(\omega,t) & S_{n2}(\omega,t) & \cdots & S_{nn}(\omega,t) \end{bmatrix} \quad (4.2\text{-}10)$$

式中：$S_{jk}(\omega,t)$——互演变谱密度，可表示为：

$$S_{jk}(\omega,t) = \sqrt{S_{jj}(\omega,t)S_{kk}(\omega,t)}\, \gamma_{jk}(\omega,t) \quad (4.2\text{-}11)$$

式中：$S_{jj}(\omega,t)$——$V_j(t)$的演变谱密度；

$\gamma_{jk}(\omega,t)$——时变相干函数。

现场实测表明，极端风环境的相干函数也表现出明显的时变特征，因此表示为时间与频率的联合函数。与互演变谱密度矩阵对应的相干函数矩阵可表示为

$$\boldsymbol{\Gamma}(\omega,t) = \begin{bmatrix} \gamma_{11}(\omega,t) & \gamma_{12}(\omega,t) & \cdots & \gamma_{1n}(\omega,t) \\ \gamma_{21}(\omega,t) & \gamma_{22}(\omega,t) & \cdots & \gamma_{2n}(\omega,t) \\ M & M & 0 & M \\ \gamma_{n1}(\omega,t) & \gamma_{n2}(\omega,t) & L & \gamma_{nm}(\omega,t) \end{bmatrix} \quad (4.2\text{-}12)$$

通过Cholesky分解，互演变谱密度矩阵可分解为：

$$\boldsymbol{S}(\omega,t) = \boldsymbol{H}(\omega,t)\boldsymbol{H}^{T*}(\omega,t) \quad (4.2\text{-}13)$$

式中：$\boldsymbol{H}(\omega,t)$——下三角矩阵。

当互演变谱密度矩阵通过Cholesky分解为$\boldsymbol{H}$矩阵后，任意点的非平稳脉动风速可通过下式生成：

$$\begin{aligned} V_j(t) &= 2\sqrt{\Delta\omega}\sum_{m=1}^{j}\sum_{l=1}^{N}|H_{jm}(\omega_l,t)|\cos[\omega_l t - \theta_{jm}(\omega_l,t) + \phi_{ml}] \\ &= 2\sqrt{\Delta\omega}\,\mathrm{Re}\Big\{\sum_{m=1}^{j}\sum_{l=1}^{N}H_{jm}(\omega_l,t)e^{i(\omega_l t + \phi_{ml})}\Big\} \end{aligned} \quad (4.2\text{-}14)$$

式中：ω_l——索引频率，$\omega_l = l\Delta\omega\,(l=1,2,\cdots,N)$；

ϕ_{ml}——均匀分布在$[0,2\pi]$的随机相位角。

（2）数值算例

以图4.2-1所示桥梁为例，进行非平稳台风风场模拟。图4.2-5所示为3

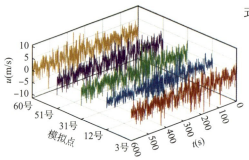

图4.2-5 台风风速时程

号、12 号、31 号、51 号和 60 号点的台风风速时程模拟结果。

为了检验所生成脉动风时程的合理性,需进行基于演变谱密度和相关函数的检验。考虑到非平稳脉动风速不满足各态历经假设,选取主梁跨中 31 号模拟点在 1000 次的脉动风模拟结果的均值进行验证。如图 4.2-6 所示,模拟脉动风演变功率谱密度与目标值整体趋势吻合较好,模拟结果可基本反映实测台风脉动风的能量分布特征。图 4.2-7 通过时域和时域切片,进一步量化了模拟结果和实测值间的相似性。

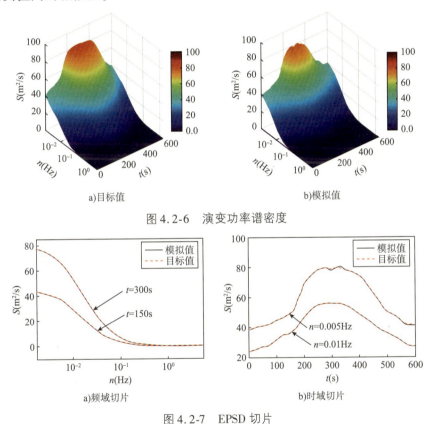

a)目标值   b)模拟值

图 4.2-6　演变功率谱密度

a)频域切片   b)时域切片

图 4.2-7　EPSD 切片

4.2.2　桥梁风荷载模拟

1) 静力风荷载

在风轴系中,桥梁结构单位展长的静风升力、阻力和扭矩可以表示如下

$$L_{st} = \frac{1}{2}\rho U^2 C_L(\alpha)B, \quad D_{st} = \frac{1}{2}\rho U^2 C_D(\alpha)B, \quad M_{st} = \frac{1}{2}\rho U^2 C_M(\alpha)B^2$$

(4.2-15)

式中：ρ——空气密度；

B——桥面宽度；

$C_L(\alpha)$——风轴系中的升力系数；

$C_D(\alpha)$——风轴系中的阻力系数；

$C_M(\alpha)$——风轴系中的扭矩系数；

α——攻角。

在体轴系中，桥梁结构单位展长的静风升力、阻力和扭矩可以表示如下

$$F_Y = \frac{1}{2}\rho U^2 C_Y(\alpha) B, \quad F_Z = \frac{1}{2}\rho U^2 C_Z(\alpha) B, \quad F_T = \frac{1}{2}\rho U^2 C_T(\alpha) B^2$$

(4.2-16)

式中：$C_Y(\alpha)$——体轴系中的升力系数；

$C_Z(\alpha)$——体轴系中的阻力系数；

$C_T(\alpha)$——体轴系中的扭矩系数。

2）抖振力荷载

桥梁结构单位展长的抖振力可按以下公式进行计算

$$L_b = \frac{1}{2}\rho U^2 B \left[2C_L(\alpha)\chi_{Lu}\frac{u'}{U} + [C'_L(\alpha) + C_D(\alpha)]\chi_{Lw}\frac{w'}{U} \right] \quad (4.2\text{-}17)$$

$$D_b = \frac{1}{2}\rho U^2 B \left[2C_D(\alpha)\chi_{Du}\frac{u'}{U} + C'_D(\alpha)\chi_{Dw}\frac{w'}{U} \right] \quad (4.2\text{-}18)$$

$$M_b = \frac{1}{2}\rho U^2 B^2 \left[2C_M(\alpha)\chi_{Mu}\frac{u'}{U} + C'_M(\alpha)\chi_{Mw}\frac{w'}{U} \right] \quad (4.2\text{-}19)$$

式中：$\chi_{Rs}(R=L,D,M; s=u,v)$——脉动风谱对抖振力的气动导纳。

3）自激力荷载

桥梁断面的自激力可表示为如下的复数形式

$$\begin{cases} L_{se}(t) = \omega^2 \rho B^2 [C_{Lh}(v)h(t) + C_{Lp}(v)p(t) + BC_{L\alpha}(v)\alpha(t)] \\ D_{se}(t) = \omega^2 \rho B^2 [C_{Dh}(v)h(t) + C_{Dp}(v)p(t) + BC_{D\alpha}(v)\alpha(t)] \\ M_{se}(t) = \omega^2 \rho B^2 [BC_{Mh}(v)h(t) + BC_{Mp}(v)p(t) + B^2 C_{M\alpha}(v)\alpha(t)] \end{cases}$$

(4.2-20)

式中：$C_{rs}(r=D,L,M; s=h,p,\alpha)$——自激力系数。

Lin 从脉冲响应函数的概念出发,提出了用脉冲响应函数来表示自激力的时域表达式。这里将它扩展为包含竖弯、侧弯和扭转三个方向的自激力表达式

$$\left.\begin{aligned} L_{se}(t) &= L_h(t) + L_p(t) + L_\alpha(t) \\ &= \int_{-\infty}^{t} f_{Lh}(t-\tau)h(\tau)\mathrm{d}\tau + \int_{-\infty}^{t} f_{Lp}(t-\tau)p(\tau)\mathrm{d}\tau + \int_{-\infty}^{t} f_{L\alpha}(t-\tau)\alpha(\tau)\mathrm{d}\tau \\ D_{se}(t) &= D_h(t) + D_p(t) + D_\alpha(t) \\ &= \int_{-\infty}^{t} f_{Dh}(t-\tau)h(\tau)\mathrm{d}\tau + \int_{-\infty}^{t} f_{Dp}(t-\tau)p(\tau)\mathrm{d}\tau + \int_{-\infty}^{t} f_{D\alpha}(t-\tau)\alpha(\tau)\mathrm{d}\tau \\ M_{se}(t) &= M_h(t) + M_p(t) + M_\alpha(t) \\ &= \int_{-\infty}^{t} f_{Mh}(t-\tau)h(\tau)\mathrm{d}\tau + \int_{-\infty}^{t} f_{Mp}(t-\tau)p(\tau)\mathrm{d}\tau + \int_{-\infty}^{t} f_{M\alpha}(t-\tau)\alpha(\tau)\mathrm{d}\tau \end{aligned}\right\}$$

(4.2-21)

式中:$f_{yx}(t)$——脉冲响应函数,可以通过颤振导数的拟合得到。

4.3 波浪荷载仿真技术

港珠澳大桥下部结构波浪荷载仿真重构以水文观测数据为源头,借助波浪场反演技术开展桥位波浪场模拟;以经典波浪荷载计算方法为基石,进一步探究特定水文特征与下部结构形式下结构受荷特性,解析复杂组合结构间荷载的干扰效应。融合以上场域模拟与荷载重构关键技术,实现港珠澳大桥下部结构波浪荷载仿真重构。

4.3.1 波浪场重构

波浪运动过程需满足流体力学基本运动方程,即连续方程和运动方程。进一步将水体假设为无黏不可压缩的均匀流体,其在重力作用下做无旋运动,此时波浪方程可简化为以速度势函数表征的拉普拉斯方程。此外,波浪运动实际求解过程中仍需要满足海底边界、无穷远边界、自由水面的动力边界以及运动学边界条件。在以上基本方程与边界条件的基础上,线性波浪理论引入如下假定:①自由表面压强等于大气压强;②海底为水平固体边界;③波高相对于波长无限

小。据此可确定其速度势函数和波面方程以描述波浪运动特征。

然而实际波浪的波高、周期、波向等参数均具有随机性,各项参数均实时改变,因此在线性波浪理论的基础上,需进一步引入波浪频谱和方向谱表征波浪能量和波浪传播方向的随机分布特性。将多向不规则波沿频域与方向域进行切分,切分后微元的组成波可视为简谐波,其振幅为:

$$a_{ij} = \sqrt{2S_\eta(\omega_i,\theta_j)\Delta\omega_i\Delta\theta_j} \qquad (4.3\text{-}1)$$

各组成波叠加后的多向不规则波为:

$$\eta(x,y,t) = \sum_{i=1}^{I}\sum_{j=1}^{J} a_{ij}\cos[\omega_i t - k_i(x\cos\theta_j + y\sin\theta_j) + \varepsilon_{ij}] \qquad (4.3\text{-}2)$$

式中: a_{ij}——各组成波的振幅;

$S_\eta(\omega_i,\theta_j)$——与频率 ω_i 和方向 θ_j 相关的方向谱;

$\eta(x,y,t)$——在平面位置 (x,y) 与时间 t 下的波面高程;

k_i——第 i 个组成波的波数;

I——频域的组成波数量;

J——方向域的组成波数量;

ε_{ij}——随机初相位,一般满足$[0\sim 2\pi]$范围内的均匀分布。

根据频率方向对应法或单叠加法等算法确定微元区段内指代其整体特征的频率与方向,根据式(4.3-1)和式(4.3-2)即可实现随机波浪场模拟。其中,波浪频谱和方向分布函数是波浪场模拟的核心参数。Pierson 和 Moscowitzt 以北大西洋的实测资料为基础,推导了适用于外海无限风区充分成长波浪的 P-M(Pierson-Moscowitzt)谱,广泛应用于各项海洋工程行业。

$$S_\eta(\omega) = \frac{0.78}{\omega^{-6}}\exp\left(-\frac{3.11}{\omega^4 H_s^{1/2}}\right) \qquad (4.3\text{-}3)$$

式中:H_s——有效波高;

ω——波浪频率。

联合北海波浪计划通过在谱峰附近引入升高因子,研究提出了 Jonswap(Joint North Sea Wave Program)谱。随后 Goda 在其基础上研究形成了改进的 Jonswap 谱,该谱型由中等风况和有限风距情况下测得,实际应用状况表明其与实测结果吻合良好,能够适用于不同成长阶段的风浪模拟。

$$S_\eta(\omega) = \alpha^* H_s^2 \frac{\omega_m^4}{\omega^5}\exp\left[-\frac{5}{4}\left(\frac{\omega_m}{\omega}\right)^4\right]\gamma^{\exp\left[-\frac{(\omega-\omega_m)^2}{2\sigma^2\omega_m^2}\right]} \qquad (4.3\text{-}4)$$

式中:α^*——无因次风区的函数;

ω_m——谱峰频率;

γ——谱峰升高因子;

σ——峰形参数。

文氏谱由我国文圣常院士提出,并且由我国《港口与航道水文规范》(JTS 145—2015)(以下简称《水文规范》)推荐采用。当频率满足 $0 \leqslant f \leqslant 1.05/T_s$ 和 $f > 1.05/T_s$ 时,谱函数分别根据式(4.3-5)和式(4.3-6)计算:

$$S_\eta(f) = 0.0687 H_s^2 T_s P \times \exp\left[-95(1.1T_s f - 1)^{\frac{12}{5}} \ln \frac{P(5.813 - 5.137 H^*)}{(6.77 - 1.088P + 0.013P^2)(1.307 - 1.462 H^*)}\right] \tag{4.3-5}$$

$$S_\eta(f) = 0.0687 H_s^2 T_s \times \frac{(6.77 - 1.088P + 0.013P^2)(1.307 - 1.462 H^*)}{5.813 - 5.137 H^*} \times \left(\frac{1.05}{T_s f}\right)^{(4-2H^*)} \tag{4.3-6}$$

式中:T_s——有效周期;

H^*——考虑水深影响的水深因子;

P——尖度因子。

常见的方向分布函数有简单的经验公式、光易型方向分布函数、改进光易型方向分布函数、Donelan 方向分布函数和 SWOP(Stereo Wave Observation Project)谱的方向分布函数等,其中 Donelan 方向分布函数和改进光易型方向分布函数均被我国《水文规范》推荐采用,其函数形式分别如式(4.3-7)和式(4.3-8)所示:

$$G(f,\theta) = \frac{1}{2}\beta \operatorname{sech}^2 \beta\theta \tag{4.3-7}$$

$$G(f,\theta) = G'(s) \left|\cos \frac{\theta}{2}\right|^{2s} \tag{4.3-8}$$

式中:β——与频率相关的分段函数;

$G'(s)$——与方向函数集中度 s 相关的函数。

依托海洋水文要素监测基准站和坐底式固定观测平台,台风海高斯登陆期间港珠澳大桥海洋水文监测系统获取了全时段的水文要素监测数据,如潮位、波高、波周期、流速和流向等。8月18日12时至8月19日24时区间内潮位、波高和波周期的监测数据分别见图4.3-1 和图4.3-2。

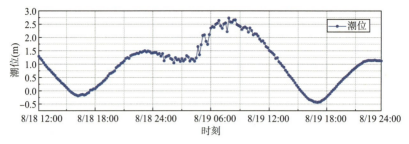

图 4.3-1 台风海高斯登陆期间潮位监测数据

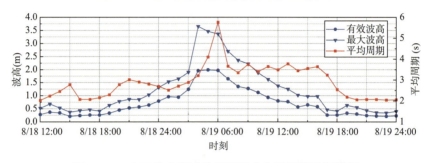

图 4.3-2 台风海高斯登陆期间波高和波周期监测数据

以台风海高斯登陆期间波浪监测数据为关键输入,依据上述波浪场模拟方法开展台风海高斯登陆时段内青州航道桥桥位处波浪场重构,其东侧和西侧桥塔位置处某时段波面高程模拟结果如图 4.3-3 所示。

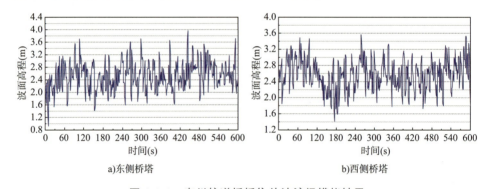

a)东侧桥塔 b)西侧桥塔

图 4.3-3 青州航道桥桥位处波浪场模拟结果

4.3.2 桥梁波浪荷载模拟

目前跨海桥梁下部结构波浪荷载计算时按结构形式进行划分,即以结构尺寸 D 和波长 L 将其划分为小尺寸桩柱($D/L \leq 0.2$)和大尺寸墩柱($D/L > 0.2$)。其中,小尺度桩柱波浪力的拖曳力和惯性力是主要分量,多采用 Morison 方程进行计算,其关键在于选取合适的波浪理论确定波高、波速、加速度等参数。在实际案例分析时速度和加速度多基于线性波浪理论确定,但惯性力系数和阻力系数受来流形式和桩柱形状的影响较大,大型工程建造前通常可基于桥位实际的水文特征开展有针对性的水动力系数测定。

当跨海桥梁下部结构尺度较大时,结构对波浪场传播与演化的影响不可忽略,此时波浪荷载中惯性力和绕射力起主导作用,主要采用以绕射理论为核心的荷载计算方法。《水文规范》给出了基于绕射理论的圆形墩柱一次近似解,对于方形或矩形墩柱的波浪力,在符合试验条件的前提下可直接采用相应的经验公式,或将方形或矩形断面换算为相同面积的圆形断面,然后近似按圆形墩柱计算其波浪荷载。

港珠澳大桥下部结构采用群桩-承台组合结构,然而该复合结构中群桩间荷载的干扰/遮蔽效应以及群桩与承台间荷载的干扰效应均尚未厘清。为探究港珠澳大桥下部结构间波浪荷载的影响效应,研究设计了多种群桩模型以及群桩-承台组合结构模型,并结合粤港澳大湾区波浪场统计特征设计了多种波浪工况。试验过程中沿模型表面布置波浪压力测点,据此获取波浪冲击过程中结构受荷特征,部分试验模型如图4.3-4所示。

a)串列群桩　　　　　　　b)方形群桩　　　　　　　c)群桩-承台

图4.3-4　群桩-承台结构波浪荷载试验模型

首先,以群桩结构为分析对象,图4.3-5给出了最不利波浪工况下两种群桩形式中各组成桩以及单桩的波浪荷载时程。对于串列布置的群桩结构,各桩的荷载时程曲线与单桩相似,且沿波浪传播方向1号桩至3号桩的荷载峰值逐渐增大。进一步分析方形群桩的荷载时程发现,在干扰效应和遮蔽效应的综合影响下1号桩和2号桩的波浪荷载峰值均低于单桩,且其荷载时程曲线与单桩同样相似。

在各组成桩荷载时程的基础上,提取其波浪荷载峰后确定其群桩系数,以串列和方形布置为例的群桩系数计算结果见图4.3-6。其中,不同波浪工况下串列群桩各组成桩的群桩系数变化规律相似,且大部分工况下 3 号桩群桩系数最高,2 号桩次之,位于前端的 1 号桩则最低;各组成桩的群桩系数峰值为 1.31,最低值则为 0.75。方形群桩中各组成桩受遮蔽效应和干扰效应的综合影响,不同波浪工况下各组成桩的群桩系数均维持在 1.0 以下,即群桩间的影响效应均将降低其波浪荷载峰值,若以不考虑群桩效应的方式计算各组成桩的波浪荷载,其分析结果将偏于安全。

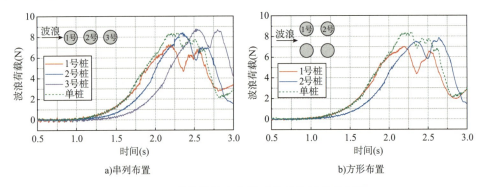

图 4.3-5 群桩结构中各组成桩的波浪荷载时程

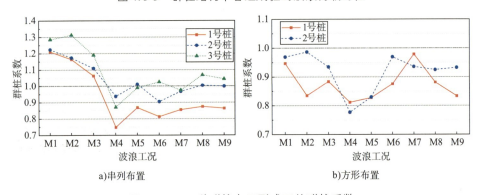

图 4.3-6 三种群桩布置形式下的群桩系数

在群桩结构波浪试验的基础上,选取布置形式最为复杂的方形群桩,设计并开展了方形群桩-承台结构波浪荷载试验。以最不利波浪工况为例,图 4.3-7 给出了最不利波浪工况下群桩-承台结构中群桩和承台的荷载时程,其中仅有群桩工况的波浪荷载高度范围与群桩-承台结构中的群桩保持一致,且群桩与承台的荷载曲线均经过降噪处理。由图 4.3-7a)可知,该波浪工况下增设承台将提高群桩各组成桩的荷载峰值,且 2 号桩荷载放大效应比 1 号桩更为显著。对比承台波浪荷载时程后发现,该工况下增设群桩将增大承台所受波浪荷载,且仅有承台与群桩-承台的荷载曲线高度相似。

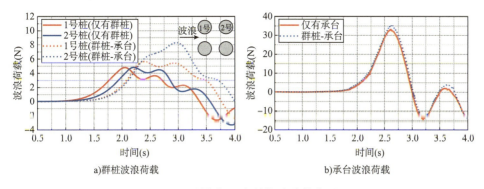

图 4.3-7 群桩与承台结构波浪荷载时程

基于以上群桩-承台结构波浪荷载时程,分别提取群桩和承台的波浪荷载峰值,并将其与仅有群桩或仅有承台的荷载峰值作比,即可分析承台与群桩间的干扰效应,结果如图 4.3-8 所示。各试验工况下承台均将提高底部群桩的波浪荷载,且该荷载放大效应受波浪工况的显著影响,试验工况范围内放大效应的峰值为 73%;底部群桩同样将提高上部承台的波浪荷载,但承台荷载放大效应明显低于群桩荷载,放大效应峰值仅为 14%。

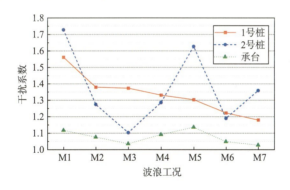

图 4.3-8 群桩与承台间荷载干扰系数

以港珠澳大桥海洋水文监测系统为数据源,提取台风海高斯登陆期间某一小时水文数据,在模拟波浪场基础上开展群桩-承台结构波浪荷载重构,荷载重构过程中考虑群桩效应与群桩-承台间的干扰效应。部分时刻下群桩与承台波浪荷载分布如图 4.3-9 所示,图 4.3-10 则给出了群桩与承台结构所受波浪合力时程。当前时段内群桩波浪荷载以横桥向为主,横向荷载峰值 1673kN;纵桥向波浪荷载相对较小,峰值荷载仅为 521kN。承台结构横桥向和纵桥向的波浪荷载均低于群桩结构,横桥向和纵桥向波浪荷载峰值分别 498kN 和 87kN。

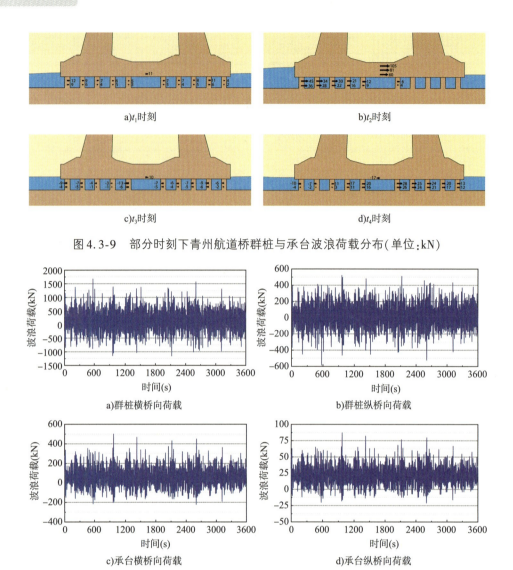

图 4.3-9　部分时刻下青州航道桥群桩与承台波浪荷载分布（单位：kN）

图 4.3-10　青州航道桥群桩与承台波浪荷载重构

4.4　交通荷载感知与荷载仿真技术

　　交通荷载作为港珠澳大桥直接承受的活荷载之一，具有较强的随机性和时变性。基于交通荷载的感知数据进行交通荷载的重构，进而掌握港珠澳大桥的交通荷载特性。这对于保障港珠澳大桥的长期安全运营具有十分重要的意义。

4.4.1 融合多源异构信息的交通荷载重构方法

在传统的交通荷载的监测中,往往多个监测设备之间相互独立,其数据之间存在壁垒,无法有效融合。仅通过单一的数据源往往无法保证数据的准确性以及数据收集的鲁棒性。有效融合多个、多种监测设备之间的数据,是实现长区域交通荷载准确重构的必由之路。针对港珠澳大桥的交通荷载重构的应用场景,在本节提出了一种融合多源异构信息的交通荷载重构方法,其主要框架见图4.4-1。其主要解决的突出问题有两个:①复杂环境下在超长区域内交通荷载的追踪;②交通荷载时变信息和时不变信息的有效融合。针对第一个问题,在港珠澳大桥同时布设了视频监控系统以及毫米波雷达群组来实现全时、全域交通荷载的追踪。利用视频和毫米波雷达的共同作用可以提高车辆追踪的准确性和鲁棒性。视频数据提供了丰富的视觉信息,包括车辆的外观、形状、运动轨迹等,而毫米波雷达则能够穿透雨雪、雾霾等恶劣天气,提供可靠的距离和速度测量。针对第二个问题,可以通过不同系统在相同时间、相同位置目标一致的原则来进行交通荷载时变信息和时不变信息的融合。具体而言,当车辆通过WIM(Weighing In Motion,动态称重系统)系统时,WIM会记录到车辆通过WIM安装处的时间、车道等信息,而通过在WIM安装位置附近的雷达或者视频也可以收集车辆通过WIM安装处的时间、车道等信息。基于此,就可以实现交通荷载时变信息和时不变信息的融合,进而实现了交通荷载的完备重构。

1) 基于监测视频的交通荷载时空信息获取

(1) 车辆检测网络

目标检测主要解决了图像中有什么物体以及这个物体在哪里的问题。有以下难点:首先,物体可以出现在图片中任何位置,并且其大小差异很大;其次,物体的角度和姿态是不确定的;另外,物体的类别也有多样性。传统的机器学习方法在车辆检测任务中存在一些限制,例如需要手工设计特征和分类器、对光照和视角变化敏感等。而基于深度学习的车辆检测神经网络则能够从原始数据中学习到更高级别的特征表示。随着深度学习技术在计算机视觉领域的快速发展,基于深度学习的车辆检测神经网络在车辆感知中展现出巨大潜力。这些神经网络能够通过学习大量数据来自动提取特征,并实现高效准确的车辆检测,如

图 4.4-2 所示。基于深度学习的车辆检测神经网络通常采用卷积神经网络作为基础架构。这些网络一般由多个卷积层、池化层和全连接层组成,以实现特征的提取和分类。

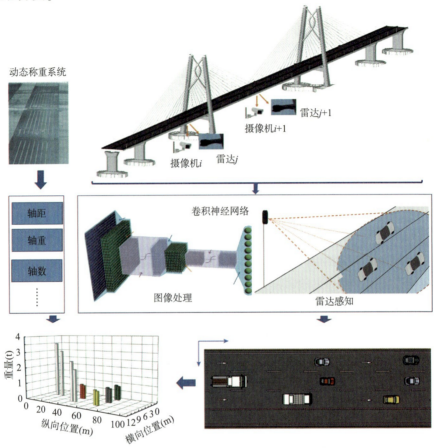

图 4.4-1 融合多源异构数据的交通荷载重构框架图

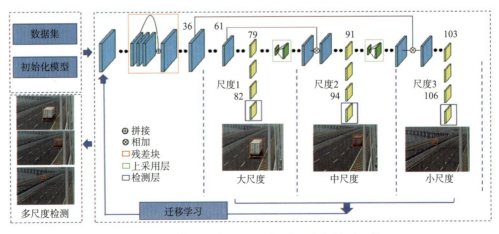

图 4.4-2 基于深度学习神经网络的车辆检测网络

（2）车辆追踪网络

车辆追踪网络是基于目标检测和多目标追踪的联合网络,旨在解决车辆追踪中的识别和持续跟踪问题。其核心思想是将目标检测和单目标追踪相结合,并通过深度学习模型实现端到端的训练和推理。

车辆追踪网络的整体流程包括目标检测、特征提取、轨迹管理和与时序临近帧的关联。首先,使用目标检测器在每一帧中检测出车辆目标,并获取其边界框位置。然后,通过深度学习模型提取每个车辆目标的特征表示。这些特征可以是卷积神经网络中的高级特征,也可以是从预训练模型提取的低级特征。接下来,车流追踪网络通过对轨迹进行管理和更新来实现持续的目标跟踪。每个目标都有一个独一的轨迹编号,并通过匹配当前帧中的检测结果和前面帧中的轨迹进行关联。这种关联通常基于特征相似性、运动一致性和外观一致性等因素。通过轨迹管理和关联,车辆追踪网络能够准确地跟踪每个车辆目标,并保持其轨迹编号的连续性。

（3）空间坐标转换

通过视频信息得到的车辆的位置坐标为像素坐标,要得到车辆的在桥梁上的实际位置,需要将像素坐标转换成为世界坐标。其中包含了四种坐标系,即像素坐标系、图像坐标系、相机坐标系和世界坐标系,如图4.4-3所示。

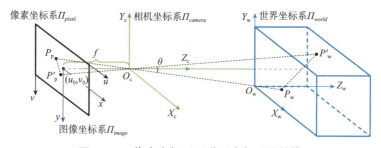

图 4.4-3 像素坐标系到世界坐标系的转换

用数学上的计算公式来表示上述过程,像素坐标系与世界坐标系转换关系如下:

$$Z_c \begin{bmatrix} u \\ v \\ 1 \end{bmatrix} = \begin{bmatrix} a_{11} & a_{12} & a_{13} & a_{14} \\ a_{21} & a_{22} & a_{23} & a_{24} \\ a_{31} & a_{32} & a_{33} & a_{34} \end{bmatrix} \begin{bmatrix} X_w \\ Y_w \\ Z_w \\ 1 \end{bmatrix} = \boldsymbol{M} \begin{bmatrix} X_w \\ Y_w \\ Z_w \\ 1 \end{bmatrix} \quad (4.4\text{-}1)$$

式中：(X_w, Y_w, Z_w)——在世界坐标系中的坐标；

(u, v)——在像素坐标系下的坐标；

M——由世界坐标系到像素坐标系的坐标转换矩阵；

a——坐标转换矩阵中的元素。

(4) 基于视频的青州航道桥交通荷载时空信息获取

针对青州航道桥的应用场景，进行车辆检测网络训练时采用了迁移学习的思想，即网络在初始数据集上预训练得到的权重作为初始权重，随后采用港珠澳大桥应用场景所建立起的数据集进行网络的最终训练，其中包含了卡车后侧（truckB）、卡车前侧（truckF）、巴士后侧（busB）、巴士前侧（busF）、小轿车后侧（carB）、小轿车前侧（carF）共六种，如图4.4-4所示。训练得到的网络对各个类别车辆的识别平均精度见图4.4-5，图中AP@.5指的是检测框和真实框的交并比阈值取为50%时的平均准确率（average precision, AP），AP@.5:95指的是的检测框和真实框的交并比阈值取为50%到95%，步长为5%，然后算在这些交并比下的AP的均值。训练完成车辆检测网络之后，结合车辆追踪网络就可以实现对车辆时空信息的追踪，如图4.4-6所示。

图4.4-4 车辆目标类型示例

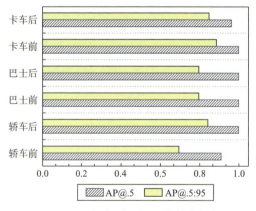

图4.4-5 各类别目标平均精度指标

图4.4-6 车辆目标追踪示意图

2）基于毫米波雷达的交通荷载时空信息获取

(1) 毫米波雷达原始数据的获取及适配

为了获得连续观测车辆轨迹数据，需要安装一组广域毫米波雷达，并保持一定的间距，以实现对整个路段车辆的感知覆盖。基于毫米波雷达的全域轨迹跟踪系统分为硬件系统和软件系统两部分。硬件系统由广域毫米波雷达组群和边缘计算单元组成，其中广域毫米波雷达用于探测路域车辆位置，边缘计算单元用于为毫米波雷达供电及雷达数据结构化处理。港珠澳大桥雷达的整体布置见图4.4-7。

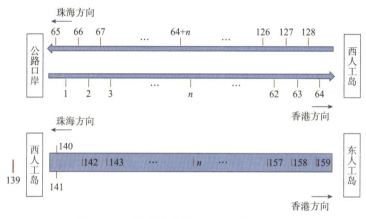

图 4.4-7　港珠澳大桥毫米波雷达布置图

雷达采集的数据需要进行实时处理，而且不同雷达采集的数据之间需要进行适配。为了适配不同类型雷达的不同帧格式之间的开发适配工作，从而降低边缘计算单元对不同帧格式的开发识别适配工作，需要提前建立雷达帧数据关联适配表。通过对不同型号雷达的帧格式进行适配解读，使得边缘计算单元通过控制器局部网络自动实现雷达传感器原始数据的实时读取。同时，按照规定的数据格式进行数据的记录。毫米波雷达感知范围及重叠区域示意见图4.4-8。

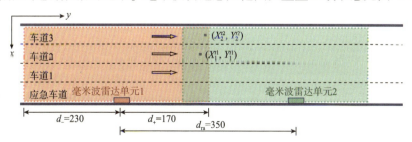

图 4.4-8　毫米波雷达感知范围及重叠区域示意图（单位：m）

（2）雷达数据处理及轨迹追踪

在利用毫米波雷达进行车辆的追踪的过程中，由于定位故障、网络传输错误、静态物体反射噪点以及多车遮挡导致的反射面重叠等问题可能会使得雷达获取的初始数据存在数据缺失和异常，因此需要对全部原始车辆轨迹数据进行清洗处理。主要包含了如下内容：①读取雷达初始反射数据；②对目标点云面积及形状进行判断，剔除目标宽度、长度和面积都明显超出正常范围的目标数据；③对目标连续性进行判断，对于相同目标 ID，若在不同帧中出现不连续的情况，则判定为不同目标的 ID；④测量目标状态的判断；⑤根据目标的长度将目标进行分类和合并；⑥对错误轨迹点进行删除；⑦对于缺失数据，可以进行线性插值来补充。

（3）基于雷达的青州航道桥交通荷载时空信息获取

采用上述方法对行驶在青州航道桥上的车辆进行追踪。青州航道桥全长共1150m，其桩号在 K449+217 到 K450+367 之间。在青州航道桥附近共布置了10 个毫米波雷达来实现对车辆的追踪。其中，从珠海、澳门到香港方向以及香港到珠海、澳门方向各布置了 5 个毫米波雷达。如图 4.4-9，随机选取了某 5min 时间段内青州航道桥附近多个毫米波雷达共同追踪得到的多个车辆的轨迹。从图中可以看出，雷达追踪得到的轨迹均没有中断，而且处在合理的区间范围内。

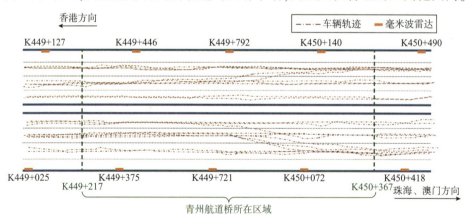

图 4.4-9 5min 时间段毫米波雷达获取的车辆轨迹图

3）基于多源信息融合的港珠澳大桥交通荷载重构分析

在港珠澳大桥的应用场景中，通过视频和雷达进行了长区域交通荷载的追踪。当车辆通过安装在东、西人工岛处的 WIM 系统时，车辆的时变信息和时不变信息进行了融合。具体来讲，WIM 系统记录了车辆到达 WIM 安装所在断面处的时间以及横向车道位置。同时，通过对车辆的全程追踪，也可以获得车辆到达 WIM 安装所在断面位置处的时间以及车辆位置。通过上述信息，即可以完成交通荷载时变信息和时不变信息的融合。进行这些信息融合的一个重要前提是保证视频系统、雷达系统以及 WIM 系统的时钟同步。在港珠澳大桥的应用场景中，可采用北斗统一授时的功能来保障多个系统之间的时间对齐。

对于结构计算分析而言，准确地获取到交通荷载加载最不利的时间段是十分重要的。在港珠澳大桥的应用场景中，以一天为分析周期，找到对结构作用最不利的交通荷载所对应的时间段，可以节省算力并减少冗余数据的存储。回望收集得到的交通荷载信息，通过视频和雷达信息可以得到通过某一区域内在过去一天时间内重车比例多而且交通量密集的时间段。以此段时间为分析的时间段，开展交通荷载的重构工作，其整体流程见图 4.4-10。按照此流程，重构了某时刻 1200m 长度上的交通荷载，如图 4.4-11 所示。重构的交通荷载可为后面构件或者桥梁整体状态的评估提供交通荷载输入。

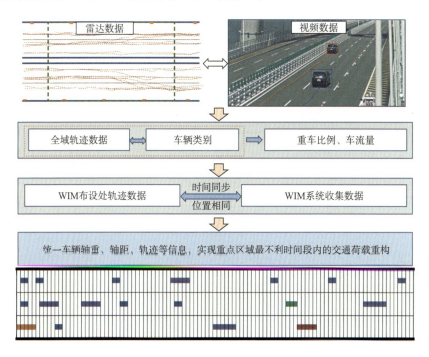

图 4.4-10　最不利时间段交通荷载重构流程图

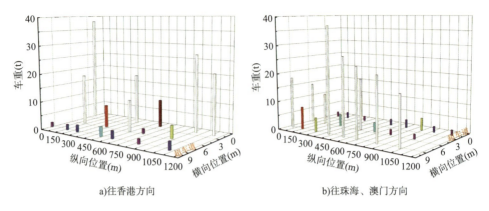

a) 往香港方向　　　　　　　　　b) 往珠海、澳门方向

图 4.4-11　某时刻 1200m 长度上交通荷载重构结果

4.4.2　基于历史数据的交通荷载智能推演

1) 基于历史数据的交通特性统计

对交通荷载重构结果长期存储形成车辆荷载历史信息数据库。对车辆荷载历史数据进行统计分析,就可以把握交通荷载特性。对车辆历史信息的统计分析,一般包括总重、轴重、速度等信息,主要对其分布进行拟合。图 4.4-12 给出了该总体车质量的概率分布,可以看出车质量小于 4t 的车辆占据了绝大多数,其主要是 2 轴微型车辆,车质量较小,图中 μ_i、σ_i 分别为第 i 个正态分布的均值和方差,R^2 为衡量拟合效果的决定系数。

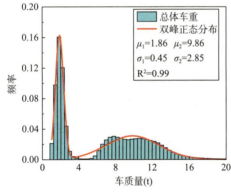

图 4.4-12　总体车质量概率分布特性

对不同轴数车辆的车质量进行概率统计分析,图 4.4-13 给出了 4 轴车重和 6 轴车重的分布。分析得知,不同轴数的车质量一般服从双峰正态分布或正态分布。

图 4.4-14 给出了不同车道车辆行驶速度概率的分布特征,可见不同车道的车速均服从正态分布,由超车道向外延伸,车速均值分别为 101.50km/h、90.29km/h、77.18km/h,车速水平逐渐降低,因为随着车道向右移动,多轴货车占比逐渐增大,行驶速度也逐渐降低。

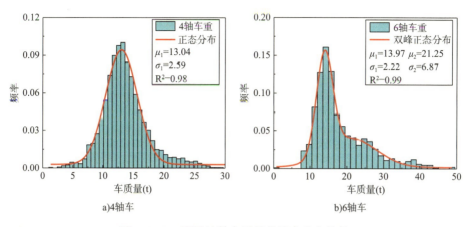

图 4.4-13 不同轴数车质量的概率分布特性

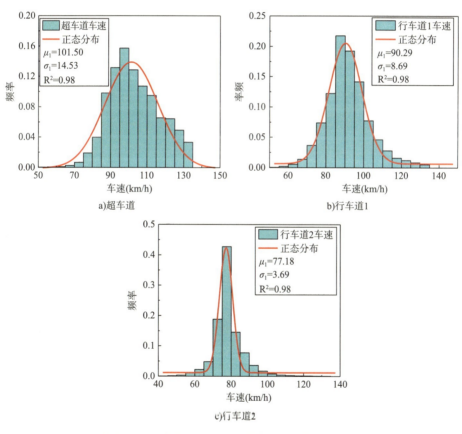

图 4.4-14 不同车道车辆行驶速度概率分布特性

2) 交通流智能推演

对当前交通荷载的重构以及对交通荷载历史数据的分析可以得到现在和历史的交通荷载的情况。基于统计得到的交通荷载特性,可以对未来可能发生的正常随机车流或者部分道路中断情况下的随机车流进行模拟。在车流的精细化模拟方面，最具代表性的就是基于元胞自动机随机车流推演模型。元胞自动机是由一些拥有特定规则的元胞所组成的整体，如果将驾驶员视作一个个元胞，将驾驶员的行为视作元胞演变所遵守的规则，那么车道上前进的车流就可以视作一个运行中的元胞自动机，这两者间具有高度的相似性，因此元胞自动机在微观交通流的模拟方面具有天然的优势。考虑到换道决策中车辆冲突的处理和因交通事故、道路维修等情况导致的车道封闭，以及车辆物理特征和驾驶员个体差异，本节建立可模拟任意车道数量的开环元胞自动机随机车流模型。

元胞自动机作为一种模拟手段，必然是为了模拟真实车流信息，那么元胞自动机的一般运行规则必然脱胎于真实的交通规则和驾驶员的驾驶行为。对于真实的交通规则和驾驶行为通常概括为以下三个原则：①安全性原则；②强制规定原则；③最小行车时间原则。根据以上三个原则，在此基于元胞自动机模型来建立港珠澳大桥的随机车流智能推演模型。

车辆位置更新的规则主要包括四个方面：加速规则、减速规则、随机慢化规则和正常行驶规则。车辆换道规则首先要满足安全性原则、强制规定原则和最小行车时间原则。车辆最终是否换道，通过逐个计算车辆的换道动机，换道权重以及判定换道方向三个步骤完成。由于元胞自动机的并行性特征，在利用元胞自动机模拟多车道（三车道及以上）交通流的过程中，通常会遇到换道冲突的情况，即车辆覆盖或者车辆碰撞，如图4.4-15所示。

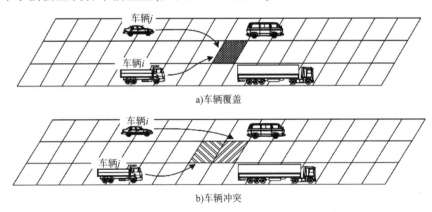

图4.4-15　换道冲突

基于上述车流模拟方法，实现车辆通行状态正常时的车流模拟，并将其可视化，图4.4-16即为不同时刻的车辆分布示意图。

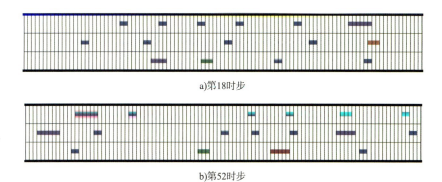

a) 第18时步

b) 第52时步

图 4.4-16　正常运行状态下随机车流模拟

随着交通量的不断增长，未来有可能会出现密集车流工况，如图 4.4-17 所示。基于建立的正常随机车流的模拟框架，输入统计的车型、车速等历史统计信息，在仅改变交通量的情况下，即可实现不同车流密度的随机车流的模拟。

图 4.4-17　密集随机车流推演

但公路中不可避免地会存在车道封闭等情况，对此，本书建立了可模拟车道封闭情况的车流模拟方法。通过对封闭车道起点、终点的设置，对交通事故、道路维修等情况导致的车道整体或部分封闭进行模拟。如图 4.4-18 所示，车道 3 部分封闭，当车辆前方出现封闭区域时，将按照前述的换道规则进行判断，不再赘述。图 4.4-19 为部分车道封闭时不同时刻车辆分布示意图。

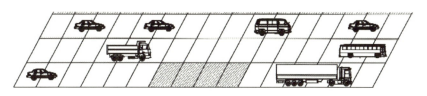

图 4.4-18　车道封闭示意图

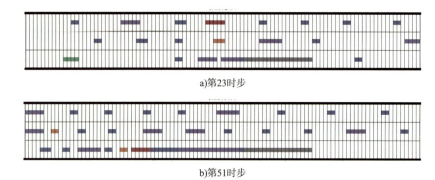

a) 第23时步

b) 第51时步

图 4.4-19　部分道路封闭下随机车流模拟

4.5　温度作用仿真技术

　　港珠澳大桥地处北回归线以南高温高湿的热带地区,桥梁结构受到较大的季节温度变化和昼夜温差的影响。构件温度的变化会引起桥梁的变形。由于结构的冗余、约束以及桥梁内温度的不均匀分布,结构通常还会产生温度应力。港珠澳大桥的三座通航孔桥均为斜拉桥,大量构件和高次超静定使其温度分布和温度效应更加复杂。

　　近年来,随着大跨度桥梁建设的蓬勃发展,对桥梁结构的温度场和温度效应的深入研究的需求日益迫切。既往研究表明,温度变化对结构的影响甚至会大于车辆荷载或结构损伤。关于桥梁温度的研究可以追溯到 20 世纪 50 年代,主要可分为两个方面,即基于现场监测的方法和基于数值模拟的方法。基于现场监测的方法受到传感器数量的限制,传感器位置处的温度和效应也不一定是最不利的。而基于数值模拟的方法一般采用分而治之的方式,即对桥梁局部构件进行二维或三维建模以及热传导分析,将分析得到的各构件的温度结果手动转换为温度作用,再施加到全桥模型上计算温度引起的结构响应。这种方法的缺点是计算效率低下、计算精度不高。

　　为了更全面、准确、高效地分析评估桥梁结构整体的温度场和温度作用效应,本研究于国内外首次采用三维整体统一分析方法,将数值模拟和现场监测相结合,建立全桥三维精细化有限元模型,并在其上先后进行热传导分析和结构分析。首先基于现场测量的环境温度、风场和太阳辐射数据,详细考虑并施加温度边界条件进行全桥温度场分析。然后,在同一有限元模型上,将温度单元转换成结构单元,将计算得到的温度分布自动转化为温度作用,计算温度变化导致的结构响应。这种三维整体统一分析方法避免了大量的人工干预,结果更加准确、高效,可以进行实时分析计算,从而实现模拟结果与结构温度和结构响应监测数据的实时比较和验证。

本节将主要关注温度作用仿真技术,以港珠澳大桥的三座通航孔桥之一——青州桥为算例,建立三维有限元模型,通过三维整体统一分析方法重构其温度场,与现场监测数据进行校核验证,再综合比较三座通航孔桥的特点和结果,最后将实体模型的全桥三维温度场结果作为依据建立温度作用简化模型。

4.5.1 温度场重构

1) 青州桥健康监测系统

青州桥的健康监测系统中安装了 304 个传感器,用于监测环境条件、外部荷载和结构响应,其三维布置如图 4.5-1 所示。

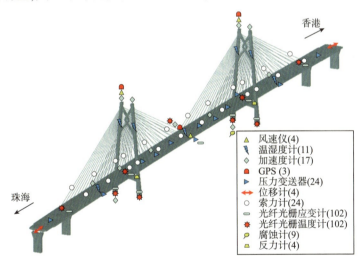

图 4.5-1 青州桥温度作用分析相关传感器三维布置图

青州桥的环境温度由温湿度计测量,安装于主梁辅助跨、中跨跨中截面,以及主塔上塔柱截面;结构温度由光纤光栅温度计测量,安装于主梁中跨跨中截面、辅助墩支承截面、主塔支承截面以及主塔下塔柱截面。主梁和主塔内部温度计截面位置如图 4.5-2 所示。测量跨中主梁结构温度的传感器布置如图 4.5-3 所示。测量主塔结构温度的传感器布置如图 4.5-4 所示。

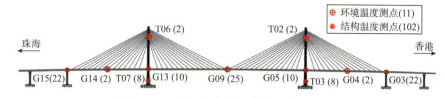

图 4.5-2 主梁和主塔温度计的截面位置

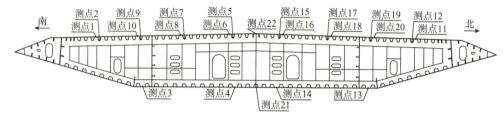

图 4.5-3 主梁结构温度传感器布置

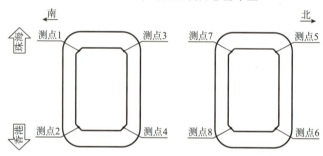

图 4.5-4 主塔结构温度传感器布置

2）青州桥精细化模型建立与验证

以往对大跨度桥梁温度分布的研究仅限于局部构件的二维或三维模型。为了全面准确地模拟整个桥梁的温度分布，本研究基于 ANSYS 建立了青州桥全桥三维有限元模型，如图 4.5-5 所示。此精细化模型由 493941 个节点和 520422 个单元组成，包括 170336 个实体单元模拟钢箱梁、沥青混凝土桥面板、主塔塔柱、主塔下横梁和桥墩，349962 个壳单元模拟主梁腹板、横隔板、U 形肋和主塔上横梁及钢锚箱，以及 124 个杆单元模拟斜拉索和支座。

用壳单元模拟的主梁腹板、横隔板和 U 形肋包含 305455 个节点和 344650 个单元；塔的上横梁呈中国结形状，由钢壳制成，包含 1632 个壳单元，钢锚箱用于锚固斜拉索，包含 1024 个壳单元。桥墩上的

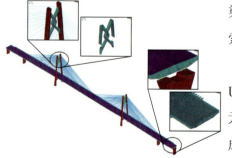

图 4.5-5 青州桥全桥三维有限元模型

支座采用连接主梁和桥墩加劲表面的杆单元进行模拟,加劲表面节点在三个平动方向上耦合到中心点。对于主塔和斜拉索之间的连接,将主塔节点、钢锚箱节点和斜拉索节点进行共节点处理。如图4.5-5所示。

斜拉桥温度效应分析通常采用杆单元模拟斜拉索。然而,热边界条件不能施加在杆单元上,只能施加在具有表面的单元上,如实体单元或壳单元,这意味着实际斜拉索中的温度变化对整个结构的影响通常被忽略。为了研究斜拉索的温度分布和温度效应,本研究采用实体单元模拟钢绞线内芯和聚乙烯(PE)护套,建立了四根斜拉索的精细有限元模型,这四根斜拉索是锚固在珠海侧主塔南侧塔柱上的最短和最长的边跨和中跨斜拉索,如图4.5-6所示。

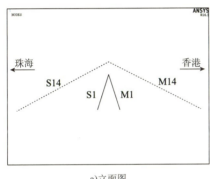
a)立面图

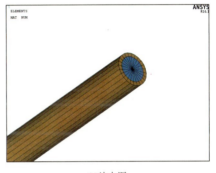
b)放大图

图4.5-6 斜拉索精细化模型

对于温度分析,有限元模型采用温度单元 SOLID70、SHELL57 和 LINK33。温度场分析中采用的材料参数如表4.5-1所示。

温度分析材料参数　　　　　　　表4.5-1

参数	符号	沥青混凝土	钢材	C50混凝土	PE
密度	$\rho(kg/m^3)$	2365	7850	2600	965
比热容	$c(J/kg/℃)$	1075	460	925	2300
导热率	$k(W/m/℃)$	1.8	55	2.71	0.44
散热系数	ε	0.92	0.8	0.88	0.90
吸热系数	α	0.90	0.685	0.65	0.65

有限元模型建立后,通过调整钢梁的质量和弹性模量,对模型进行了校准。首先根据设计图纸中给出的材料表补充了有限元模型中未考虑的锚箱、连接件和焊缝的质量,以及桥面系中栏杆、泄水槽、风障、检修道和焊缝的质量。将补充的质量等效为密度附加到钢梁的初始密度中。然后,计算桥梁动力特性,得到计

算自振频率和模态,并将其与基于实测加速度数据得到的自振频率和模态进行比较,发现计算频率大于实测频率。由于自振频率与弹性模量呈正相关,而弹性模量与温度呈负相关,考虑到实测加速度数据提取于温度较高的五月,因此将模型中钢材和混凝土的弹性模量均降低10%。校准参数后,前四阶竖弯的计算频率与实测频率差约为1%,这表明校准后的模型与实际结构之间具有良好的一致性,为其后的数值分析奠定了基础。

3) 青州桥温度分布

基于现场测量的环境温度、风场和太阳辐射数据,详细考虑并施加温度边界条件进行全桥温度场分析之后,提取主梁、主塔和斜拉索的温度场结果进行讨论,并与监测值进行比较。

(1) 主梁温度分布

将中跨跨中截面 G09 作为主梁代表截面,主梁温度计的截面位置和布置分别如图 4.5-2 和图 4.5-3 所示。主梁结构温度传感器测量顶板底面、顶板 U 形肋表面、底板 U 形肋表面和底板顶面的结构温度,对应于 4 种内表面。在评估数据的完整性和合理性后,对传感器的温度数据进行了梳理。为了揭示尽可能多的温度分布特征,选择跨中截面上的 7 个点作为 4 种表面类型的代表性测量点,分别是南侧和北侧测量顶板温度的点 8 和点 18,南侧和北侧测量顶板 U 形肋温度的点 7 和点 17,南侧和北侧测量底板温度的点 3 和点 13,以及唯一一个测量底板 U 形肋温度的点 21。图 4.5-7 为 2019 年 7 月 5—7 日 G09 截面代表测点的计算温度与相应测量值的比较。图中以字母 M 结尾的图例代表测量温度,以字母 C 结尾的图例代表计算温度,中间数字代表测点编号,如 T8M 表示测点 8 的测量温度,T8C 表示测点 8 的计算温度。

从图 4.5-7 可以看出:

①夏季顶板部分温度高达 53℃,日变化约 23℃;底板部分最高温度约 34℃,日变化约 5℃。

②板与板上 U 形肋的结构温度对比。由图 4.5-7a) 和 b) 可见,顶板 U 形肋的温度低于顶板,且存在滞后效应;两者最大竖向温差可达 9℃。由图 4.5-7c) 和 d) 可见,底板 U 形肋的温度高于底板,且也存在滞后效应;两者最大竖向温差约为 4℃。竖向温差和滞后效应的主要原因在于箱梁的保温效应以及从板到 U

形肋的热传导晚于外表面和外部空气之间的热交换。

③南侧与北侧的结构温度对比。无论是测量温度还是计算温度,主梁北侧的温度均高于南侧。这是因为在 2019 年 7 月 5—7 日,白天太阳直射点都位于桥梁北侧,且风主要为南风,因此主梁北侧接收的太阳辐射较多,而散热量低于南侧。

④测量温度与计算温度比较。图中测量温度与计算温度之间的差异较小。将所有有效测点的结果面积加权后,整个主梁截面温度结果的平均 RMSE(Root Mean Square Error,差值均方根)约为 1.1℃,这意味着计算温度和测量温度之间的平均差值在1℃。因此,计算结果与监测数据吻合良好,验证了有限元模型及数值计算的有效性。

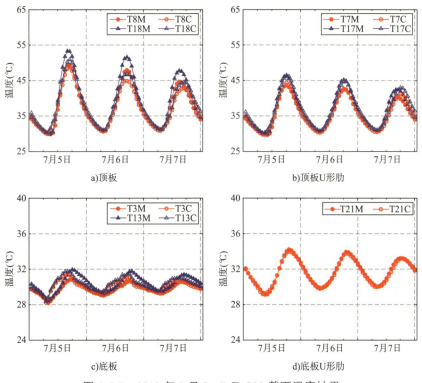

图 4.5-7　2019 年 7 月 5—7 日 G09 截面温度结果

表 4.5-2 总结了青州桥 2019 年四个季节一天内温度测量结果的特征值。表中 T_{max} 表示温度最大值,ΔT_{max} 表示温度最大日变化量,T_{diff_max} 表示最大温度梯度。结果表明,除冬季外,主梁顶板最高温度均在 50℃ 左右,日变化量超过 20℃;主梁底板最高温度均在 30℃ 左右,日变化量 6℃ 左右;顶板与底板的最大温度梯度超过 20℃。

青州桥2019年四个季节温度测量结果特征值（单位:℃）　　表4.5-2

计算时间	顶板 T_{max}	底板 T_{max}	顶板 ΔT_{max}	底板 ΔT_{max}	顶底板 T_{diff_max}
1月4—6日	27	20	9	3	10
4月5—7日	47	29	22	6	20
7月5—7日	53	34	23	5	22
10月2—3日	53	35	24	6	21

表4.5-3总结了青州桥2019年四个季节G09截面温度计算结果与监测结果的差值均方根。由此表可见，考虑面积加权的平均差值均方根小于1.5℃,4种内表面的差值均方根也大部分在2℃以内。因此，计算结果与各季节的监测数据吻合良好，这也表明所提出的方法能够有效模拟该桥全年的温度分布。

青州桥2019年四个季节G09截面温度结果差值均方根（单位:℃）　表4.5-3

计算时间	顶板	顶板U形肋	底板U形肋	底板	平均
1月4—6日	1.5	0.8	0.2	0.6	1.0
4月5—7日	2.0	1.0	0.4	1.2	1.4
7月5—7日	1.8	1.4	0.2	0.5	1.1
10月2—3日	2.1	1.1	0.6	1.0	1.4

（2）主塔温度分布

选择截面T07作为主塔代表性截面，其温度计的截面位置和布置如图4.5-2和图4.5-4所示。图4.5-8比较了2019年四季代表时段中测点1和6的计算温度与相应的测量值。由图可见，主塔内部测点的实测温度和计算值几乎保持不变，这是由于混凝土良好的隔热效果以及靠近海平面散热快导致的。1月、4月、7月和10月所有有效测点的计算温度和实测温度之间的平均均方差为0.8℃、0.9℃、0.9℃和1.7℃,保持了良好的一致性。

（3）斜拉索温度分布

由于斜拉索上没有安装温度计，因此仅给出计算结果。图4.5-9为四根斜拉索中心点的计算温度。TS1C和TM1C曲线指的是斜拉索S1和M1的计算温度，这两根斜拉索分别是边跨和中跨主塔附近的两根最短的斜拉索；而TS14C和TM14C代表两根最长的斜拉索的计算温度。斜拉索的位置见图4.5-6a）。

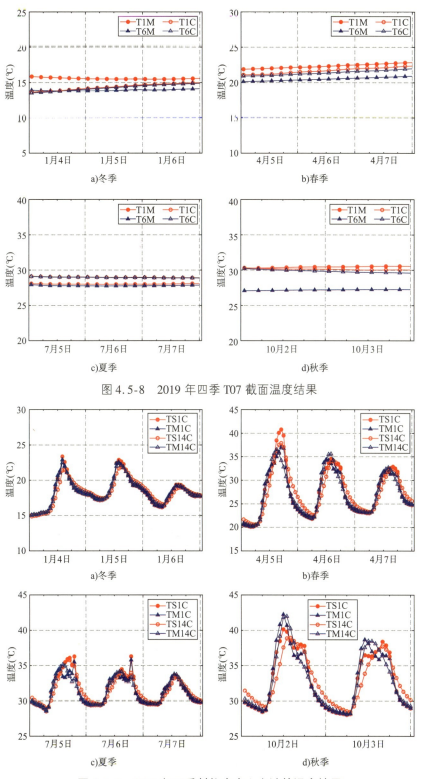

图 4.5-8 2019 年四季 T07 截面温度结果

图 4.5-9 2019 年四季斜拉索中心点计算温度结果

由图 4.5-9 可见,斜拉索中心点的温度在秋季可以达到 42℃ 左右,一天中的最大变化出现在春季,即 21℃。相比之下,斜拉索在夏季的温度相对较低,这主要是由于 7 月份风速较高,结构外表面散热较快导致的。相比于主梁内部,斜拉索没有箱形截面的保温作用,其温度更容易受到外部条件的影响。此外,长索的温度通常在中午左右出现一个峰值,而短索的温度往往在日出和日落时出现两个峰值。这可能是因为对于短索,太阳光线入射角余弦的最大值和太阳辐射强度的最大值均出现在日出和日落时。不同斜拉索的温度变化不同将导致结构的应力重新分布。

4) 三座通航孔桥的温度场比较

除青州桥外,港珠澳大桥还包含江海桥和九洲桥两座通航孔桥。它们均大致位于北纬 22°,东经 114°。江海桥是中央平行单索面三塔钢箱梁斜拉桥,东偏北 15° 的东北-西南走向,桥跨布置为 100 + 129 + 258 + 258 + 129 + 110 = 994(m);九洲桥是一座双塔单索面钢混组合梁斜拉桥,东偏北 36° 的东北-西南走向,桥跨布置为 85 + 127.5 + 268 + 127.5 + 85 = 693(m)。

江海桥的健康监测系统中安装了 329 个传感器,三维布置如图 4.5-10 所示。九洲桥的健康监测系统中安装了 239 个传感器,三维布置如图 4.5-11 所示。

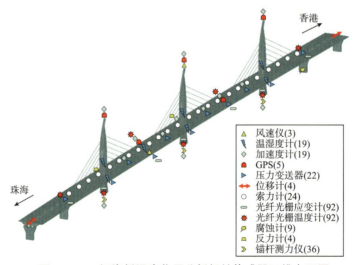

图 4.5-10 江海桥温度作用分析相关传感器三维布置图

江海桥的全桥三维有限元模型如图 4.5-12 所示,此精细化模型由 458124 个节点和 475754 个单元组成。九洲桥的全桥三维有限元模型如图 4.5-13 所示,此精细化模型由 247984 个节点和 160926 个单元组成。

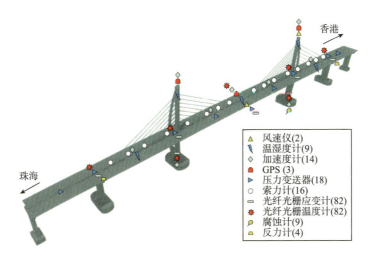

图 4.5-11　九洲桥温度作用分析相关传感器三维布置图

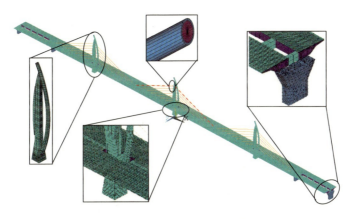

图 4.5-12　江海桥全桥三维有限元模型

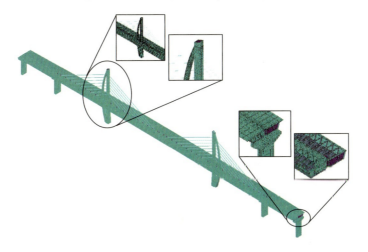

图 4.5-13　九洲桥全桥三维有限元模型

采用与青州桥同样的三维整体统一分析方法重构江海桥和九洲桥的温度场。九洲桥和青州桥均为双塔斜拉桥,江海桥为三塔斜拉桥,因此这里主要比较青州桥和江海桥的温度场结果。

对于主梁温度,青州桥主梁为整体式钢箱梁,江海桥主梁为分体式钢箱梁。江海桥主梁顶板温度冬季最高可达28℃,夏季最高可达55℃,冬季和夏季的竖向温度梯度分别约为8℃和20℃,与青州桥结果相近。同样由于桥位位于北回归线以南,在夏季的计算时段,太阳直射点在桥位的北面,因此夏季西北箱的温度高于东南箱,而在冬季则相反,与青州桥横向温差情况相同。

对于主塔温度,青州桥主塔为混凝土桥塔,由于混凝土塔壁的隔热作用,内壁一天中的温度几乎保持不变。江海桥主塔为钢塔,热导率较高,夏季西北角温度最高,冬季西南角温度最高。主塔截面温差夏季约为4℃,冬季约为2℃。

对于斜拉索温度,江海桥的斜拉索夏季温度可达36℃,与青州桥的结果相近,且结果也表明不同的拉索温度变化不同,而拉索的温度变化对全桥结构响应有不可忽视的作用,因此有必要在大跨度斜拉桥的不同拉索上安装温度计以测量其实时温度。

4.5.2 桥梁温度作用模拟

为提高温度场重构的效率和实操性,将实体模型的全桥三维温度场结果作为依据建立温度作用简化模型,区分不同桥梁构件的温度特征值,将其映射为有限个温度计的实测数据的线性组合。通过实测数据拟合的温度特征值可以作为温度作用直接加在简化的梁杆模型上进行温度效应的计算,提高计算效率,降低计算成本。本节主要介绍青州桥温度作用模拟的方法和结果,江海桥和九洲桥类似处理即可。

对于主梁,其温度特征值为平均温度G_{Ave}、竖向温差G_{DiffV}和横向温差G_{DiffT}。因此,主梁的温度作用简化模型设定为由四个温度测点的测量值组成,两个在顶部,两个在底板,且关于横向对称。主梁平均温度为四个温度测点的温度测量平均值,竖向温差与横向温差分别为相应两两测点温度平均值之差。用枚举法列出所有可能的四个温度测点组合,将其平均温度与拟真值进行比较,主梁平均温度的拟真值由精细化模型温度场计算结果进行面积加权平均得出,并筛选出具有最小 RMSE 的最优组合。最终得出主梁的温度作用简化模型由跨中截面测点 8、18、3 和 13 的测量值组成，主梁温度作用简化模型表示如式(4.5-1)所示。在夏季其平均温度与相应的拟真值如图 4.5-14a)所示，图中 PGT 为拟真值(Pseudo Ground Truth)，AveFit 为平均温度拟合值，主梁结果的 RMSE 为 0.25℃。

$$\begin{cases} G_{\text{AveFit}} = \dfrac{(G_8 + G_{18} + G_3 + G_{13})}{4} \\ G_{\text{DiffVFit}} = \dfrac{(G_8 + G_{18})}{2} - \dfrac{(G_3 + G_{13})}{2} \\ G_{\text{DiffTFit}} = \dfrac{(G_8 + G_3)}{2} - \dfrac{(G_{18} + G_{13})}{2} \end{cases} \quad (4.5\text{-}1)$$

式中：G_{AveFit}、G_{DiffVFit} 和 G_{DiffTFit}——主梁平均温度、竖向温差和横向温差的拟合值；

G_8、G_{18}、G_3 和 G_{13}——主梁跨中截面测点 8、18、3 和 13 的测量值。

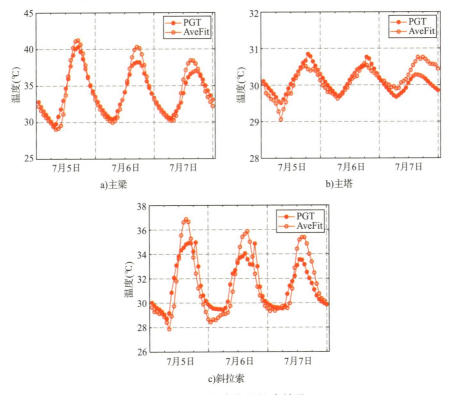

图 4.5-14 温度作用拟合结果

对于主塔，其主要温度特征值为平均温度 T_{Ave}、纵向温差 T_{DiffL} 和横向温差 T_{DiffT}。两座桥塔关于纵向对称，但由于太阳直射点位置变化，主塔的南北塔柱需要单独处理。由于温度计仅安装在塔壁内部，仅用主塔测点不足以构成主塔温度作用简化模型，因此采用主梁温度作用简化模型中四个温度测点的数据作为补充条件,最终主塔温度作用简化模型由每个塔柱内部的四个温度测点和主梁的四个温度测点的温度测量值组成。采用线性回归来确定每个温度测点的系数,以映射八个测点的测量值到主塔温度特征值之上。主塔南塔柱温度作用简化模型表示如式(4.5-2)所示。对于北塔柱,将主塔测点 1、2、3、4 相应修改为测点 5、6、7、8 即可。为简洁起见,此处未列出详细系数。夏季主塔南塔柱的平均温度拟合结果如图 4.5-14b)所示,RMSE 为 0.22℃。

$$\begin{cases} T_{\text{AveFit}} = \alpha_1 T_1 + \alpha_2 T_2 + \alpha_3 T_3 + \alpha_4 T_4 + \alpha_5 G_8 + \alpha_6 G_{18} + \alpha_7 G_3 + \alpha_8 G_{13} \\ T_{\text{DiffLFit}} = \beta_1 T_1 + \beta_2 T_2 + \beta_3 T_3 + \beta_4 T_4 + \beta_5 G_8 + \beta_6 G_{18} + \beta_7 G_3 + \beta_8 G_{13} \\ T_{\text{DiffTFit}} = \gamma_1 T_1 + \gamma_2 T_2 + \gamma_3 T_3 + \gamma_4 T_4 + \gamma_5 G_8 + \gamma_6 G_{18} + \gamma_7 G_3 + \gamma_8 G_{13} \end{cases}$$

(4.5-2)

式中:T_{AveFit}、T_{DiffVFit} 和 T_{DiffTFit}——主塔平均温度、纵向温差和横向温差的拟合值;

T_1、T_2、T_3 和 T_4——主塔塔柱截面测点 1、2、3 和 4 的测量值;

α、β 和 γ——线性拟合系数。

对于斜拉索,由于钢丝的导热率较高,斜拉索内核的温度分布基本是均匀的,因此其主要温度特征值为平均温度 C_{Ave}。忽略不同斜拉索的平均温度的差异,其拟真值采用四根实体单元模拟的斜拉索中心节点温度结果的平均值。由于斜拉索上没有安装温度计,因此其温度作用简化模型由南塔柱内部的四个温度测点和主梁的四个温度测点的温度测量值组成,并采用线性回归来确定系数。斜拉索温度作用简化模型表示如式(4.5-3)所示。夏季斜拉索的平均温度拟合结果如图 4.5-14c)所示,RMSE 为 0.90℃。

$$C_{\text{AveFit}} = \theta_1 T_1 + \theta_2 T_2 + \theta_3 T_3 + \theta_4 T_4 + \theta_5 G_8 + \theta_6 G_{18} + \theta_7 G_3 + \theta_8 G_{13}$$

(4.5-3)

式中:C_{AveFit}——斜拉索平均温度拟合值;

θ——线性拟合系数。

4.6 地震作用仿真技术

由于失相干效应、行波效应和局部场地效应的作用,地震场通常呈现出时空变异的特征。该特征具体表现为空间不同位置处的地震时程不一致。过去研究指出,这种时空变异地震场会增加大跨结构(如超长跨桥梁)的地震响应,对结构安全造成的不利影响。

由于在实际中不可能对大跨结构各处的地震时程进行监测,所以地震场重构技术成为对未监测处的地震时程进行模拟的一种有效的手段。根据在监测点处的模拟和监测地震时程是否一致,模拟算法可以分为无条件模拟和条件模拟。因为条件模拟算法既可以保证模拟地震时程符合地震场的空间变化特征,又使得监测点处的模拟和监测地震时程保持一致,所以在实际中更为常用。条件模拟算法的本质是对地震时程在频域上进行插值估计,所以需要已知地震场各处的自功率谱密度或者自演变功率谱密度函数以及空间相干模型。目前的条件模拟算法主要针对单一监测点并且场地均匀的情况,通过假定谱密度函数在空间上处处等于监测点的谱密度函数来实现。但是,实际的监测情况和场地条件更为复杂,具体表现为多点监测和场地空间差异大。港珠澳大桥所处的地震场重构条件正符合这种复杂情况。

基于上述问题,本研究将对经典的条件模拟算法进行拓展,使其适用于多点监测和非均匀地震场的情况,并且首次对港珠澳大桥这种超长跨海大桥的地震场进行重构。所提出的重构技术融合了克里金无偏估计算法和反距离权重插值算法,使其可用于少监测点条件下大空间尺度的地震场重构。本节将首先介绍所提出的地震场重构技术,然后简述港珠澳大桥地震仪布置情况以及对大桥所处地震场进行模拟。

4.6.1 地震场重构技术

时空变异地震场在数学上可视为三维多变量的非平稳随机过程。地震场模拟算法的推导和应用基于如下合理假定:①不考虑地震三个方向地震分量之间的相关性;②一个短时间窗口内的地震动可以近似为平稳随机过程;③地震相关参数与空间距离呈正相关。

首先,用若干个时间窗口将地震动时程进行分割,某一时间窗口内的地震动 $Y(t)$ 可以近似认为是平稳随机过程。对 $Y(t)$ 进行傅立叶级数展开:

$$Y(t) = \frac{A_1}{2} + \sum_{n=2}^{N}(A_n\cos\omega_n t + B_n\cos\omega_n t) \quad (4.6\text{-}1)$$

式中:N——展开阶数,根据 Nyquist-Shannon 采样定理,N 必须小于 $W/(2\Delta t)$;

W——窗口时长；

Δt——采样时间间隔；

A_n、B_n——相互独立的随机傅立叶系数，且均值为零，方差为 $2S(\omega_n)\Delta\omega$；

$S(\omega_n)$——功率谱密度。

引入空间相干模型 $\gamma^{jk}(\omega)$，可以对空间不同位置处的随机过程 $Y^j(t)$ 和 $Y^k(t)$ 的随机傅立叶系数的协方差进行计算：

$$C_n^{jk} = E(A_n^j A_n^k) = E(B_n^j B_n^k) = \frac{1}{2}\gamma^{jk}(\omega_n)\Delta\omega \sqrt{S^j(\omega_n)S^k(\omega_n)} \quad (4.6\text{-}2)$$

式中：j、k——空间位置索引。

对于一个空间地震场，假定它分别有 m_o 和 m_s 个观测和模拟地震动时程向量，可以分别表示为：

$$\boldsymbol{Y}^o(t) = [Y^{o,1}(t), Y^{o,2}(t), \cdots, Y^{o,m_o}(t)] \quad (4.6\text{-}3)$$

$$\boldsymbol{Y}^s(t) = [Y^{s,1}(t), Y^{s,2}(t), \cdots, Y^{s,m_o}(t)] \quad (4.6\text{-}4)$$

相应地，它们的随机傅立叶系数向量可以表示为：

$$\boldsymbol{F}^o = [(\boldsymbol{F}^{o,1})^T, (\boldsymbol{F}^{o,2})^T, \cdots, (\boldsymbol{F}^{o,m_o})^T]^T \quad (4.6\text{-}5)$$

$$\boldsymbol{F}^s = [(\boldsymbol{F}^{s,1})^T, (\boldsymbol{F}^{s,2})^T, \cdots, (\boldsymbol{F}^{s,m_s})^T]^T \quad (4.6\text{-}6)$$

$$\boldsymbol{F}^{o,j} = [A_1^{o,j}, A_2^{o,j}, \cdots, A_N^{o,j}, B_1^{o,j}, B_2^{o,j}, \cdots, B_N^{o,j}]^T \quad (j=1,2,\cdots,m_o)$$
$$(4.6\text{-}7)$$

$$\boldsymbol{F}^{s,k} = [A_1^{s,k}, A_2^{s,k}, \cdots, A_N^{s,k}, B_1^{s,k}, B_2^{s,k}, \cdots, B_N^{s,k}]^T \quad (j=1,2,\cdots,m_s)$$
$$(4.6\text{-}8)$$

例如，$A_{20}^{o,5}$ 和 $B_{20}^{o,5}$ 代表第 5 个观测地震动时程的第 20 阶随机傅立叶系数；$A_{25}^{s,10}$ 和 $B_{25}^{s,10}$ 代表第 10 个模拟地震动时程的第 25 阶随机傅立叶系数。

随机傅立叶系数的协方差矩阵 $\boldsymbol{C}$ 可以表示为：

$$\boldsymbol{C} = \begin{bmatrix} \boldsymbol{C}_{F^oF^o} & \boldsymbol{C}_{F^oF^s} \\ \boldsymbol{C}_{F^sF^o} & \boldsymbol{C}_{F^sF^s} \end{bmatrix} \quad (4.6\text{-}9)$$

协方差矩阵 $\boldsymbol{C}$ 内的所有系数可以通过式(4.6-2)计算所得。由式(4.6-2)可知，在计算这些系数时，需已知地震场内所有位置处的功率谱密度。在过去的研究中，通常认为地震场内所有位置处的功率谱密度函数均一致且等于某一特定监测位置处的功率谱密度函数。上述假定在小空间均匀场地条件下能够达到理想的模拟精度，但是在大空间非均匀场地条件下会有较大的模拟误差。为解

决这一问题,本研究采用反距离权重插值算法对功率谱密度进行估计:

$$S^{s,k}(\omega) = \frac{\sum_{j=1}^{m_o} \frac{1}{d_{jk}^2} S^{o,j}(\omega)}{\sum_{j=1}^{m_o} \frac{1}{d_{jk}^2}} \quad (4.6\text{-}10)$$

式中:d_{jk}——第j个观测点和第k个模拟点在空间上的距离;

$S^{o,j}(\omega)$——$Y^{o,j}(t)$的功率谱密度($j=1,2,\cdots,m_o$);

$S^{s,k}(\omega)$——$Y^{s,k}(t)$的功率谱密度($k=1,2,\cdots,m_s$);

通过式(4.6-10),可获得整个地震场内所有位置地震动的功率谱密度,再根据式(4.6-2),就可以计算出随机傅立叶系数的协方差矩阵C。从而获得了经典克里金估计所需的所有变量。

定义$\boldsymbol{y}^o(t)$和$\boldsymbol{y}^s(t)$分别为观测和模拟地震动时程向量样本,同时$\boldsymbol{f}^o$和$\boldsymbol{f}^s$分别为相对应的随机傅立叶系数向量样本。基于克里金估计的条件模拟算法的基本原理是根据随机傅立叶系数的协方差矩阵C和观测地震动时程的随机傅立叶系数向量$\boldsymbol{f}^o$,对模拟地震动时程的随机傅立叶系数向量$\boldsymbol{f}^s$进行无偏估计。数学上可以表示为:

$$\hat{\boldsymbol{f}}^s = \boldsymbol{C}_{F^oF^s}^T \boldsymbol{C}_{F^oF^o}^{-1} \boldsymbol{f}^o - \boldsymbol{C}_{F^oF^s}^T \boldsymbol{C}_{F^oF^o}^{-1} \tilde{\boldsymbol{f}}^o + \tilde{\boldsymbol{f}}^s \quad (4.6\text{-}11)$$

式中:$\hat{\boldsymbol{f}}^s$——$\boldsymbol{f}^s$的无偏估计;

$\tilde{\boldsymbol{f}}^o,\tilde{\boldsymbol{f}}^s$——基于无条件模拟的随机傅立叶系数向量样本。

$\tilde{\boldsymbol{f}}^o$和$\tilde{\boldsymbol{f}}^s$是通过无条件模拟所得的随机傅立叶系数向量样本,可以通过下式计算:

$$\begin{Bmatrix} \tilde{\boldsymbol{f}}^o \\ \tilde{\boldsymbol{f}}^s \end{Bmatrix} = \boldsymbol{L} \cdot \boldsymbol{u} \quad (4.6\text{-}12)$$

式中:$\boldsymbol{L}$——Cholesky 分解矩阵,有$\boldsymbol{L}\boldsymbol{L}^T = \boldsymbol{C}$;

$\boldsymbol{u}$——正态分布的一组样本实现。

最后,对估计的随机傅立叶系数向量$\hat{\boldsymbol{f}}^s$使用逆傅立叶变化则可得到模拟地震动时程向量样本$\boldsymbol{y}^s(t)$。

通过以上计算,完成了对某一时间窗口内的模拟平稳地震动时程样本

$y_{(i)}^{s,k}(t)$ 的生成,其中,下标(i)为时间窗口索引,代表第 i 个时间窗口的时程样本。为了获得整个时间段内非平稳地震动时程样本 $z^{s,k}(t)$,则需要将所有分割窗口进行拼接。本研究中采用将拼接节点前后部分时间内数据点线性组合的方式保证了非平稳地震动的空间相关性不受到影响。最终,非平稳地震动时程样本可通过下式计算:

$$z^{s,k}(t_l) = \begin{cases} y_{(i)}^{s,k}(t_l) & (l < n_f - n_v) \\ w(n_f - l)y_{(i)}^{s,k}(t_l) + [1 - w(n_f - l)]y_{(i+1)}^{s,k}(t_l) & (n_f - n_v < l < n_f + n_v) \\ y_{(i+1)}^{s,k}(t_l) & (l > n_f + n_v) \end{cases}$$

(4.6-13)

式中: $y_{(i)}^{s,k}(t)$ ——第 i 个时间窗口的时程,时间范围是 $[(n_f - K_w + 1)\Delta t, n_f \Delta t]$;

$y_{(i+1)}^{s,k}(t)$ ——第 $i+1$ 个时间窗口的时程,时间范围是 $[(n_f + 1)\Delta t, (n_f + K_w)\Delta t]$;

K_w ——窗口内的数据点长度;

$w(j)$ ——在 $[-n_f, n_f]$ 内线性变化的权重函数,有 $w(-n_v) = 0$ 和 $w(n_v) = 1$。

4.6.2 桥梁地震作用模拟

港珠澳大桥项目健康监测系统共布置 12 处强震记录仪,其中 7 处布置在桥梁区域,5 处布置在隧道区域。7 处桥梁监测点分别位于青州桥两个主塔塔底承台处、江海桥三个主塔塔底承台处和九洲桥两个主塔塔底承台处。具体布置情况如图 4.6-1 所示。基于该 7 处强震记录仪所监测地震数据,采用所提出的地震场重构技术对港珠澳大桥全桥区域内的时空变异地震场进行模拟。

在 2019 年 10 月 12 日 5.2 级广西玉林地震期间,健康监测系统监测到了明显的地震动数据。强震记录仪记录下了全桥 12 处三向地震时程数据,图 4.6-2 展示了部分监测点的地震时程图,分别为青州桥主塔(珠海侧)处南北向,江海桥中塔处南北向和九洲桥主塔(香港侧)南北向地震时程。可以发现地震时程在空间上差异大,失相干效应、行波效应和场地效应明显。如果不考虑地震的空间变异性而使用一致地震动的话,会对桥梁结构的响应计算和抗震分析造成较大误差。

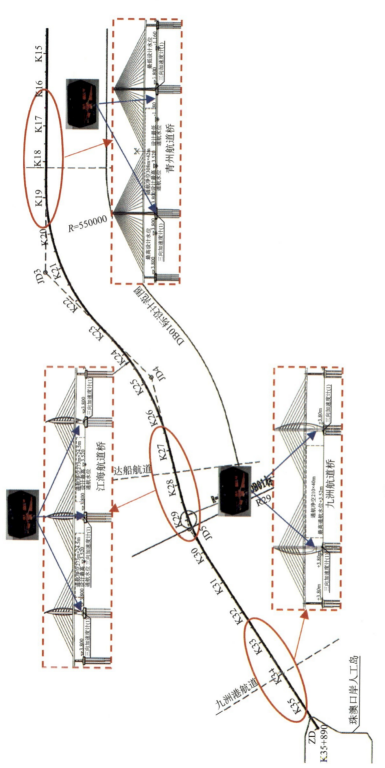

图 4.6-1 强震记录仪沿全桥布置情况

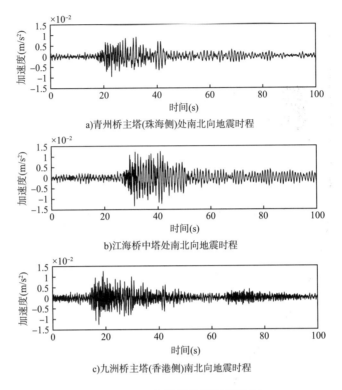

图 4.6-2 玉林地震监测时程数据

所以,有必要对其余桥墩处地震时程进行模拟,为后续的响应计算提供数据支持。为了能较好地反映地震的非平稳特性同时保证计算效率,地震动时程分割窗口长度设为 200 个数据点。相干模型采用 Harichandran-Vanmarcke 模型,表达式如下:

$$\gamma^{jk}(\omega) = A\exp\left[-\frac{2d_{jk}}{\alpha\theta(\omega)}(1-A+\alpha A)\right] + (1-A)\exp\left[-\frac{2d_{jk}}{\alpha\theta(\omega)}(1-A+\alpha A)\right]$$

(4.6-14)

在上式中:有 $\theta(\omega) = k[1+(\omega/\omega_0)^b]^{-1/2}$,$\omega_0 = 2\pi f_0$;且相关模型参数可以基于相关研究设定为 $A = 0.736$,$\alpha = 0.147$,$k = 5210$,$f_0 = 1.09$ 和 $b = 2.78$,在实测数据充足的情况下,也可对这些数据进行回归。

本研究在基于仅有的 7 处桥梁监测数据条件下,对全桥 209 个桥墩处的地震动时程进行精确模拟,部分关键位置处的模拟地震时程如图 4.6-3 所示。该模拟地震时程数据可作为后续桥梁结构的地震响应计算与分析的数据输入。

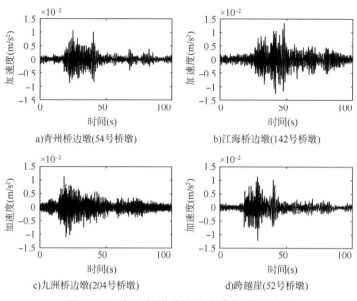

图 4.6-3 部分桥墩处南北向模拟地震时程

4.7 本章小结

结合监测数据以及既有的相关理论,本章实现针对港珠澳大桥的风、波浪、车辆、温度、地震作用重构。风荷载方面,采用经典谐波合成法针对青州航道桥开展良态/台风场模拟,并将风场转变为静风荷载、抖振荷载和自激荷载。波浪荷载方面,基于水文监测数据与随机波浪理论模拟青州航道桥桥位处波浪场,设计模型试验探究群桩与承台间荷载干扰效应,融合水文要素与荷载理论完成青州航道桥下部结构波浪荷载模拟。交通荷载方面,利用视频、雷达、WIM 系统等多源异构数据,开展了港珠澳大桥交通荷载的重构;同时,对交通荷载历史数据进行了统计分析,掌握了港珠澳大桥交通荷载的基本特性,利用智能推演模型实现了正常随机车流以及异常事故导致的密集随机车流的精细化模拟。温度作用仿真方面,基于传感器获取的温度数据,对青州航道桥主梁、桥塔、斜拉索进行温度场模拟。地震作用仿真方面,基于玉林地震传感器获取的加速度时程监测数据,对青州航道桥、九洲航道桥、江海直达船航道桥等进行地震加速度时程模拟。

CHAPTER 5 | 第 5 章

跨海桥梁服役状态
智能仿真技术

5.1 概述

作为跨海桥梁的代表工程,港珠澳大桥在运维阶段长期处于车辆、风、温度、波浪、洋流、地震等多荷载耦合场共同作用的状态。准确模拟港珠澳大桥在多荷载场耦合作用下的桥梁运行状态,是实现桥梁正向评估的核心,也是建立数字大桥的关键。三维几何重构技术为数字大桥赋予外壳,桥梁服役状态智能仿真为数字大桥赋予内核。

因此,本章在第4章实现跨海桥梁荷载场重构的基础上,从流-固耦合、固-固耦合等角度逐步建立各荷载场间的耦合关系,形成跨海桥梁最不利荷载组合,研发多场耦合作用下桥梁结构仿真分析系统,并在上述过程借助人工智能算法实现力学、数学模型重复更新、反馈及自适应调整,为形成融合大数据协同互联互通的跨海桥梁实时在线评估及分级预警技术提供准确的评估样本,对提高跨海桥梁安全性和耐久性,控制灾害性破坏的发生,不但具有十分重要的理论价值和现实意义,更具有明确的应用前景。

5.2 荷载耦合关系

跨海桥梁运维过程中需要考虑多种荷载耦合关系,其中最主要的是风浪耦合和风车耦合。风浪耦合是指桥梁结构受到风力和波浪力的共同作用,导致桥梁产生振动或变形。风车耦合是指斜风与车辆之间的相互影响,包括风对车辆的侧向作用等。这两种荷载耦合关系都会影响桥梁的安全性和耐久性与行车的安全性,因此需要对其进行精确的分析和控制。

5.2.1 风浪耦合关系

跨海桥梁所处区域地形复杂,岛礁密布,桥址区的风场和波浪场受地形的影响大。同时大跨度桥梁跨度长、主梁刚度较小,因此强风浪作用下动力响应显著,明确合理的风浪相关关系以及风浪荷载的组合方法有利于准确评估海洋桥梁的动力性能,进而指导工程设计。风浪联合作用的理论研究多是基于风浪实测数据的概率统计研究,通过建立联合分布模型将风浪要素联系起来。目前海洋工程中常用的概率模型主要有条件联合分布模型、传统联合分布模型、Nataf变换和Copula函数。其中,与其他联合分布模型相比,Copula函数优势在于将边缘分布和相关关系分开考虑,且不要求变量服从同类边缘分布,灵活多样的相关关系使其广泛应用于风浪问题的研究中。

1) 风浪确定性关系

对于风速和波高、风速和周期之间的关系,各国结合不同海域的实际情况,给出了确定性的关系式。我国《水文规范》第7.2.2条提出了适用于浅水区风浪关系的计算方法,该方法比较了西方国家常用的Bretschneider方法和苏联的方法后,提出了如式(5.2-1)~式(5.2-4)所示的浅水区风浪要素计算方法。

$$\frac{gH_{\frac{1}{3}}}{U^2} = 0.0055 \left(\frac{gF}{U^2}\right)^{0.35} \tanh\left[30 \frac{\left(\frac{gd}{U^2}\right)^{0.8}}{\left(\frac{gF}{U^2}\right)^{0.35}}\right] \quad (5.2\text{-}1)$$

$$\frac{gT_s}{U^2} = 0.55 \left(\frac{gF}{U^2}\right)^{0.233} \tanh^{\frac{2}{3}}\left[30 \frac{\left(\frac{gd}{U^2}\right)^{0.8}}{\left(\frac{gF}{U^2}\right)^{0.35}}\right] \quad (5.2\text{-}2)$$

$$\frac{gF}{U^2} = 0.012 \left(\frac{gt}{U^2}\right)^{1.3} \tanh^{1.3}\left(1.4 \frac{2\pi d}{L}\right) \quad (5.2\text{-}3)$$

$$\frac{gH_{\frac{1}{3}}}{U^2} = 0.0135 \left(\frac{gT_s}{U^2}\right)^{1.5} \quad (5.2\text{-}4)$$

式中:$H_{\frac{1}{3}}$——有效波波高(m);

g——重力加速度;

U——海面上10m高度处的平均风速;

F——风区(m);

d——水深(m);

T_s——有效波周期(s);

t——风时(s);

L——波长(m)。

美国海岸防护手册提出了 SMB 法,其风浪关系见式(5.2-5)、式(5.2-6)。

$$\frac{g\overline{H}}{U^2} = 0.177\tanh\left[0.530\left(\frac{gd}{U^2}\right)^{0.75}\right]\tanh\left\{\frac{0.0125\left(\frac{gF}{U^2}\right)^{0.42}}{\tanh\left[0.530\left(\frac{gd}{U^2}\right)^{0.75}\right]}\right\} \quad (5.2\text{-}5)$$

$$\frac{g\overline{T}}{U^2} = 6.854\tanh\left[0.833\left(\frac{gd}{U^2}\right)^{0.375}\right]\tanh\left\{\frac{0.077\left(\frac{gF}{U^2}\right)^{0.25}}{\tanh\left[0.833\left(\frac{gd}{U^2}\right)^{0.375}\right]}\right\} \quad (5.2\text{-}6)$$

式中:$\overline{H}$——平均波高(m);

$\overline{T}$——平均波周期(s)。

日本港口设施技术标准及说明也提出了一种计算方法(简称井岛法),风浪关系见式(5.2-7)、式(5.2-8)。

$$\frac{g\overline{H}}{U^2} = 0.163\tanh\left[0.578\left(\frac{gd}{U^2}\right)^{0.75}\right]\tanh\left\{\frac{0.01\left(\frac{gF}{U^2}\right)^{0.42}}{\tanh\left[0.578\left(\frac{gd}{U^2}\right)^{0.75}\right]}\right\} \quad (5.2\text{-}7)$$

$$\frac{g\overline{T}}{U^2} = 8.00\tanh\left[0.520\left(\frac{gd}{U^2}\right)^{0.375}\right]\tanh\left\{\frac{0.0436\left(\frac{gF}{U^2}\right)^{0.33}}{\tanh\left[0.520\left(\frac{gd}{U^2}\right)^{0.375}\right]}\right\} \quad (5.2\text{-}8)$$

以上公式均为半经验半理论的计算公式,将某跨海大桥桥址区附近实测数据与以上列出的规范公式进行了对比,结果如图 5.2-1 所示。

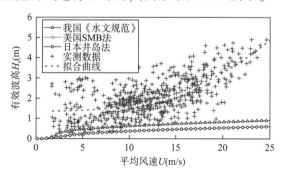

图 5.2-1 风速波高关系实测值与规范值的对比

由图 5.2-1 可知,在同一风速下,我国规范所推测的有效波高高于美国 SMB 法,日本井岛法推测值最低。但是实测风浪值远高于规范所规定的限值,而随着平均风速的增大,有效波高的实测值与规范推算值差异逐渐增大,这说明规范所规定的风浪相关关系不适用于该桥海域。究其原因为规范关系是基于开阔水域监测统计而获得的,而实际海域地形复杂、岛屿密集,波浪折射、破碎效应显著。综上可知,确定性的风浪关系无法考虑风浪的随机性,且各国规范所规定的限制均小于实测值,这就造成设计者低估了桥址区风浪环境对工程的影响,进而影响了工程设计。为了更准确地评估桥址区风浪相关性,有必要提出一种更合理的风浪相关性模型。

2)风浪联合分布模型与荷载组合

风生浪是一个复杂的运动过程,风浪运动过程中的相互耦合问题是一个难点问题,必须对气液两相的黏性、气液交界面相互剪力作用等问题进行合理设定,通过建立联合分布模型将风浪要素联系起来。

(1)最优 Copula 函数

Copula 函数类型丰富,形式灵活,可以在不考虑边缘分布的情况下模拟随机变量之间的线性和非线性关系,且不要求变量服从同类边缘分布。如此鲜明的特点使其在风浪关系的描述中大放异彩。

由于基于 Copula 函数构造的联合概率模型是由 Copula 函数和边缘分布共同组成,不同的边缘分布函数和多样的 Copula 函数使得构造出的联合分布多种多样。在风浪相关性分析中,为了获得精度最高的模型,需要寻找最优的 Copula 函数来构造联合概率分布模型。最优的 Copula 函数应具备的特点主要有两个,一是 u_i 能准确描述变量 X_i 的边缘分布特性,二是相关参数 θ 能准确地描述变量间的相关关系。

目前常用的最优 Copula 函数评价准则为赤池信息量准则(Akaike Information Criterion,简称 AIC 准则)。AIC 准则是基于 Copula 函数参数估计的原理建立的,其表达式如下:

$$\text{AIC} = -2 \times \ln(\overline{L}) + 2 \times q \tag{5.2-9}$$

式中:L——Copula 函数的极大似然函数估计值;

q——Copula 函数的参数数目。

当 AIC 值最小时,其对应的 Copula 函数为最优 Copula 函数。研究表明,当随机变量的统计样本较大时,AIC 准则仍具有较高的可信度和计算效率。需要注意的是,L 的计算涉及 Copula 函数的密度函数,若被选 Copula 函数的密度函数无显式表达式或形式非常复杂时,AIC 准则的应用也将出现困难。

(2)边缘分布模型

在确定桥址区风浪联合分布模型之前,需要事先确定各变量的边缘分布。风浪联合研究中常用的边缘分布模型主要有 Gumbel 分布、Weibull 分布、Gamma 分布和 Lognormal 分布等,式(5.2-10)~式(5.2-13)分别为上述分布的概率密度函数。对于 Gumbel 分布,其特点在于中部数据拟合较好,尾部数据拟合偏大。对于 Weibull 分布,存在二参数和三参数两种形式,其特点在于尾部数据拟合较好。对于 Gamma 分布,其特点在于尾部数据拟合较 Gumbel 分布小,而比 Weibull 分布大。对数正态分布,即 Lognormal 分布,属于一种偏态分布。

Gumbel 分布:

$$f(x|\mu,\sigma) = \sigma^{-1}\exp\left(\frac{x-\mu}{\sigma}\right)\exp\left[-\exp\left(\frac{x-\mu}{\sigma}\right)\right] \quad (5.2\text{-}10)$$

Weibull 分布:

$$f(x|k,\lambda) = \frac{k}{\lambda}\left(\frac{x}{\lambda}\right)^{k-1}\exp\left[-\left(\frac{x}{\lambda}\right)^{k}\right] \quad (5.2\text{-}11)$$

Gamma 分布:

$$f(x|a,b) = \frac{1}{b^{a}\Gamma(a)}x^{a-1}\exp\left(-\frac{x}{b}\right) \quad (5.2\text{-}12)$$

Lognormal 分布:

$$f(x|\mu,\sigma) = \frac{1}{x\sigma\sqrt{2\pi}}x^{a-1}\exp\left[-\frac{(\ln x-\mu)}{2\sigma^{2}}\right] \quad (5.2\text{-}13)$$

式中:μ,σ——随机变量 X 的 Gumbel 分布的位置参数和尺度参数以及 Lognormal 分布的形状参数和尺度参数;

k,λ——随机变量 X 的二参数的 Weibull 分布的估计参数;

a,b——随机变量 X 的 Gamma 分布的估计参数。

为了判断样本是否符合该分布模型,进行边缘分布拟合 Kolmogorov-Smirnov(K-S)检验。取显著水平 $\alpha=0.05$,对于不同的数据总量 n,查表可知 K-S 检验的临界值 $D_n(0.05)$,若观测值小于临界值,则不拒绝原假设 H_0,即认为样本满足该分布。风浪组合的长期推测是桥梁初步设计中的一项必要工作。海洋桥梁的设计期一般为 100 年,其风浪荷载的最高设计期一般为 100 年一遇,而港珠澳大桥达到了 300 年一遇。由于实测资料的缺乏,一般附近海域仅有 10~30 年的有效数据,如何根据现有风浪数据去更准确地推测长期的风浪组合已成为目前的一项研究热点。

桥址区的平均风速、有效波高和有效波周期的边缘分布并不服从同类边缘分布,不同变量的边缘分布跟实测数据有关。对于海洋浮标测得的长期数据,平均风速和有效波高更适宜采用 Lognormal 分布描述,而有效波周期更适宜采用 Gamma 分布。对于基于 R-LOS 法改进的长期数据,平均风速的最优边缘分布模型为 Weibull 模型,而有效波周期和有效波高的最优边缘分布模型为 Gamma 模型。对于桥位处采集的短期风浪数据,台风期平均风速的最优边缘分布模型为 Weibull 模型,而有效波周期和有效波高的最优。

(3)联合概率模型

在边缘分布确定之后,需要通过 Copula 函数建立变量之间的相关关系,进而确定联合概率分布模型。为选择最优的 Copula 函数,下面将采用 4 种常用的 Copula 函数(Gumbel Copula,Clayton Copula,Frank Copula 和 Gaussian Copula)去评估平均风速-有效波高和有效波高-有效波周期之间的相关关系。

表 5.2-1 列出了上述 4 种不同 Copula 函数在两种风浪组合下的相关系数和 AIC 指标,相关系数根据极大似然法计算,而 AIC 指标根据 AIC 准则计算,AIC 值越小则模型拟合优度越好。在 (H_s, U) 组合中,Gumbel Copula 函数有最小 AIC 值 40.67,说明 Gumbel Copula 函数最适宜去描述 (H_s, U) 组合的相关性。在 (T_p, H_s) 组合中,Gaussian Copula 函数有最小 AIC 值 28.63,说明 Gaussian Copula 函数最适宜去描述 (T_p, H_s) 组合的相关性。

基于年极值推测的 Copula 函数评估 表 5.2-1

风浪组合	Copula 函数	相关系数 θ	AIC
(H_s, U)	Gumbel Copula	1.533	40.67*
	Clayton Copula	0.383	43.12
	Frank Copula	2.112	41.08
	Gaussian Copula	1.401	41.65

续上表

风浪组合	Copula 函数	相关系数 θ	AIC
(T_p, H_s)	Gumbel Copula	3.185	34.13
	Clayton Copula	2.243	30.40
	Frank Copula	9.868	29.70
	Gaussian Copula	4.647	28.63*

注：*表示最小的 AIC 值，即最优 Copula 函数。

在确定风浪联合分布模型之后，就可以进一步计算风浪联合重现期。对于单变量分布，其分布函数 $F(x)$ 和概率 P 的关系为

$$F(x) = 1 - P \tag{5.2-14}$$

重现期 T_x 与概率 P 的关系为

$$T_x = \frac{1}{P} \tag{5.2-15}$$

对于双变量联合分布，假设随机变量 X 和 Y 的联合累积分布函数为 $F(x,y)$，联合重现期为 $T(x,y)$，当 $(X>x, Y>y$，或 $X>x$ 且 $Y>y)$ 时，联合累积分布函数和联合重现期的关系为

$$T(x,y) = \frac{1}{1 - F(x,y)} \tag{5.2-16}$$

当 $(X>x$ 且 $Y>y)$ 时，联合累积分布函数和联合重现期的关系为

$$T(x,y) = \frac{1}{1 - F(x) - F(y) + F(x,y)} \tag{5.2-17}$$

图 5.2-2 展示了平均风速和有效波高的联合累积分布函数和联合重现期等值线，联合累积分布函数为递增函数，最大值为 1。联合重现期等值线为重现概率相同的风浪组合所组成的曲线，图 5.2-2b) 给出了联合重现期分别为 10 年、20 年、30 年、50 年和 100 年时的重现期等值线，每一条等值线上的风浪组合均为该重现期下可能发生的风浪组合，当等值线上的某一点联合概率密度最大时，即认为该点所对应的平均风速和有效波高为这一重现期下最可能出现的组合。

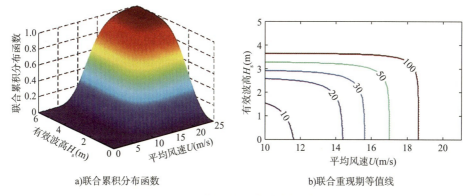

a) 联合累积分布函数　　　　　b) 联合重现期等值线

图 5.2-2　风速-波高联合概率分布

表 5.2-2 给出了单变量和双变量情况下的 5 种不同重现期的设计值,其中双变量情况下设计值为最可能的风浪组合。当重现期分别为 100 年、50 年、30 年、20 年和 10 年时,不考虑风浪联合分布较考虑风浪联合分布时的平均风速分别增加了 2.7%、3.6%、3.3%、2.8% 和 4.5%。不考虑风浪联合分布较考虑风浪联合分布时的有效波高分别增加了 19.4%、17.9%、30.4%、50.0% 和 72.7%。可以看出,双变量情况下风速和波高的取值均较单变量情况明显下降。对于单变量下 100 年一遇的风速和波高同时发生的概率为 0.01%,相当于风浪联合分布时 1700 年一遇的水平。因此,仅采用单变量风浪极值进行组合会严重高估实际风浪极值。

平均风速和有效波高的重现期设计值　　　　表 5.2-2

重现期 $T(a)$	单变量			双变量		
	$U(m/s)$	$H_s(m)$	概率	$U(m/s)$	$H_s(m)$	联合概率
100	18.8	3.7	0.01%	18.3	3.1	0.17%
50	17.1	3.3	0.03%	16.5	2.8	0.33%
30	14.7	3.0	0.05%	14.2	2.3	0.56%
20	14.5	2.7	0.07%	14.1	1.8	0.83%
10	11.7	1.9	0.13%	11.2	1.1	1.67%

较不考虑风浪联合分布所确定的参数而言,考虑风浪联合分布后,风、浪参数略有降低。应该注意到的是,虽然单个因素的设计参数略有降低,但是叠加另一个因素后,结构的动力响应可能更为不利。

长、短期风浪联合分布模型结果表明,基于 Copula 函数的风浪联合分布模型可以较好地描述桥址区实际风浪分布关系,风浪之间存在强相关性,强风巨浪不宜分开考虑,需要同时考虑风浪对桥梁的作用。

(4)风浪场联合模拟及荷载组合

风、浪、流荷载是海洋桥梁主要的环境荷载,对于风、浪、流极值荷载之间的组合,采用了结构安全度联合委员会(The Joint Committee on Structural Safety, JCSS)所推荐的一种近似的荷载效应组合概率模型:JCSS 组合模型。JCSS 组合是《结构统一标准规范的国际体系》第一卷中推荐的一种近似的荷载组合模型,将其引入桥梁风浪流荷载的组合效应问题中,是与采用基本变量概率分布类型的一次二阶矩方法分析结构可靠度相适应的。

主要荷载设计基准期取为 T_z 年,将其他参与荷载在设计基准期内等分为 n 段,每一时段为 T_i 年。根据 JCSS 原理,当一种荷载在设计基准期内取最大荷载时,其他参与组合的荷载仅在该最大荷载的持续时段内取相对最大荷载,因此典型的风、浪、流组合如表 5.2-3 所示。表中 3 种工况分别取风、浪、流作为主要荷载进行组合,每种荷载采用一种可以表示其强度的变量表示,即分别采用 10min 平均风速(简称平均风速)、有效波高和设计流速表示。

设计基准期内极值风浪流组合　　　　表 5.2-3

工况	风	浪	流
1	T_z 年	T_i 年	T_i 年
2	T_i 年	T_z 年	T_i 年
3	T_i 年	T_i 年	T_z 年

风、浪荷载的计算方法已在前文说明,这里主要介绍水流荷载的计算方法,对于水流场,设计流速 v 由风海流流速 v_u 和潮流可能最大流速 v_t 的线性叠加而成,其中潮流可能最大流速根据桥址区海域实测资料获得,风海流流速公式可表示为

$$v_u = KU_{10} \tag{5.2-18}$$

许多学者认为水流可以看作是稳定流动的,故水平水流力 F_w 计算公式如下

$$F_w = \frac{1}{2}\rho A C_w (v_t + v_u)^2 \tag{5.2-19}$$

式中:K——取值范围 $0.024 \leq K \leq 0.030$ 的系数;

C_w——水流阻力系数,根据《港口工程荷载规范》(JTS 144-1—2010),圆形断面取为 0.73,矩形断面根据长宽比不同取值。

3) 风浪联合作用效应模拟

包括基础在内,海中桥塔结构的上部塔柱承受风荷载作用,下部基础则承受波浪和流的作用,如图 5.2-3 所示。在直观上认识风、浪、流等荷载在桥塔结构上的作用力大小有助于跨海桥梁的设计工作。为此分别计算风、浪、流在桥塔结构上的静荷载作用力,包括作用水平力及以海床面为基准的作用力矩。

(1) 随机风浪场同步模拟

实际情况下,对于海洋结构,风浪为同步作用。在分析风浪耦合作用下海洋结构的动力特性时,随机风场和随机波浪应保持同步,包括作用时长和时间步长。目前在大量海洋结构风浪耦合作用分析中,随机风场和随机波浪均独立模拟。由于脉动风速和随机波浪的频率分布范围不同,单独模拟可能导致二者的频率区间、频率区间离散、时间步长以及模拟时长不同,从而难以实现随机风场和随机波浪的同步模拟。

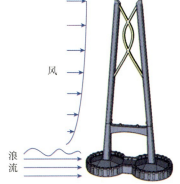

图 5.2-3　桥塔结构风、浪、流作用模式

图 5.2-4 为脉动风速谱(Ochi 谱)与随机波浪谱(JONSWAP 谱)的谱值 S 与频率 f 对应关系的对比图,此时平均风速 $U_{10}=49\text{m/s}$,高度 $z=10\text{m}$,摩擦风速 $u^*=3.09\text{m/s}$,海面粗糙长度 $z_0=0.0176\text{m}$,有效波高 $H_s=11\text{m}$,有效周期 $T_s=9.6\text{m}$,谱峰因子 $\gamma_\eta=3.3$。由图 5.2-4 可知,在上述条件下,脉动风速谱的频率分布范围为 $0\sim1.0\text{Hz}$,谱峰频率为 0.03Hz,随机波浪谱的频率分布范围为 $0.06\sim0.23\text{Hz}$,谱峰频率为 0.10Hz,二者频率分布特性存在较大的差异。

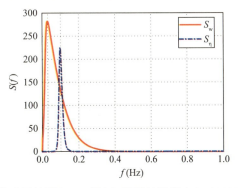

图 5.2-4　脉动风速谱(Ochi 谱)与随机波浪谱(JONSWAP 谱)的对比

采用谐波合成法完成随机风场和随机波浪同步模拟时,首先需要确定由脉动风速谱和随机波浪谱组成的能量谱矩阵 $S_{u\eta}$。

$$S_{u\eta}(f) = \begin{bmatrix} S_{u_{11}}(f) & \cdots & S_{u_{1n}}(f) & \\ \vdots & \ddots & \vdots & \\ S_{u_{n1}}(f) & \cdots & S_{u_{nn}}(f) & \\ & & & S_{\eta}(f) \end{bmatrix} \qquad (5.2\text{-}20)$$

式中:n——随机风场离散点数;

$S_{u_{ij}}(f)$——脉动风速谱互谱,$S_{u_{ij}}(f) = \sqrt{S_{u_{ii}}(f) S_{u_{jj}}(f)}\, Coh(f)\,(i,j=1,\cdots,n;i \neq j)$。

根据图 5.2-4 中随机波浪谱的频率分布,在随机波浪单独模拟中频率区间为 [0.06 0.23]。显然该频率区间不能覆盖脉动风速谱的频率分布范围。因此在同步模拟中,为使频率区间同时覆盖脉动风速和随机波浪的频率分布范围,频率区间应根据脉动风速谱的频率分布特性来确定。

设频率区间中频率上限为 f_H,频率下限为 f_L。将频率区间离散为 N 个子区间,设第 i_N 个子区间的代表频率为 $\hat{f}_{i_N}$,频率步长为 $\Delta \hat{f}_{i_N} = \hat{f}_{i_N} - \hat{f}_{i_{N-1}}$。在随机风浪同步模拟中,若频率区间离散的数目较小(即 N 取值较小),对随机波浪而言,由于能量集中在谱峰附近,可能导致只有少数位于谱峰附近的正弦波对波能有贡献,随机波浪时程的模拟将出现较大误差。由于脉动风速谱的频率分布范围较大,适当地减少频率区间的离散不会使上述问题出现在随机风场的模拟中。因此在随机风浪同步模拟中,频率区间的离散应根据随机波浪谱的频率分布特性来设置。在随机波浪单独模拟中,频率区间离散的常用方法有等分频率法和等分能量法。采用等分频率法时,频率步长 $\Delta \hat{f}_{i_N}$ 为定值,根据代表频率 $\hat{f}_{i_N}$ 模拟的随机波面时程将以周期 $1/\Delta \hat{f}_{i_N}$ 重复出现,从而使随机波浪模拟出现较大的误差。等分能量法是在频域内将随机波浪谱的能量等分为 N 段,然后取各段的中值频率为代表频率 $\hat{f}_{i_N}$,能避免出现与等分频率法类似的误差,但代表频率 $\hat{f}_{i_N}$ 的计算较为复杂。为了直接简单地计算代表频率 $\hat{f}_{i_N}$,涂志斌[4]在等分频率法的基础上提出改进的等分频率法。在改进的等分频率法中,频率区间仍然等间距地离散为 N

个子区间,在第 i_N 个子区间 $(f_{i_N},f_{i_{N+1}})$ 中,代表频率 $\hat{f}_{i_N}$ 的计算步骤为:

①将子区间 $(f_{i_N},f_{i_{N+1}})$ 等间距地离散为 $\hat{N}$ 个频率点;

②在各频率点中随机选取频率点作为代表频率由计算步骤可知,根据改进的等分频率法得到的代表频率 $\hat{f}_{i_N}$ 不仅能避免随机波面时程以某周期重复出现,计算过程也十分简便。在本书中,子区间 $(f_{i_N},f_{i_{N+1}})$ 的离散点数 $\hat{N}=100$。

在随机风浪同步模拟中,频率区间根据脉动风速谱的频率分布特性确定及频率区间的离散根据随机波浪谱的频率分布特性设置会出现一个问题,即当代表频率 $\hat{f}_{i_N}$ 位于低频段或高频段时,$S_\eta(\hat{f}_{i_N}) \to 0$,这使得能量谱矩阵 $\boldsymbol{S}_{u\eta}(\hat{f}_{i_N})$ 为非正定矩阵,无法通过 Cholesky 分解。为了提高同步模拟算法的稳定性,当 $S_\eta(\hat{f}_{i_N}) \to 0$ 时,能量谱矩阵 $\boldsymbol{S}_{u\eta}(\hat{f}_{i_N})$ 需进行修正,修正方法为给 $\boldsymbol{S}_{u\eta}(\hat{f}_{i_N})$ 赋一个极小的值。一方面,能量谱矩阵 $\boldsymbol{S}_{u\eta}(\hat{f}_{i_N})$ 转变为正定矩阵,可直接通过 Cholesky 分解;另一方面,随机波浪的频谱特性只在低频和高频区域有极小的改变,在中间区域无改变,不会对随机波浪的模拟造成影响。这里认为当 $\boldsymbol{S}_{u\eta}(\hat{f}_{i_N})$ 时,$\boldsymbol{S}_{u\eta}(\hat{f}_{i_N}) = 0.0001$。

根据 Cholesky 分解,能量谱矩阵 $\boldsymbol{S}_{u\eta}(\hat{f}_{i_N})$ 可看作一个下三角矩阵 $\boldsymbol{H}(\hat{f}_i)$ 与其共轭转置矩阵 $\boldsymbol{H}^{T^*}(\hat{f}_i)$ 的乘积

$$\boldsymbol{S}_{u\eta}(\hat{f}_{i_N}) = \boldsymbol{H}(\hat{f}_{i_N})\boldsymbol{H}^{T^*}(\hat{f}_{i_N}) \tag{5.2-21}$$

$$\boldsymbol{H}(\hat{f}_{i_N}) = \begin{bmatrix} H_{u_{11}}(\hat{f}_{i_N}) & & & \\ \vdots & \ddots & & \\ H_{u_{n1}}(\hat{f}_{i_N}) & \cdots & H_{u_{nn}}(\hat{f}_{i_N}) & \\ 0 & \cdots & 0 & H_\eta(\hat{f}_{i_N}) \end{bmatrix} \tag{5.2-22}$$

根据谐波合成法并结合快速傅立叶变换(FFT)技术,模拟脉动风速或随机波面时程为

$$u_i(j\Delta t) \text{ 或 } \eta(j\Delta t) = \sqrt{2(2\pi\Delta f)}\,\text{Re}\left\{G_i(j\Delta t)\exp\left[ii\left(\frac{j\pi}{M}\right)\right]\right\}$$

$$(i = 1,\cdots,n+1; j = 0,1,\cdots,M-1) \qquad (5.2\text{-}23)$$

式中：M——时域离散点数；

Δt——时间步；

ii——虚数单位，$ii = \sqrt{-1}$。

根据快速傅立叶变换技术，$G_i(j\Delta t)$ 的表达式为

$$G_i(j\Delta t) = \sum_{m=0}^{M-1} B_i[m(2\pi\Delta f)]\exp\left(\frac{ii2\pi mj}{M}\right) \qquad (5.2\text{-}24)$$

$$B_i[m(2\pi\Delta f)] = \sum_{i_N}^{i} H_{ii_N}[m(2\pi\Delta f)]\exp(ii\varepsilon_{mi_N}) \qquad (5.2\text{-}25)$$

式中：ε_{mi_N} —— $-\pi \sim \pi$ 之间独立均匀分布的相位角。

$\Delta f = \hat{f}_{i_{N+1}} - \hat{f}_{i_N}$ ——可近似取 $\Delta f = f_{i_{N+1}} - f_{i_N}$。

(2) 非平稳风浪场模拟

平稳风场一般遵循各态历经或平稳随机过程的假设。然而，在极端环境（台风、飓风或热带气旋）下测得的风场可能不符合这一假设，而是呈现出非平稳趋势。由于在极端情况下，平均风速可能会发生变化，因此不再适合用稳定的平均值来描述。Vickery 等根据 90 多次全尺度飓风风速测量结果发现，一些台风的 10min 平均风速呈单峰分布，即平均风速先增大后减小。为了模拟非平稳脉动风的平均风速，需要将稳定的平均风速改写为时变平均风速。

$$U(z,t) = U(z)d_m(t) \qquad (5.2\text{-}26)$$

$$d_m(t) = \exp\left\{-\frac{(t-t_0)^2}{2D_t^2}\right\} \qquad (5.2\text{-}27)$$

式中：$U(z,t)$——高度 z 处的时变平均风速；

$d_m(t)$——时变函数；

t_0——风速到达最大值时的时间；

D_t——风暴持续时间。

模拟非平稳波浪场，在 Jonswap 谱中引入时变平均风速，将平稳波浪谱扩展以模拟非平稳波浪场。改进后的时变波谱的表达式如下

$$S(w,t) = \alpha_s(t)g^2 \frac{1}{w^5}\exp\left[-\frac{5}{4}(w_p-w)^4\right]r^{\exp[-(w-w_p)^2/2\sigma^2 w_p^2]}$$

(5.2-28)

式中：$\alpha_s(t)$——与时变平均风速有关的系数，$\alpha_s(t)=0.076[U(z,t)/Fg]^{0.22}$；

F——风区长度；

w_p——谱峰周期，$w_p=22[g^2/U(10,t)F]^{1/3}$；

r——谱峰因子，当 $w>w_p$ 时，$\sigma=0.09$；当 $w\leqslant w_p$ 时，$\sigma=0.07$。

在非平稳风场和波浪场的基础上研究非平稳风浪的影响。假定风荷载和波浪荷载是单向的，并且垂直于桥梁轴线。研究发现桥梁在非平稳风浪场中的响应比在非平稳风场或者波浪场中的响应更为显著，这说明了非平稳风浪场存在明显的风浪耦合效应。通过对桥塔、主梁和基础响应的对比，可以看出主梁和基础受非平稳风场和波场的影响较大，而桥塔受到的影响较小。为了更准确地评估桥梁的响应，有必要考虑非平稳风场和波浪场对桥梁响应的影响。

5.2.2 风车耦合关系

桥上车辆在运行过程中，所受风速为车速和风速的矢量合成，而由于车速和风速的多变性，使得合成风速极少维持在垂直于桥跨方向，斜风荷载亦是车辆承受的主要荷载。开展斜风荷载处理方法研究，构建考虑风偏角变化的风-车-桥分析系统，对斜风和随机车流联合作用下的桥梁响应分析和行车安全性评价具有重要意义。

1) 车辆斜风荷载

风-车耦合作用是影响行车安全性最直接的因素，也是风-车-桥耦合振动重要组成部分。作用在车辆上的风荷载由平均风和脉动风产生，脉动风速具有时变性，车辆的空间位置也是时变的，不同位置处甚至同一位置处不同时刻的脉动风速也不一定相同，因此，行驶在桥梁上的车辆所受的风荷载不仅是时间的函数，还是空间位置的函数。

(1) 桥梁斜风分解

假定桥梁受到平均风风向与桥跨方向夹角为 β 的斜风的作用，采用平均风分解理论,把斜风的平均风部分和脉动风部分分解到垂直(横桥向)、平行(顺桥向)于桥跨两个方向上,如图 5.2-5 所示,斜风分解后的平均风部分和脉动风部分分别为

$$\begin{cases} U_N(t) = [U_0 + u_0(t)]\sin\beta - v_0(t)|\cos\beta| \\ U_P(t) = [U_0 + u_0(t)]|\cos\beta| + v_0(t)\sin\beta \\ U = U_0\sin\beta \\ u(t) = u_0(t)\sin\beta - v_0(t)|\cos\beta| \\ v(t) = u_0(t)|\cos\beta| + v_0(t)\sin\beta \\ w(t) = w_0(t) \end{cases} \quad (5.2\text{-}29)$$

式中：$U_N(t), U_P(t)$——分解后横桥向和顺桥向风速;

β——平均风风向与桥跨方向夹角;

U_0——分解前的平均风速;

$u_0(t)$、$v_0(t)$ 和 $w_0(t)$——分解前的顺风向、横风向和竖向脉动风速;

U——分解后的平均风速;

$u(t)$、$v(t)$ 和 $w(t)$——分解后的顺风向、横风向和竖向脉动风速。

(2) 车辆风速合成

计算车辆风荷载时,首先要确定作用于车辆上的合成风速和合成角度,见图 5.2-6。

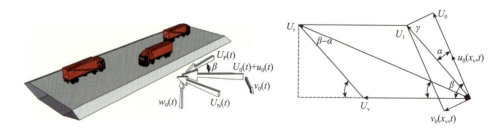

图 5.2-5　桥梁斜风分解　　　　图 5.2-6　车辆风速合成

假定车速为 U_v,平均风速为 U_0,作用于车体上的顺风向和横风向脉动风速分别为 $u_0(x_v,t)$ 和 $v_0(x_v,t)$,依据矢量合成法则,风速与车速的合成速度 U_r 和合成角度 ψ 为:

$$\begin{cases} U_1 = \sqrt{[U_0 + u_0(x_v,t)]^2 + [v_0(x_v,t)]^2} \\ \alpha = \arctan\left[\dfrac{v_0(x_v,t)}{U_0 + u_0(x_v,t)}\right] \\ U_r = \sqrt{[U_1\sin(\beta-\alpha)]^2 + [U_v + U_1\cos(\beta-\alpha)]^2} \\ \psi = \arcsin\left[\dfrac{U_1\sin(\beta-\alpha)}{U_r}\right] \end{cases} \tag{5.2-30}$$

式中：U_1——平均风和水平脉动风的合成风速；

α——U_1 与平均风 U_0 的夹角；

ψ——车辆合成风速与桥跨方向夹角；

x_v——车辆坐标。

由于车辆位置是时变的，作用在车辆上的脉动风速应与作用在该处桥面的脉动风速一致。因此，在 t 时可根据车辆位置采用线性插值方法确定桥上车辆的脉动风速，作用在位于桥面 i 节点和 j 节点之间的车辆顺风向和横风向的脉动风速 $u(x_v,t)$、$v(x_v,t)$ 分别为：

$$\left.\begin{aligned} u(x_v,t) &= \frac{x_v - x_i}{x_j - x_i}u_{0j}(t) + \frac{x_j - x_v}{x_j - x_i}u_{0i}(t) \\ v(x_v,t) &= \frac{x_v - x_i}{x_j - x_i}v_{0j}(t) + \frac{x_j - x_v}{x_j - x_i}v_{0i}(t) \end{aligned}\right\} \tag{5.2-31}$$

式中： x_i、x_j——节点 i、j 的坐标；

$u_{0i}(t)$、$u_{0j}(t)$——节点 i、j 对应的 t 时的顺风向；

$v_{0j}(t)$、$v_{0i}(t)$——节点 i、j 对应的 t 时的横风向脉动风速。

(3) 车辆气动系数的测定

获取车辆风荷载，除确定作用于车辆上的合成风速外，还需对车辆的气动力系数进行测定。车辆的气动力系数测定一般采用风洞试验方法进行。在进行风洞试验时，风偏角变化范围为 0°~180°，增幅为 10°，采用平均风速为 10m/s 的均匀流，采样频率为 200Hz，采样点数为 8192，车辆模型的雷诺数为 0.40×10^5。测得厢式货车的车辆气动力系数如图 5.2-7 所示。图中，C_D、C_S、C_L、C_{MR}、C_{MP}、C_{MY} 分别为车辆受到的阻力系数、侧向力系数、升力系数、倾覆力矩系数、俯仰力矩系数和偏转力矩系数。

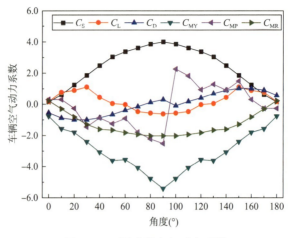

图 5.2-7 厢式货车气动力系数

（4）车辆斜风荷载形成

在获得任意风偏角下作用在车辆上的合成风速、合成角度和车辆气动力系数后，车辆受到的气动力（力矩）为

$$\left.\begin{aligned} F_D &= \rho U_r^2 C_D(\psi) A_f/2 \\ F_S &= \rho U_r^2 C_S(\psi) A_f/2 \\ F_L &= \rho U_r^2 C_L(\psi) A_f/2 \\ M_X &= \rho U_r^2 C_{MR}(\psi) A_f h_v/2 \\ M_Y &= \rho U_r^2 C_{MP}(\psi) A_f h_v/2 \\ M_Z &= \rho U_r^2 C_{MY}(\psi) A_f h_v/2 \end{aligned}\right\} \quad (5.2\text{-}32)$$

式中：F_D、F_S、F_L、M_X、M_Y 和 M_Z——车辆受到的阻力、侧力、升力、侧倾力矩、俯仰力矩和偏转力矩；

A_f——车辆阻风面积；

h_v——车辆质心高度。

2）风-车-桥系统侧向耦合关系

在不考虑风荷载作用的条件下，车辆荷载直接作用下的桥梁侧向响应很小（一般近似为零），因为传统的汽车-桥梁耦合振动分析中只模拟系统竖向耦合振动关系，车辆只施加给桥梁竖向力而无侧向力。而当车辆行驶在侧向风作用下的大跨度桥梁时，在平均风和脉动风的作用下桥梁产生较大的侧向平均响应和抖振响应，从而显著改变汽车-桥梁系统的耦合振动特性。此外，如图 5.2-8 所示,由于汽车承受较大的侧向风力和倾覆力矩作用,车辆施加给桥梁的荷载不仅有竖向力还有侧向力(汽车与桥面之间的侧滑力),而由于侧滑力的存在将会显著增大桥梁的侧向响应,侧滑力产生的桥梁侧向响应将会再次影响汽车-桥梁系统的侧向耦合振动特性。因此,风环境下汽车-桥梁系统的侧向响应计算是一个非线性迭代计算过程。

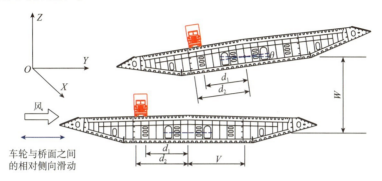

图 5.2-8　风环境下汽车-桥梁系统运动示意图

车轮的侧滑力可以由车轮上的竖向力近似表达:

$$F_{\mathrm{h}ci} = - m \frac{\dot{\Delta}_{\mathrm{y}ci}}{U_V} F_{\mathrm{v}ci} \quad (i = 1,2,3,4) \quad (5.2\text{-}33)$$

式中:m——侧滑摩擦系数,负号表示侧滑力始终抵抗轮胎相对于桥面的侧向运动;

$\dot{\Delta}_{\mathrm{y}ci}$——第 i 个车轮相对于主梁的侧向速度;

U_V——车辆驾驶速度;

$F_{\mathrm{v}ci}$——第 i 个车轮与桥面的竖向接触力。

$$\dot{\Delta}_{\mathrm{y}ci} = \dot{Y}_{ci} - \dot{Y}_{\mathrm{b}ci} \quad (i = 1,2,3,4) \quad (5.2\text{-}34)$$

$\dot{Y}_{ci}$——车轮与桥面独立自由度的侧向速度;

$\dot{Y}_{\mathrm{b}ci}$——车轮第 i 个接触点处主梁的侧向速度。

第 i 个接触点处主梁的侧向位移和速度可以表示为

$$Y_{\mathrm{b}ci} = N_{\mathrm{h}ci}(x) \{\delta\}_{\mathrm{b}i}^{e} \quad (i = 1,2,3,4) \quad (5.2\text{-}35)$$

$$\dot{Y}_{\mathrm{b}ci} = N_{\mathrm{h}ci}(x) \{\dot{\delta}\}_{\mathrm{b}i} + U_V \frac{\partial N_{\mathrm{h}ci}(x)}{\partial x} \{\delta\}_{\mathrm{b}i}^{e} \quad (i = 1,2,3,4) \quad (5.2\text{-}36)$$

式中:$N_{\mathrm{h}ci}(x)$——从桥梁单元结点位移转换至第 i 个接触点处主梁的侧向位移

的传递函数。

竖向力由式(5.2-37)得到：

$$F_{\text{vc}i} = M_{ci}\ddot{Z}_{ci} + C_{bi}(\dot{Z}_{ci} - \dot{Z}_{si}) + K_{bi}(Z_{ci} - Z_{si}) + F_{Gi} \quad (i = 1,2,3,4)$$
(5.2-37)

方程(5.2-33)可以用一个新变量表示：

$$C_{\text{scy}i} = m\frac{F_{\text{vc}i}}{U_V} \quad (i = 1,2,3,4)$$
(5.2-38)

式中：$C_{\text{scy}i}$——安装于第 i 个车轮与主梁之间的侧向黏滞阻尼器的阻尼系数。

因此，第 i 个车轮的侧滑力可以用安装于第 i 个车轮与桥面之间的阻尼系数为 $C_{\text{scy}i}$ 的特殊阻尼器来表示。这个特殊阻尼器与一般阻尼器最主要的区别在于特殊阻尼器的阻尼系数由车轮竖向接触力确定，而车辆竖向接触力依赖于式(5.2-38)表示的车辆与桥梁的未知运动。因此，在每一时间步内，必须要对 $C_{\text{scy}i}$ 进行迭代直至其收敛。

5.3 跨海桥梁最不利荷载组合

港珠澳大桥是一项具有划时代意义的国家重大工程，其结构复杂、荷载多样、环境恶劣，对桥梁健康监测和评估提出了极高的要求。为了实现桥梁健康监测系统和桥梁服役性能仿真、在线评估及分级预警系统的协同互动，本书提出了一种基于神经网络的正反评估结合技术，利用大量荷载与响应的感知及仿真工况，修正荷载仿真参数与桥梁结构有限元模型，实现桥梁一体化评估体系的"持续进化"。

首先，介绍最不利荷载组合的选取方法。最不利荷载组合是指在考虑多种荷载因素的影响下，导致桥梁结构响应达到极值的荷载组合。本书考虑了温度(梯度)、风速、车辆荷载和波浪荷载四种主要荷载因素，并根据以下步骤进行选取。

(1)温度(梯度)极值选取：首先根据主梁/主塔温度计的历史数据筛选出温度(梯度)极值时刻，同时获取温度(梯度)最不利时刻的风速、车辆、波浪历史数据，至此温度(梯度)极值选择完成，并以此为基础计算温度(梯度)极值时刻主梁的响应。

(2) 风速极值选取：首先根据桥塔风速仪的历史数据筛选出风速极值时刻，同时获取风速最不利时刻的温度（梯度）、车辆、波浪历史数据，至此风速极值选择完成，并以此为基础计算风速极值时刻主梁的响应。

(3) 车辆荷载极值选取：首先根据动态称重系统的历史数据筛选出车辆荷载极值时刻，同时获取车辆荷载最不利时刻的风速、温度（梯度）、波浪历史数据，至此车辆荷载极值选择完成，并以此为基础计算车辆荷载极值时刻主梁的响应。

(4) 波浪极值选取：首先根据港珠澳大桥桥址区域水文观测站的历史数据筛选出波浪荷载极值时刻，同时获取波浪最不利时刻的风速、温度（梯度）、车辆历史数据，至此波浪极值选择完成，并以此为基础计算波浪极值时刻主梁的响应。

然后，比较了各种荷载因素极值时刻主梁的响应，选取其中的响应极值最大者作为最不利荷载响应值，根据该值即可得到港珠澳大桥的最不利荷载组合，如图 5.3-1 及图 5.3-2 所示。

图 5.3-1 单一荷载最不利组合创建过程

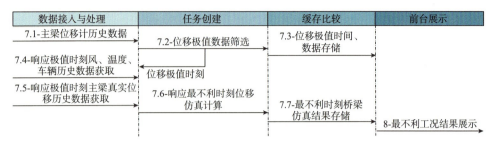

图 5.3-2　结构响应最不利组合创建过程

其次,开展了基于神经网络的正反评估结合技术,包括两个方面:反向评估和正向评估。反向评估是指根据桥梁健康监测系统在智联平台下实现正常运行及极端状态感知数据互联互通,开展流式数据重组、解析、研判,以"响应数据-结构评估"链条为导向,实现桥梁结构参数和损伤状态的识别和定量化。正向评估是指根据港珠澳大桥桥梁服役性能仿真、在线评估及分级预警系统引入重构技术实现多介质、多场、多荷载随机重构,以桥梁健康监测系统协同互联感知数据及力学-数学模型为双向驱动,融合多源异构数据突破智能仿真评估预警关键技术,建立桥岛隧智能仿真、实时在线评估及分级预警体系,实现"荷载仿真-桥梁结构模型-桥梁响应"正向评估链条。

通过正反向评估的有机结合,实现了港珠澳大桥健康监测与评估体系的智能化升级。一方面,监测数据可支撑结构评估;另一方面,仿真评估可验证监测的正确性并加以完善。两者相互促进、迭代优化,最终形成一个能够持续进化的港珠澳大桥桥梁服役仿真、在线评估及分级预警系统。该系统为保障港珠澳大桥的安全运营提供了有力的技术支撑。

5.4　多场耦合作用下桥梁动力分析

韩万水教授基于 Visual Fortran 编制了正常运营状况与极端状况下桥梁动力分析软件 BDANS(Bridge Dynamic Analysis System),并对静动力荷载工况下的实测响应、BDANS 计算值与通用软件 ANSYS 计算值三者进行了相互校核和对比。结果表明:BDANS 静力分析模块的计算结果与通用软件 ANSYS 静力计算结果完全吻合,BDANS 软件在不同行车工况下的动力计算响应趋势与实测响应趋势保持一致,从而验证了该分析模块的可靠性。多场耦合作用下车桥耦合振动分析系统建立于 BDANS 的基础算法框架内,分别独立求解车辆及桥梁的运动方程,采用分离迭代法来满足车-桥系统几何和力学耦合关系。

5.4.1 跨海桥梁多荷载场加载

跨海桥梁所处的复杂海洋环境导致结构与荷载之间的相互作用由固-固耦合和流-固耦合共同主导,如图 5.4-1 所示,这两种耦合的作用方式与作用效应不尽相同,但都可以用形函数的方式将荷载分配至有限元节点进行响应求解。

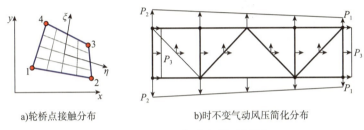

a)轮桥点接触分布　　　b)时不变气动风压简化分布

图 5.4-1　固-固耦合与流-固耦合

在进行车桥耦合计算分析时,假设车梁与桥梁之间的接触为点接触,即车辆的车轮与桥梁桥面之间始终保持接触关系。两者在接触点处的竖向位移保持协调,此时桥梁的竖向变形量对于车辆而言可以认为是额外的附加路面粗糙度。在进行车桥耦合计算分析时,可以将桥梁竖向变形造成的附加路面粗糙度和原始路面粗糙度进行叠加合成为等效粗糙度,将这种等效粗糙度作为车辆的竖向激励源再对车辆系统竖向位移进行计算,采用这种方法进行反复迭代。

风浪桥耦合计算分析时,一种常用的假设是将风浪和桥梁之间的作用视为分布作用,即在作用区域内,风浪对桥梁的水平和竖向力均为连续变化的函数,而桥梁对风浪的反作用力也是连续变化的函数。这种假设可以简化风浪桥耦合系统的求解过程,但也会引入一定的误差。另一种假设是将风浪和桥梁之间的作用视为集中作用,即在作用区域内,风浪对桥梁的水平和竖向力均为离散变化的函数,而桥梁对风浪的反作用力也是离散变化的函数。这种假设可以更准确地反映风浪桥耦合系统的实际情况,但也会增加计算量和复杂度。

常见的桥梁结构模型主要有梁单元模型、板单元模型以及实体模型等,然而在进行车桥耦合分析时采用的桥梁结构模型通常为梁单元模型中的单梁模型或者梁格法模型。对这两种模型进行荷载-结构耦合分析计算时,耦合系统的几何关系和相互作用力关系存在较大的差异。以车桥系统为例,图 5.4-2 和图 5.4-3 分别是车辆模型与单主梁模型、梁格法模型接触点之间的接触关系示意图。

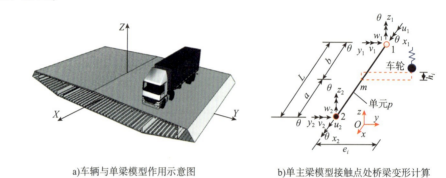

a)车辆与单梁模型作用示意图　　b)单主梁模型接触点处桥梁变形计算

图 5.4-2　车辆与单主梁模型相互作用

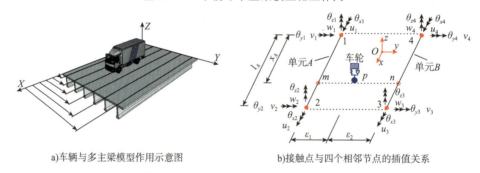

a)车辆与多主梁模型作用示意图　　b)接触点与四个相邻节点的插值关系

图 5.4-3　车辆与多主梁模型相互作用

5.4.2　风-车-浪-桥多耦合振动分析

风-车-浪-桥耦合系统的相互作用关系主要包括 5 种:①车桥耦合:车、桥之间的相互作用;②气动耦合:桥梁主梁和桥塔与风荷载的相互作用;③风车作用:风、车之间的相互作用;④墩水耦合:波浪与桥梁浸没结构之间的相互作用;⑤风浪联合:平均风速、有效波高和谱峰周期之间的联合关系。

为了简化模型,假定结构自重、波浪荷载和风荷载作用于相应结构单元的质心。假定风和波浪是单向的,且沿横桥向作用在桥梁上。因此,风-车-浪-桥耦合模型运动方程可表示为:

$$\begin{cases} M_b \ddot{u}_b + C_b \dot{u}_b + K_b u_b = F_{wb} + F_{vb} + F_{stb} + F_{bub} + F_{seb} \\ M_v \ddot{u}_v + C_v \dot{u}_v + K_v u_v = F_{bv} + F_{stv} + F_{buv} \end{cases} \quad (5.4\text{-}1)$$

式中：F_{st}、F_{bu} 和 F_{se}——静力风荷载、抖振风荷载及自激风荷载；

F_{vb}、F_{bv}——车辆对桥梁、桥梁对车辆产生的相互作用力；

F_{wb}——作用在桥梁上的波浪力。

解决车-桥相互作用的问题时，作用力是耦合的，必须同时处理。求解车桥耦合运动方程常采用的方法有直接耦合和分离迭代两种，直接耦合法是将车辆运动方程和桥梁运动方程合并为一个整体，采用直接积分法求解，当车辆自由度和桥梁单元节点较多时，该方法的运算速度较低，计算时间长。分离迭代法是一种数值时程积分法，对车辆和桥梁子系统的振动方程分别进行迭代求解。如图5.4-4所示，根据车-桥耦合系统的相对几何关系和力学关系，应用基于Newmark-β的分离迭代法使每一个时间步接触点处位移和力的协调条件都得到满足，以获得运动方程在每一时间步的解。每次迭代的时候，首先要假定接触点处的位移，然后可以通过对车辆运动方程的求解得到车-桥之间的耦合力，如果求得的耦合力为张力，说明所对应的车轮离开了行驶路面，那么该接触点处的接触力设置为零。用求得的耦合力对桥梁的运动方程进行求解，可以得到更新的接触点处位移。当由这两个连续的迭代过程得到的所有接触点处的位移足够逼近的时候，终止迭代过程。

风-车-浪-桥梁耦合系统的一般计算流程可简述如下：

①选择典型工况，确定每种工况对应的风浪组合条件，包括有效波高、平均风速、谱峰周期；

②利用Kalker徐变理论和Hertz接触理论建立桥梁和车辆的有限元模型；

③模拟脉动风场和随机波浪场，计算气动和水动力载荷；

④在给定风浪组合下，对桥梁进行时域动力分析，计算桥梁和车辆的动力响应；

⑤重复步骤④，改变工况，从而获得与所有选定工况相对应的结构物和车辆响应；

⑥评估桥梁和车辆的响应，以确保车桥系统的性能。

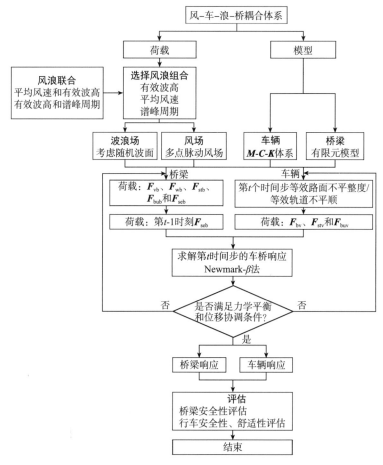

图 5.4-4　风-车-浪-桥梁耦合体系求解流程

5.4.3　系统验证

验证桥梁结构有限元系统的计算准确性具有重要意义。准确的计算结果可以提供可靠的结构响应和设计依据，帮助工程师进行合理的设计决策。同时，通过与实测数据和理论解进行比较，可以评估模型的准确性和可靠性，发现潜在的问题和改进空间，提高有限元模型在实际工程中的应用价值和效果。针对多场耦合作用下车桥耦合振动分析系统，以青州桥作为验证的案例，进行了准确性的验证，即利用现有商用软件 ANSYS 设置同一工况进行相应响应时程对比。青州桥有限元模型如图 5.4-5 所示。

选取大小为 $P=10000\text{N}$ 的集中力沿着主梁中轴线以 72km/h 的速度从左向右匀速行驶作为程序验证的对比工况，将经分析系统计算得到的结点位移、主梁内力以及支座反力结果与商用有限元软件 ANSYS 的相关计算结果进行相互校核,得到的部分对比结果如图 5.4-6~图 5.4-8 所示。

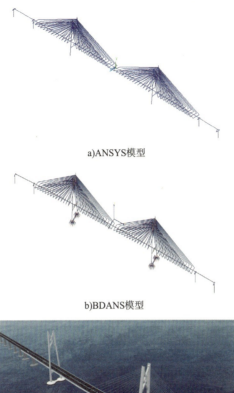

a)ANSYS模型

b)BDANS模型

c)三维演示实体模型

图 5.4-5　青州桥有限元模型

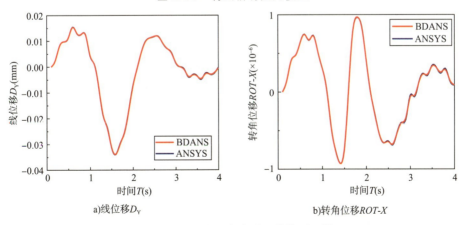

a)线位移D_Y

b)转角位移$ROT\text{-}X$

图 5.4-6　主梁结点位移时程曲线对比结果

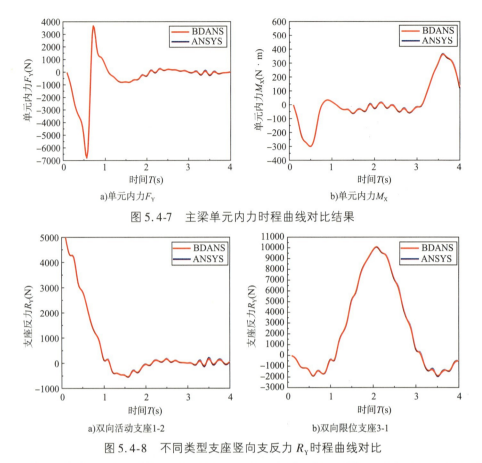

a) 单元内力 F_Y b) 单元内力 M_X

图 5.4-7　主梁单元内力时程曲线对比结果

a) 双向活动支座 1-2   b) 双向限位支座 3-1

图 5.4-8　不同类型支座竖向支反力 R_Y 时程曲线对比

限于篇幅，上述对比分析结果仅展示了主跨跨中结点的各内力结果对比图，实际验证中对各个单元及结点均进行了对比。结果表明，经分析系统计算得到的结构响应与通用软件 ANSYS 的计算结果完全一致，证明了分析系统的准确性。

5.4.4　多场耦合作用下桥梁结构仿真分析系统架构

系统设计流程包括从数据采集一直到桥梁健康的诊断和评估。由视频识别、海洋浮标、波高仪和风速仪等现场勘测得到的车型、车重、风速、波高和波周期等原始数据，经过信号的滤波和数值化处理存储到数据库中。分别进行随机车流和列车模拟、随机风浪的独立模拟与同步模拟，将重构出的荷载场转化为荷载时程施加到结构有限元模型上，计算得到结构响应时程。结合实桥各测点的响应值与有限元的计算结果，按照设定的阈值直接进行系统的报警处理和损伤评估，综合评定桥梁健康状态并进行趋势预测，给出相应的维养决策，实现数字化管养。该系统架构如图 5.4-9 所示。

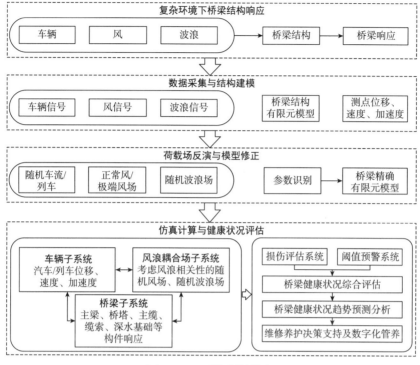

图 5.4-9 系统设计流程

5.5 基于正反结合的桥梁动力学模型修正与算法优化

桥梁健康监测系统是对常规的检查、检测和载荷试验的重要补充,其不可替代性主要表现在连续性、同步性、实时性和自动化四个方面。该系统能够根据桥梁的具体结构形式,进行结构有限元建模,确定桥梁的安全敏感点,从而确定传感器的布设数量和位置。该系统能够采集各类传感器信息,并提供多种预测预警模型以及数据分析的模型,一旦监测数据超出设定的阈值或容许值,系统就产生报警。桥梁健康监测系统在智联平台下实现正常运行及极端状态感知数据互联互通,建立完备的桥梁数字化档案,提高桥梁作为交通设施的智能化管理水平,随时远程掌控桥梁性能和工作状态,提高数据监测的精度,以"响应数据-结构评估"链条为导向,实现桥梁反向评估。

港珠澳大桥桥梁服役性能仿真、在线评估及分级预警系统是利用重构技术实现多介质、多场、多荷载随机重构,以港珠澳大桥现场的感知监测数据为基础,研究多源异构数据的融合方法,并针对特定的荷载作用方式,建立合理的转译、重构方式,探究多种荷载场之间的耦合作用机制,研究多荷载场下的桥梁结构精细化加载方法,综合考虑结构非线性等影响,实现"荷载-结构-环境"的同步耦合高效分析,建立桥岛隧智能仿真、实时在线评估及分级预警体系。该系统能够实现"荷载仿真-桥梁结构模型-桥梁响应"正向评估链条,以及利用卷积神经网络模型,结合正反向评估数据,修正荷载仿真参数与桥梁结构有限元模型,实现桥梁一体化评估体系的"持续进化"。

为实现此进化过程,笔者设计了一个由卷积层、池化层、全连接层和SoftMax层组成的卷积神经网络架构,并使用ReLU函数、SoftMax函数和Adam优化器作为网络的激活函数和优化算法。接着,综合多种影响因素并加入正则化项来合理地确定目标函数,进而对网络开展训练,并使用混淆矩阵、ROC曲线、AUC值等方法对预测模型进行了误差分析。根据误差分析的结果,对荷载场仿真程序中的各项参数及桥梁有限元模型进行了修正,使用混合微粒群算法作为参数优化算法,并设置了迭代次数和收敛条件。最后,对修改后的模型进行了测试和评估,并使用网格搜索法和贝叶斯优化法对网络的超参数进行了调整,使用蒙特卡洛法对网络的输入数据进行了敏感性分析,使用自助法对网络的训练数据进行了稳定性分析,并使用数据表格和图形展示了优化后的模型对于桥梁荷载响应的预测结果。图5.5-1为正反结合的桥梁一体化评估体系框架。

5.5.1 数据预处理

数据预处理的目的是去除或修正错误、异常、不一致、无关或冗余的数据,填补或估计缺失的数据,提取或转换有意义和有用的数据特征,降低数据的维度和复杂度,消除数据的量纲和尺度差异。增强数据的可读性和可解释性,方便人工和机器对数据进行理解和分析,增加数据的完整性和可用性,提高数据的质量和适用性,从而提高数据挖掘和分析的效果和效率。对数据进行的预处理手段包括数据清洗、特征提取、数据缩放、数据标准化。

1)数据清洗方法

数据清洗主要是为了去除异常值、噪声和无关信息,保留有效数据,数据清洗的方法可大致分为如下三类。

(1)使用统计方法或机器学习方法检测和剔除异常值,比如 3σ 法则、箱线图法、孤立森林法等。

(2)使用滤波方法或插值方法消除或补充噪声或缺失数据,比如均值滤波、中值滤波、卡尔曼滤波、样条插值等。

(3)使用特征选择方法或降维方法去除或减少无关或冗余信息,比如主成分分析、线性判别分析、奇异值分解等。

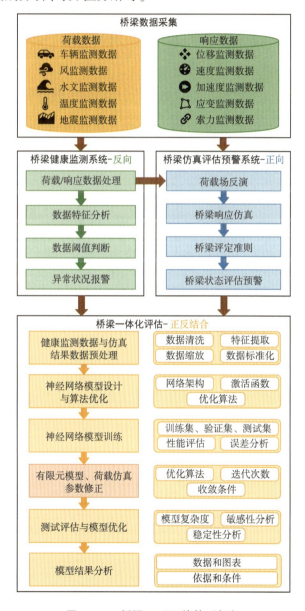

图 5.5-1　桥梁正反评估体系框架

2) 特征提取

特征提取主要是使用小波变换对声发射波形信号进行时频分析,提取信号的能量、频率、幅值等特征参数。特征提取的目的是将原始数据转换为更有意义和更易于分析的数据。特征提取的方法可大致分为如下三类。

(1) 使用傅立叶变换对信号进行频域分析,提取信号的频谱特征,比如功率谱密度、频率响应等。

(2) 使用经验模态分解对信号进行时域分析,提取信号的时域特征,比如均值、方差、峰值等。

(3) 使用小波变换对信号进行时频分析,提取信号的时频特征,比如小波系数、小波能量、小波熵等。

3) 数据缩放

将数据缩放到 0~1 之间,避免数值过大或过小导致的计算误差。数据缩放的目的是将不同量纲或不同范围的数据统一到一个标准区间内。数据缩放的方法有很多,如:

(1) 使用最大最小归一化法将数据缩放到 0~1。

(2) 使用标准差归一化法将数据缩放到 -1~1。

(3) 使用正则化法将数据缩放到单位圆内。

4) 数据标准化

将数据转换为均值为 0、方差为 1 的正态分布,消除数据的偏态和异方差。数据标准化的目的是使不同分布的数据服从相同或相似的分布,下面列举出了三种常见的变换方法。

(1) 使用 Box-Cox 变换对正偏态或负偏态的数据进行幂变换,使其接近正态分布。

(2) 使用 Johnson 变换对任意形状的数据进行非线性变换,使其接近正态分布。

(3) 使用 Yeo-Johnson 变换对包含 0 和负数的数据进行幂变换,使其接近正态分布。

5.5.2 神经网络模型的选取

神经网络模型是一种基于人工神经元的非线性数学模型,可以用于解决各种复杂的机器学习问题,如图像识别、语音识别、自然语言处理等。神经网络模型的选取依据主要有以下几个方面:

(1)网络结构:网络结构是指神经网络中各层的类型、数量和连接方式,它决定了神经网络的表达能力和计算复杂度。不同的网络结构适用于不同的任务和数据类型,例如,卷积神经网络(Convolutional Neural Network,CNN)是一种常用于处理图像和声音等网格数据的网络结构,它利用卷积层和池化层来提取局部特征和降低维度,利用全连接层和 SoftMax 层来进行分类或回归。选择合适的网络结构需要考虑任务的目标、数据的特点、计算资源的限制等因素。

(2)激活函数:激活函数是指神经元对输入信号进行非线性变换的函数,它决定了神经元的输出和梯度。不同的激活函数有不同的特点和优缺点,例如,Sigmoid 函数是一种常用于二分类问题的激活函数,它将输入映射到 0~1,表示概率。但是 Sigmoid 函数也存在梯度消失、输出不以 0 为中心等问题。ReLU 函数是一种近年来流行的激活函数,它将输入映射到非负值,表示线性整流。ReLU 函数具有计算简单、梯度稳定、稀疏激活等优点,但也存在死亡 ReLU、输出不以 0 为中心等问题。SoftMax 函数是一种常用于多分类问题的激活函数,它将输入映射到 0~1,并且使得所有输出值之和为 1,表示概率分布。选择合适的激活函数需要考虑任务的需求、数据的分布、模型的稳定性等因素。

(3)优化算法:优化算法是指用于更新神经网络参数以最小化损失函数的算法,它决定了神经网络的收敛速度和效果。不同的优化算法有不同的策略和参数,例如,随机梯度下降(Stochastic Gradient Descent,SGD)是一种基本的优化算法,它每次使用一个样本或一个小批量样本来计算梯度并更新参数。但是 SGD 也存在学习率固定、收敛缓慢、易陷入局部最优等问题。Adam 优化器是一种近年来广泛使用的优化算法,它结合了自适应学习率和动量梯度下降的优点,能够适应稀疏梯度和非平稳目标,并且具有较快的收敛速度和较好的泛化能力。选择合适的优化算法需要考虑任务的难度、数据的规模、模型的复杂度等因素。

5.5.3 预测模型训练、性能评估与误差分析

模型训练的意义在于通过使用已有的数据来调整模型的参数,使得模型能够更好地拟合数据的规律和特征,从而提高模型的泛化能力和预测效果。为了得到预测模型,应使用收集到的数据对神经网络进行训练。

1)训练集、验证集和测试集的划分

将数据按照 8∶1∶1 的比例划分为训练集、验证集和测试集,保证数据的代表性和随机性。数据划分的方法有很多,比如:

(1)使用留出法(Hold-out Method)直接将数据随机划分为 3 个互斥的子集,训练集用于训练模型,验证集用于调整模型参数,测试集用于评估模型性能。

(2)使用交叉验证法(Cross Validation Method)将数据随机划分为 k 个大小相同的子集,每次选取一个子集作为测试集,其余 $k-1$ 个子集作为训练集,并在训练集上进行 k 次训练和测试,最后取 k 次测试结果的平均值作为评估指标。

(3)使用自助法(Bootstrap Method)从原始数据中有放回地随机抽取 n 个样本作为训练集,剩下未被抽取到的样本作为测试集,并在训练集上进行多次重复抽样和训练。

2)性能评估

如表 5.5-1 所示,使用 R^2、RMSE、MAE、MAPE 等多种指标作为网络的评估指标,参考了基于声发射和卷积神经网络的混凝土桥梁损伤预测研究中的方法。性能评估的目的是衡量模型对数据拟合程度和预测准确度。

神经网络性能评估指标　　　表 5.5-1

评估指标	计算公式	指标含义
相关系数	$R^2 = 1 - \dfrac{\sum_{i=1}^{n}(y_i - \hat{y}_i)^2}{\sum_{i=1}^{n}(y_i - y)^2}$	衡量模型对数据变异程度的解释能力,R^2 越接近 1 表示模型越好
均方根误差	$\text{RMSE} = \sqrt{\dfrac{1}{n}\sum_{i=1}^{n}(y_i - \hat{y}_i)^2}$	衡量模型预测值与真实值之间的偏差程度,RMSE 越小表示模型越好
平均绝对误差	$\text{MAE} = \dfrac{1}{n}\sum_{i=1}^{n}\lvert y_i - \hat{y}_i \rvert$	模型预测值与真实值之间的偏差程度,MAE 越小表示模型越好

续上表

评估指标	计算公式	指标含义
平均绝对百分比误差	$\mathrm{MAPE} = \dfrac{1}{n}\sum\limits_{i=1}^{n}\left|\dfrac{y_i - \hat{y}_i}{y_i}\right|$	衡量模型预测值与真实值之间的相对偏差程度，MAPE越小表示模型越好

3) 误差分析

误差分析的目的是诊断模型的问题和改进方向。使用混淆矩阵、ROC曲线、AUC值等方法对预测模型进行误差分析，分析误差来源，采用适当的方法对误差进行修正，参考了基于神经网络的桥梁移动荷载识别中的方法。

(1) 使用混淆矩阵(Confusion Matrix)对分类模型进行误差分析，混淆矩阵是一个二维表格，用于显示模型预测结果和真实结果之间的一致性和差异性，以及各种评价指标，如准确率、召回率、精确率、F1值等。

(2) 使用ROC曲线(Receiver Operating Characteristic Curve)对分类模型进行误差分析，ROC曲线是一个二维图形，横轴表示假阳性率(False Positive Rate)，纵轴表示真阳性率(True Positive Rate)，用于显示模型在不同阈值下的灵敏度和特异度。

(3) 使用AUC值(Area Under Curve)对分类模型进行误差分析，AUC值是ROC曲线下的面积，用于衡量模型的整体性能，AUC值越接近1表示模型越好。

5.5.4 荷载仿真与有限元模型修正

荷载仿真模型参数修正与有限元模型修正的意义在于使用实测数据优化荷载场仿真程序中的各项参数，如荷载分布、荷载大小、荷载速度等，使得仿真结果与实测结果不断趋同，优化桥梁有限元模型中的各项参数，如材料的弹性模量、质量密度、截面积、弯曲、扭转惯量等，使得有限元分析结果与实测结果不断趋同。根据误差分析的结果，使用混合微粒群算法作为参数优化算法，该算法将蜂王遗传算法和蚁群算法的经典思想糅合到传统微粒群算法中，提高了传统算法的寻优能力，参考了基于神经网络的桥梁移动荷载识别中的方法，模型修正的过程可简化成如下步骤。

(1) 初始化一组随机参数作为初始解，并计算其适应度值。

（2）根据适应度值，选择一部分优秀的解作为蜂王，其余的解作为工蜂。

（3）对每个蜂王，使用蚁群算法在其邻域内寻找更优的解，并与原来的解进行比较，如果更优则替换，否则保持不变。

（4）对每个工蜂，使用轮盘赌法从蜂王中随机选择一个解，并在其邻域内寻找更优的解，并与原来的解进行比较，如果更优则替换，否则保持不变。

（5）设置迭代次数为100次，以保证参数优化的收敛性和效率。设置收敛条件为损失函数值小于0.01或者准确率指标大于0.8，以保证参数优化的精度和效果。重复上述过程，直到达到收敛条件，如迭代次数、损失函数值或准确率指标。

对修改后的模型仍需要进行测试和评估，包括训练误差和测试误差的评估方法、模型复杂度的评估方法等。最后，根据测试的结果，优化修正后的模型，直到达到研究目标并且达到预期结果。

（1）调整策略：使用网格搜索法和贝叶斯优化法对网络的超参数进行调整，寻找最优的网络结构、激活函数和优化算法等。

（2）敏感性分析：使用蒙特卡洛法对网络的输入数据进行敏感性分析，分析不同数据特征对网络输出的影响程度，选择最敏感的数据特征作为网络的输入。

（3）稳定性分析：使用自助法对网络的训练数据进行稳定性分析，分析不同训练数据对网络输出的影响程度，选择最稳定的训练数据作为网络的训练集。

5.6　本章小结

本章主要介绍了港珠澳大桥跨海桥梁服役状态的智能仿真技术的研究进展与技术现状，包括多种荷载耦合关系分析、风浪场联合作用研究、风-车-桥动力学模型、桥梁结构最不利荷载确定方法、桥梁动力响应计算方法、基于正反结合的荷载仿真与有限元模型优化等内容，自主研发了多场耦合作用下桥梁结构仿真分析系统架构，对提高桥梁的安全性和可靠性具有重要意义。后续可继续深入研究不同荷载场之间的耦合机理，丰富智能仿真模型的内容，扩大模型的适用范围。

CHAPTER 6 | 第 6 章

跨海桥梁服役状态综合评估

6.1 概述

桥梁的安全性对于保障交通运输的顺畅至关重要。对桥梁的评估是多方面的,《公路桥涵养护规范》(JTG 5120—2021)将桥梁评定分为了技术状况评定和适应性评定。技术状况评定是依据桥梁初始检查、定期检查资料,通过对桥梁各部件技术状况的综合评定,确定桥梁的技术状况等级,提出各类桥梁的养护措施;适应性评定是依据桥梁定期及特殊检查资料,结合试验与结构受力分析,评定桥梁的实际承载能力、通行能力、抗灾害能力、耐久性等。传统规范对公路桥梁的评定具有普适性,然而由于对跨海桥梁的特殊性,有必要在传统规范的基础上,对跨海桥梁评估进行细化和修订。

针对港珠澳大桥的应用场景,本章在《公路桥梁技术状况评定标准》(JTG/T H21—2011)多层次框架及相关评定指标的基础上,细化、增添和修订了评定指标和分级标准,并针对性地提出了评定方法,同时针对关键易损构件进行了专项评定;重点从承载能力、通行能力和抗灾害能力三个方面,对港珠澳大桥的适应性提出了高效的评估方法;并基于多属性效用理论,综合港珠澳大桥的技术状况评定、适应性评定以及耐久性评定结果,对港珠澳大桥开展了综合评估。这些评估结果为港珠澳大桥智能维养系统提供了有力的数据支撑,助力港珠澳大桥运维的降本增效。

6.2 桥梁综合技术状况评定

由于港珠澳大桥桥梁结构的复杂性,影响其性能的评估指标众多,为保证评定指标的完备性,有必要在《公路桥梁技术状况评定标准》(JTG/T H21—2011)多层次框架及相关评定指标的基础上,依据结构解析的结果,为每类构件制定相应的评定指标,从而建立较完善的港珠澳大桥桥梁评定指标体系,为桥梁维养服务。

6.2.1 评定指标体系建立及分级评定标准

港珠澳大桥桥梁评定指标体系框架见图6.2-1,其中,第一层为目标层,即桥梁的总体技术状况。第二层为部位层,即上部结构、下部结构、桥面系、附属设施。第三层为部件层,相应的部件类型见结构解析章节中相应内容,针对具体的桥梁结构部件类型可进行删减。第四层为评定指标层,以《公路桥梁技术状况评定标准》(JTG/T H21—2011)中的评定指标为基础,对指标进行了新增、修订。第五层为子评定指标层,对部分指标细分为子评定指标主要是考虑不同子指标对结构的影响程度。

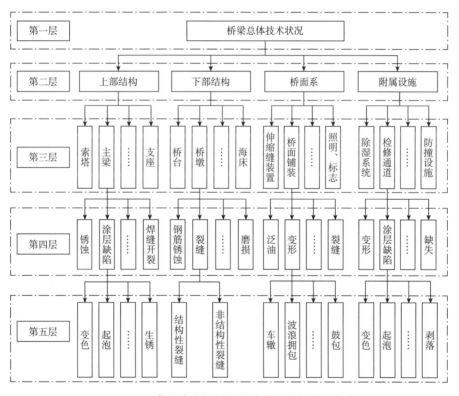

图6.2-1 港珠澳大桥桥梁技术状况指标体系框架

针对港珠澳大桥的应用场景,《公路桥梁技术状况评定标准》(JTG/T H21—2011)中缺少对除湿系统、阻尼装置等相应的评定指标。因此,在港珠澳大桥技术状况的评定过程中,有必要增加相应的指标。同时,也对规范中的相应指标进行了修正,比如,针对钢梁桥的"铆钉(螺栓)损失"指标,由于现在的跨海大桥一般不使用铆钉连接,故将其更名为"螺栓损失"。此外,规范中的指标难以考虑不同桥梁、不同环境、不同荷载的差异性和特殊性。实际上，不同桥梁、不同部位、不同类型的病害指标，其定义、属性、成因、危害、预防对策、处置对策和养护费用不尽相同，对于评定标准中这些没有细分的病害应参考相关规范，予以细分，区别对待。

建立较为完善的桥梁评定指标体系后，在进行桥梁技术状况评定时，首先需要确定评定指标的标度，这就需要对指标建立相应的分级评定标准。针对新增、修订以及细分的指标确定相应的评定标度。值得注意的是，针对病害的描述，现行规范中定性、定量描述存在不直观、主观性强的问题，尤其对于只有定性描述的病害，不同的人对同一检测指标的评定结果会出现不小的差异，不利于采用统一的尺度去评定病害指标标度。为解决现行标准描述不直观、主观性强的问题，考虑将病害图片引入现行规范的评定标准中，建立基于病害分类分级标准图的指标分级评定标准。桥梁病害图像所包含的信息，不只是病害的表观图像，更重要的是与病害机理密切相关的指标类信息。图像信息在病害标准体系的表观层面给养护人员更为直观的等级评价依据，可大大降低病害评定难度，降低巡检员的主观性偏差，更具有操作。以港珠澳大桥钢结构斜拉桥的典型病害"涂层缺陷"为例，针对其细分后的5种子评定指标，对其建立了相应的基于病害图例的指标分级标准，见表6.2-1～表6.2-5。

变色　　　　　　　　　　　　　　　　　　　　　　表6.2-1

标度	定性描述	色差值	图片示例
1	无变色或轻微变色	≤3.0	
2	明显变色	3.1～9.0	
3	较大变色	9.1～12.0	
4	严重变色	>12.0	

第6章 跨海桥梁服役状态综合评估

起泡

表 6.2-2

标度	定性描述	起泡直径	图片示例
1	无泡或少量泡	起泡直径≤0.2mm	
2	有中等数量泡	0.2mm<起泡直径≤0.5mm	
3	有较多数量泡	0.5mm<起泡直径≤5mm	
4	有密集型的泡	起泡直径>5mm	

开裂

表 6.2-3

标度	定性描述	开裂宽度	图片示例
1	无开裂或少量开裂	开裂宽度≤0.3mm	
2	中等数量的开裂	0.3mm<开裂宽度≤0.5mm	
3	较多数量的开裂	0.5mm<开裂宽度≤1mm	
4	密集型的开裂	开裂宽度>1mm	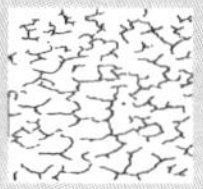

剥落

表 6.2-4

标度	定性描述	剥落面积	图片示例
1	无剥落或有少量面积剥落	剥落面积≤构件面积的0.3%	
2	有中等面积剥落	构件面积的0.3%<剥落面积≤构件面积的3%	

续上表

标度	定性描述	剥落面积	图片示例
3	有较多面积剥落	构件面积的3% < 剥落面积 ≤ 构件面积的15%	
4	大量面积剥落	剥落面积 > 构件面积的15%	

生锈　　　　　　　　　　　　表6.2-5

标度	定性描述	生锈面积	图片示例
1	无生锈或有少量面积生锈	生锈面积 ≤ 构件面积的0.5%	
2	有中等面积生锈	构件面积的0.5% < 生锈面积 ≤ 构件面积的8%	
3	有较多面积剥落	构件面积的8% < 生锈面积 ≤ 构件面积的40%	
4	大量面积剥落	生锈面积 > 构件面积的40%	

6.2.2　桥梁技术状况指标评定方法

在前文中,将《公路桥梁技术状况评定标准》(JTG/T H21—2011)中的部分评定指标(也被称为检测指标,为方便描述,下文统一称检测指标)细分为若干二级评定指标(即二级检测指标),并为二级检测指标建立了基于定性描述、定量描述和病害图例的分级评定标准。但《公路桥梁技术状况评定标准》(JTG/T H21—2011)需要得到的是桥梁构件的一级检测指标等级,为了与该规范无缝衔接,需综合考虑构件的二级检测指标来计算构件的一级检测指标等级。

在此,以可拓理论构建桥梁检测指标评价模型,可拓理论以物元为基础,以物元可拓性为依据,在可拓集合中通过建立关联函数对事物的量变和质变过程进行定量描述,能够充分反映事物的量变规律。图 6.2-2 给出了桥梁技术状况评定指标的评定方法流程。该方法利用可拓理论首先建立可拓评价的物元、事元、关系元,然后将某检测指标对应的二级检测指标进行量化,计算相应的二级检测指标的关联度,依据熵权法求二级检测指标相对检测指标的权重,从而计算综合关联度,最后依据最大关联度原则得出检测指标评定等级。

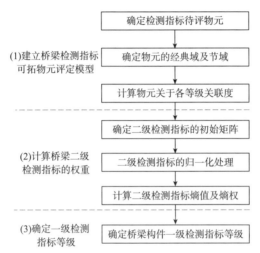

图 6.2-2　基于熵权可拓物元模型的桥梁技术状况评定指标的评定流程

6.2.3　关键易损构件的评估

港珠澳大桥存在一些关键易损构件,它们的损坏可能会导致桥梁整体的功能丧失或者降低,下面以桥面板、缆索、伸缩装置为例进行介绍。

1) 钢桥面板疲劳

国内外对于钢结构疲劳损伤问题进行了广泛深入研究,目前主要的分析方法有 2 种,分别是基于 S-N 疲劳曲线和 Palmgren-Miner 线性累积损伤的传统分析方法(S-N 曲线法)和断裂力学方法。其中 S-N 曲线法发展较为成熟。S-N 曲线的横纵坐标分别表示试件破坏时的荷载循环次数和应力幅大小,描述了等幅循环应力下构件疲劳寿命和荷载应力之间的关系。

实际结构的荷载多为变幅荷载,Miner 于 1945 年在大量试验研究基础上提出了线性累积损伤法则,即认为构件的疲劳损伤在变幅荷载下是线性累加的:

$$D = \frac{n_1}{N_1} + \frac{n_2}{N_2} + \frac{n_3}{N_3} + \cdots + \frac{n_n}{N_n} = \sum_{i=1}^{n} \frac{n_i}{N_i} \quad (6.2\text{-}1)$$

式中:n_i——总循环中应力幅;

N_i——S-N 曲线中应力幅值。

由式(6.2-1)可知,D 是一个百分比值,反映了构件的累计损伤程度,当 $D>1$ 时构件发生疲劳破坏。

以 S-N 曲线法为基础的疲劳分析方法主要有名义应力法、热点应力法和结构应力法等,其中名义应力法和热点应力法为最常用和成熟的方法之一,可分别用于焊接钢结构母材及焊缝区域的疲劳分析。

以 S-N 曲线理论为基础建立钢桥面板疲劳可靠度评估的分析框架具体步骤如图 6.2-3 所示。

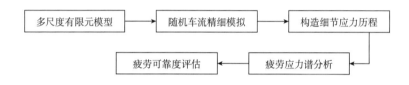

图 6.2-3 疲劳可靠度分析流程图

钢桥面板疲劳问题突出的主要原因包括:①桥面板本身构造复杂,细节多,容易出现应力集中;②构件连接多采用焊接方式,通常由于构造等原因导致焊接质量难以保证,焊缝区域存在的诸多缺陷如微裂纹、缺口和晶粒粗大区等,加上残余应力的影响,都使得焊缝成为抗疲劳设计中的薄弱环节;③桥面板直接受到车辆轮载的反复作用,且由于疲劳细节影响线长度相对较短,同一车辆可能造成多个应力循环。结合已有统计结果和实际情况,桥面板的疲劳问题主要集中在 2 个区域,分别是顶板-纵向加劲肋的连接和横隔板-纵向加劲肋连接。其中前者由于纵肋是封闭构造,采用单面角焊缝,焊缝长度较长,需要连续施焊,加之有时需要仰焊,很难全部焊透,因此出现疲劳问题的可能性比较大;后者疲劳裂纹主要出现在纵肋和横隔板连接处底部,以及横隔板切口的圆弧拐角处,疲劳裂纹出现的主要原因是应力集中。针对港珠澳大桥青州航道桥的应用场景,按照钢桥面板易疲劳部位的研究成果和统计信息,选取横隔板-U 形肋连接端部围焊处(疲劳细节①)、横隔板切口(疲劳细节②)以及顶板-U 形肋连接焊缝

(疲劳细节③)3 种典型疲劳位置,青州航道桥跨中箱梁节段构造如图 6.2-4 所示。

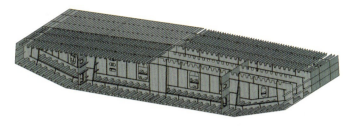

图 6.2-4 青州桥跨中箱梁节段构造示意图

在确定钢箱梁钢桥面板的易疲劳细节后,对各疲劳细节进行可靠度评估。疲劳可靠度评估方法有很多,理论基础以 S-N 曲线理论和断裂力学为主,其中 S-N 曲线法应用更为广泛。基于该理论建立疲劳极限状态方程,考虑传感器误差或车辆横向分布造成的影响,并可根据分析需要加入交通量增长、交通质量增长等参数。由于可靠度理论是建立在概率统计理论的基础之上的,因此可靠度计算中应着重分析计算极限状态方程中随机变量的概率分布情况,在疲劳可靠度评估中则重点针对疲劳应力幅和日循环次数这两个参数进行分析。图 6.2-5 给出了二轴车在不同细节处的等效应力幅和等效循环次数,并拟合出了对应的响应面。

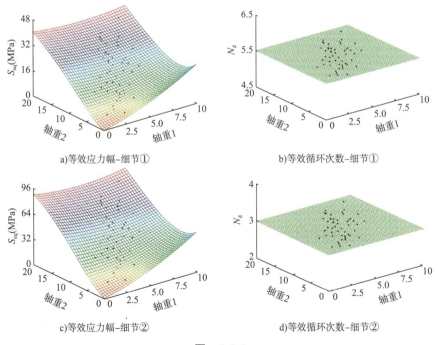

a) 等效应力幅-细节①　　　　b) 等效循环次数-细节①

c) 等效应力幅-细节②　　　　d) 等效循环次数-细节②

图 6.2-5

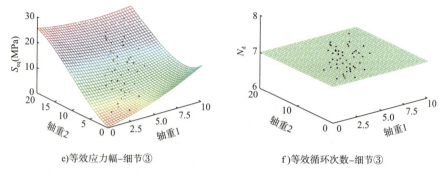

e)等效应力幅-细节③　　　　　　f)等效循环次数-细节③

图 6.2-5　二轴车作用下的不同疲劳细节的等效应力幅和等效循环次数

基于各个车型的抽样结果,对各车型样本的疲劳应力谱进行模拟和预测,以少量的样本点拟合得到任意轴重下各车型的应力谱结果。随后,结合实测日交通量的分布情况抽取大量随机车流样本,计算等效应力幅和等效日循环次数的随机分布,在此基础上计算各细节的疲劳可靠度指标和疲劳寿命,进而分析日均交通量、车型比例和交通量线性增长对疲劳可靠度的影响,如图 6.2-6、图 6.2-7 所示。

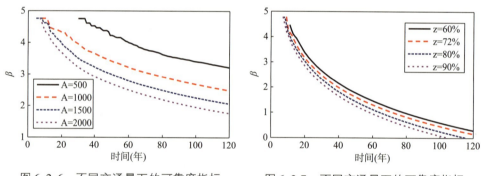

图 6.2-6　不同交通量下的可靠度指标　　　图 6.2-7　不同交通量下的可靠度指标

2) 桥梁缆索振动与安全评估

在对桥梁缆索进行状态评估和健康监测时,拉索的振动状态是评估构件使用状态的重要指标,然而当前的缆索构件的健康监测指标一般为加速度,需要对加速度进行处理和分析才能评定出构件的状态。在目前使用的各种方法中,傅立叶分析的应用最为广泛,它是一种纯频域分析方法.非常适用于对线性过程平稳时间序列的处理。当前,快速傅立叶变换(FFT)和自适应主成分特征向量空间滤波(APES)是两种常用的时频转换方法。相比于 FFT,APES 方法在时频分析中提供了更高的时间分辨能力,能够更好地揭示信号的瞬态特性和短时频率变化。APES 方法的基本步骤包括构造 Toeplitz 矩阵、计算自相关矩阵、进行奇异值分解以获得主成分特征向量、归一化得到权重矩阵,并将其应用于信号的时频谱。通过这些步骤,APES 方法可以获得适应信号特征的权重矩阵,并生成在时频平面上局部化的时频谱,以更好地描述信号的时频特性。

FFT 和 APES 方法在不同应用场景中具有各自的优势,图 6.2-8 给出了 FFT 和 APES 两种方法下的时变转换结果。可以发现相较于 FFT,APES 的优势为:在同样的数据长度下 APES 谱峰更窄,识别出的谱峰更加精准。也就是说,在保证精度的前提下,APES 只需较小的数据长度,就可以实现谱峰的识别。

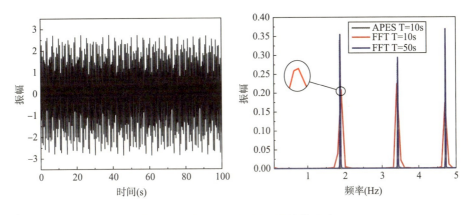

图 6.2-8　FFT 与 APES 时频转换方法

以实地监测一组桥梁振动响应信号为例,应用前面介绍的方法计算其瞬时频率,从而看一下该方法在处理实际数据时的效果。以青州航道桥为例,拉索振动加速度数据来自安装在青州航道桥的中跨最短索的加速度传感器,图 6.2-9 给出了识别得出的瞬时频率。可以发现,该方法对于各阶瞬时频率识别效果良好,识别得出的各阶频率呈等差分布,符合拉索振动频率的一般规律,表明了算法的有效性。

分析参数主要为拉索加速度值及其均方根值(RMS),结果如图 6.2-10 所示。可以发现不同拉索的加速度与 RMS 值均有较大差异,没有明显规律,无法从结果对拉索的状态做出判断,现有的评估手段与方法多针对拉索的索力变化进行评估,对于评估拉索振动加速的指标与方法较少。因此,对拉索的瞬时频率进行识别与分析,继而得出拉索索力的变化规律,是评估拉索的状态的关键。

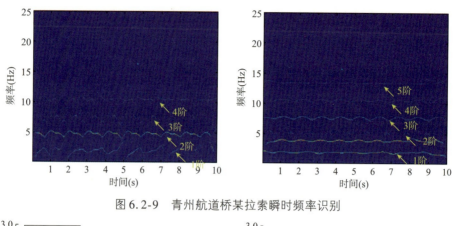

图 6.2-9 青州航道桥某拉索瞬时频率识别

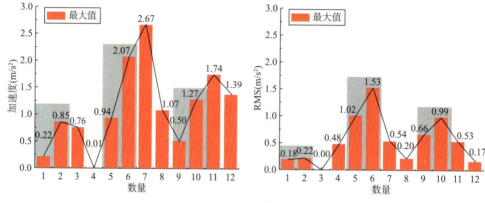

图 6.2-10 拉索振动加速度统计分析

一般认为,设计阶段提出的设计索力,是最有利于保持整座结构健康的索力状态。因此,若拉索的张力均接近于设计索力,则表明结构状况更加健康;反之,若存在某根或某些斜拉索,其张力相对于设计索力过大或过小,则表明全桥索力状态已偏离设计索力,结构健康状况存在问题。同时,索力大小不能超过其材料的承受能力。根据上述定性分析,斜拉索的张力属于适度指标模型,即存在一个标准状态,越接近标准值越好。根据这样的原则,若索力等于标准状态,则可评为满分;若索力偏离标准状态达到一定程度,则评为零分。同时需要考虑索力是否接近拉索材料承受能力的上限,在拉索中拉应力接近材料强度时已极度不安全,也应判为零分。将索力偏离标准状态的程度用索力变化的百分比量化,并以给定的百分比作为零分标准,综合考虑了适度指标模型以及材料强度方面,将索力偏离标准状态40%定为零分标准,中间的状态按照适度指标模型进行曲线插值。

拉索的状态评估是一个复杂的过程,影响因素较多,单单依靠健康监测的手段很难对拉索的状况作出全面与综合的评定。为了充分了解拉索的服役状态,将常用的无损检测技术和监测技术综合利用起来,对拉索构件进行作出尽可能合理的评估。拉索构件的损伤主要有腐蚀、疲劳断丝断裂等几种,损伤的检测的技术也主要是针对上述损伤形式所发展的。

既有研究表明,只有当护套在荷载与环境作用下发生老化、开裂后,环境中的腐蚀介质才开始侵入索体内部,引起索体钢丝的腐蚀,因此对于缆索的腐蚀疲劳可据此划分为两个阶段,即护套有效防护阶段与缆索索体的腐蚀疲劳阶段。

护套的有效防护时间主要取决于桥梁所处的环境,可根据服役环境推算护套的有效防护时间。对于索体钢丝的腐蚀疲劳阶段,主要通过均匀腐蚀与点腐蚀来量化腐蚀进程,均匀腐蚀表征钢丝表面的平均腐蚀进程,而点腐蚀伴随均匀腐蚀而生。在腐蚀疲劳的前期,点蚀坑的发展由腐蚀介质主导,随着点蚀深度在腐蚀与应力的两种作用下逐渐增加,点蚀裂纹成核,进入应力介质主导的阶段,裂纹持续发展直至钢丝失效,在上述这一过程中,由于索体的平行钢丝构造与护套破损的形式各异,腐蚀进程在构件的断面存在差异性,横截面不同位置处的钢丝处于不同的腐蚀疲劳阶段。可实现缆索在腐蚀疲劳作用下的性能退化研究,基本过程如图 6.2-11 所示。

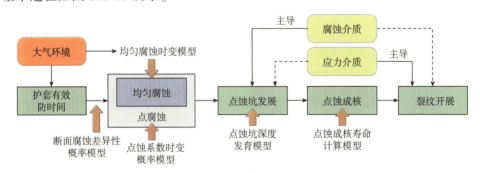

图 6.2-11　蚀疲劳性能退化过程

3)伸缩装置数值模型的建立与服役状态评估方法

作为桥梁结构的重要组成部分,伸缩装置主要用于由于调节风荷载、车辆荷载、温度等外部荷载引起的桥梁纵向变形。大跨度桥梁纵向体系较柔,因此更易产生纵向位移。相较于中、小跨径桥梁,其伸缩装置也更容易发生破坏。因此,大位移伸缩装置的运营状态监测更值得被关注。

在此重点讨论模数式伸缩装置的纵向伸缩特性,因此在建立伸缩装置数值模型过程中,对主要元件,如中梁、边梁、支承梁、蹄形蹬架等采用梁单元进行精细化模拟,滑动支承、压紧支承采用线性弹簧单元模拟,控制弹簧采用非线性弹簧单元模拟,而对于次要元件,如密封橡胶带、刚性锚固、支承箱等则不予考虑。采用接触单元模拟支承与支承梁之间的摩擦,并对应有相应的目标单元。伸缩装置有限元模型如图 6.2-12 所示。

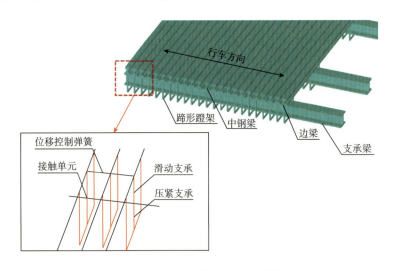

图 6.2-12　伸缩装置有限元模型

黏着磨损又称为咬合磨损,摩擦接触的物体表面无论经过多仔细的打磨,微观上仍然无法达到完全平滑。当两个名义上的接触面结合在一起时,它们在凸起较高的尖端接触,接触的总面积由施加荷载下这些区域中材料的变形决定。因此,实际接触面积占比很小,即使只承受很小的作用力,就足以造成塑性变形。在滑动摩擦时,副接触面局部发生材料黏着,黏着处在随后的滑动中发生破坏,如图 6.2-13、图 6.2-14 所示,图中 F 表示压力,v 表示滑动速度。在发生严重黏着磨损时,摩擦接触的物体之间可能出现胶合、咬死而无法相对滑动的情况,造成结构失效。

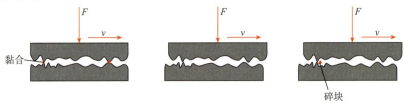

图 6.2-13　黏着磨损机理示意图

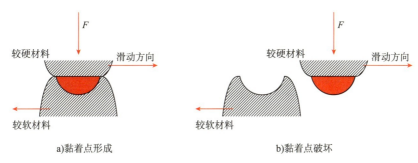

图 6.2-14　黏着点磨损示意图

聚四氟乙烯板(PTFE)以其低摩擦系数、良好的耐候性、化学性能稳定等优良性能成为一种应用广泛的滑动材料,应用于伸缩装置滑动支承、压紧支承与桥梁支座中。Campbell 等研究了 PTFE 的各种性能与磨损行为,研究表明,接触压力与滑动速度是影响材料磨损率的重要因素。根据 Stanton 的研究,而在高应力、低温度、高滑动速度的情况下,材料的磨损率会大大增加,由温度变化引起的运动是低循环高振幅运动,运动速度较慢,产生的磨损量较小,而由快速滑动造成的低循环高振幅运动会造成较大的磨损量。

在桥梁正常服役过程中,风与车辆联合作用下会引起桥梁纵向高频率、低振幅的快速运动。在滑动支承端部安装有由聚四氟乙烯制成的耐磨板材,其长期处于一定的压力下,并且以一定速度在支承梁上滑动,这便会导致黏着磨损。因此,对于伸缩装置而言,聚四氟乙烯滑动板材的磨损是影响滑动支承使用寿命的关键因素之一。

Archard 理论模型是目前常用的一种磨损分析模型,由英国著名摩擦专家 Archard J. F. 于 20 世纪 50 年代提出。即在黏着磨损过程中,实际接触面积由多个微小的凸体构成,磨损的过程也就是这些凸体相互接触作用的过程,磨损的体积与磨损因子、表面法向压力、滑移距离成正比,其公式如下:

$$dV = K\frac{dF \times dL}{H} \qquad (6.2\text{-}2)$$

式中:dV——磨损体积;

dF——接触表面的法向压力;

dL——接触表面的相对滑移距离;

H——材料硬度;

K——黏着磨损系数。

dV、dF 和 dL 的微分形式如下：

$$\begin{cases} dV = dW \cdot dA \\ dF = p \cdot dA \\ dL = v \cdot dt \end{cases} \quad (6.2\text{-}3)$$

式中：dW——磨损深度；

dA——接触面积；

v——滑移速度；

dt——滑移时间；

p——接触表面应力。

可得：

$$dW = K\frac{pv}{H}dt \quad (6.2\text{-}4)$$

根据 Campbell 和 Kong 提出的计算模型，该计算模型将磨损量 h 与 p、v 联系起来：

$$h = kpvt \quad (6.2\text{-}5)$$

式中：h——磨损厚度；

k——磨损系数；

p——接触压力；

v——滑动速度；

t——负载时间。

Ala 与 Stanton 等根据聚四氟乙烯板磨损试验结果，确定了磨损率与 pv 之间的关系，如图 6.2-15 所示。在 pv 值较小时，聚四氟乙烯板处于轻度磨损状态（低 k 值），在 pv 达到限值之后，磨损状态会发生突变，磨损系数迅速增大，变为严重磨损状态（高 k 值）。

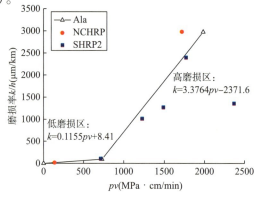

图 6.2-15　PTEF 板材磨损率

在斜拉桥运营期内，滑动支承承受的压力与移动速率与桥梁纵向位移情况密切相关，处于不断变化之中，因此，磨损率也会随时间变化。在某个时间段内，确定滑动支承的平均压力、平均速度与磨损率便可得到磨损量。

$$\begin{cases} k = 0.1155pv + 8.41 & (pv \leqslant 729.86 \text{MPa} \cdot \text{cm/min}) \\ k = 3.3764pv - 2371.6 & (pv \geqslant 729.86 \text{MPa} \cdot \text{cm/min}) \end{cases}$$

(6.2-6)

将以上各式联立，对时间积分可求出滑动支承聚四氟乙烯板在 Δt_i 内的磨损深度，即：

$$\Delta h_i = k_i(p_i v_i) v_i \Delta t_i \tag{6.2-7}$$

伸缩装置在运营一定时间后，滑动支承聚四氟乙烯板板总磨损深度为：

$$h = \sum_{i=1}^{m} h_i = \sum_{i=1}^{m} k_i(p_i v_i) v_i t_i \tag{6.2-8}$$

基于 Archard 磨损理论与梁段位移实测数据，以青州航道桥的伸缩装置为例，进行磨损量分析。图 6.2-16 所示的是一个月内的滑动支承累计磨损量，图 6.2-17 所示的是一年内的滑动支承累计磨损量。由图可知，桥梁伸缩装置滑动支承磨损量较小，在监测时段内，月磨损量为 1.5μm，年累计磨损量为 19.3μm，远未达到需要更换的磨损程度，说明伸缩装置目前服役状态正常，而远离主桥侧的滑动支承磨损量更小，都处于正常服役状态，伸缩装置能够满足桥梁纵向伸缩的需求。

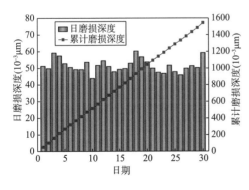

图 6.2-16　一个月内滑动支承磨损深度

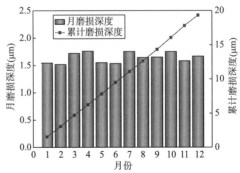

图 6.2-17　一年内滑动支承磨损深度

6.3 桥梁适应性评定

《公路桥涵养护规范》(JTG 5120—2021)将桥梁评定分为了技术状况评定和适应性评定。在本节中的适应性评定主要涉及承载能力评定、通行能力评定和抗灾害能力评定。

6.3.1 承载能力评定

对桥梁承载能力进行评定的传统方法主要通过对桥梁缺损状况检查、材质状况与状态参数检测和结构验算,必要时以进行荷载试验的方式来评定桥梁承载能力。结构验算主要是采用引入分项系数修正正常使用极限状态以及承载能力极限状态设计表达式的方式来进行。对于一般的公路桥梁的承载能力评定,应从结构或构件的强度、刚度、抗裂性和稳定性四个方面进行承载能力检测评定。其中,承载能力极限状态对应的是结构或者构件的截面强度和稳定性,正常使用极限状态针对的是结构或构件的刚度和抗裂性。港珠澳大桥中主要是钢结构,对钢结构的承载能力极限状态的评定,主要是对钢结构构件强度、总体稳定性和疲劳强度进行验算,在验算过程中应该用承载能力检算系数 Z 对应力限值取值进行修正,取为 $Z[\sigma]$。对于正常使用极限状态,应该采用承载能力检算系数 Z 对容许变形值进行修正,取为 $Z[f]$。同时,也应该根据实际的荷载情况,对设计所采用的活载进行修正。针对港珠澳大桥的应用场景,其配备有齐全的荷载监测和感知设备,利用这些设备采集的数据,并结合上述章节中的荷载重构与模拟理论,可以实现对港珠澳大桥实际运营荷载准确的把握,这就可以根据实际交通荷载工况计算实际交通荷载效应并与设计荷载效应进行对比,在此我们称之为承载能力评定的第一个阶段。利用对交通荷载重构的数据,统计典型代表交通量、大吨位车辆混入以及荷载分布情况,可以确定活载修正系数 ξ_q。此外,港珠澳大桥依托国家重点研发计划"港珠澳大桥智能化运维技术与集成应用"研发了智能检测设备,开发了智能巡检系统,基于此,可以实现对桥梁缺损状况、材料强度等特征的高效准确的把握,进而高效地确定了承载能力检算系数 Z。基于活载修正系数以及承载能力检算系数便可以修正设计阶段的计算公式,进而开展针对正常使用极限状态和承载能力极限状态的承载能力评定,我们称之为承载能力评定的第二阶段和第三阶段,如图 6.3-1 所示。

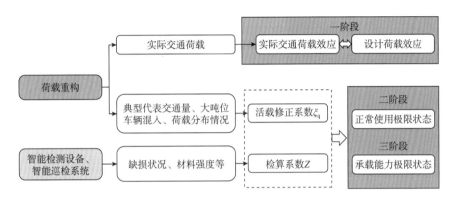

图 6.3-1　承载能力评定三阶段示意图

上述方法是基于《公路桥梁承载能力监测评定规程》(JTG/T J21—2011)所提出的基本框架进行的。采用上述过程进行港珠澳大桥的承载能力评定,可以得到较为综合的评定结果,但是上述方法得到的结果在长期保持不变,对桥梁在短期内承载能力发生的变化并不敏感。故而,在港珠澳大桥,也尝试使用融合桥梁健康监测数据和桥梁仿真计算数据对桥梁的整体承载能力进行智能高效评定的方法。对标桥梁在设计理论状态下的有限元模型,若在相同的荷载作用下,桥梁的实际监测响应值小于理论仿真计算值,说明实际桥梁状态要好于理论状态,反之,可以得到相反的结论。长期的校准有限元仿真计算和桥梁健康监测之间的响应,在长时间尺度内,对比相似荷载作用下的桥梁响应,可以客观地反映出桥梁整体的变化情况。采取以上做法,可以有效结合仿真计算和健康监测两种手段,实现对整体承载能力的有效掌握,这也是采用了正反结合评估的思想。

将某一段最不利作用时间内的荷载场进行多场耦合的桥梁仿真计算,并基于计算的响应时程结果与实桥对应位置处的位移计实测值进行对比,如图 6.3-2 所示。结果表明,分析系统计算的响应与实测值相比趋势保持一致,而且实测值明显小于理论值。这表明当前桥梁的实际刚度大于理论上的刚度,说明桥梁的承载能力处在较好的状态。

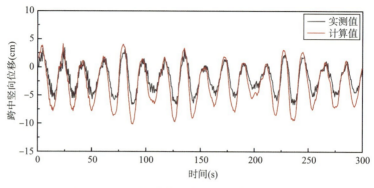

图 6.3-2　某时间段内实测值和计算值的对比

此外,基于第三章对随机车流的智能推演,在此,也可以实现对未来不同密度车流作用下桥梁承载能力的评估。图 6.3-3 和图 6.3-4 分别给出了 30min 的不同车流密度作用下的桥梁跨中弯矩和挠度的时程以及频率分布图。从图中可以看出,在不同的随机车流作用下,当前的桥梁均表现出来了较好的承载能力。

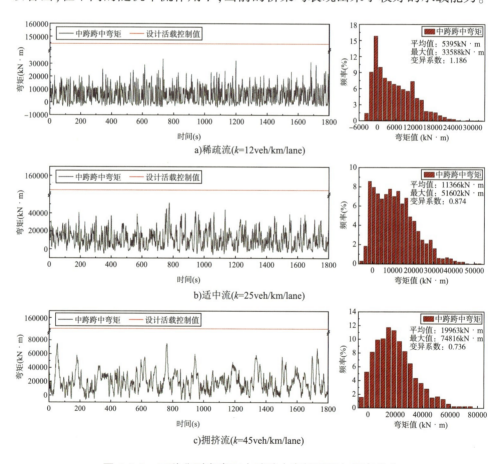

图 6.3-3　三种典型密度下中跨跨中弯矩时程与频率分布

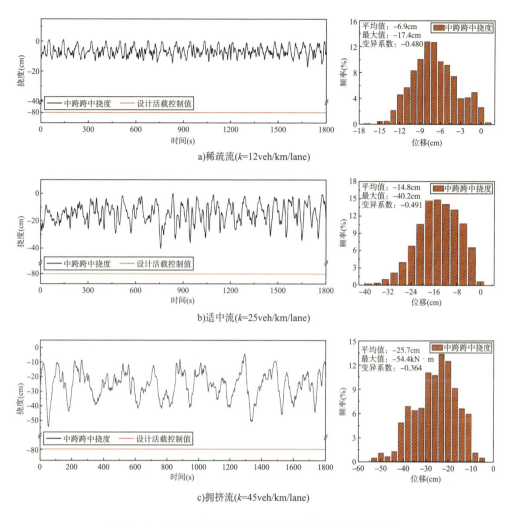

图 6.3-4 三种典型密度下中跨跨中挠度时程与频率分布

6.3.2 通行能力评定

通行能力评定主要是将设计通行能力与实际交通量进行比较,也可和使用期预测交通量进行比较,评价桥梁能否满足现行或预期交通量的要求。设计通行能力是指桥梁在设计时考虑的最大交通量,它与桥梁的结构形式、车道数、限速等因素有关。实际交通量是指桥梁在使用期内实际承受的交通量,它与桥梁所在地区的交通发展水平、交通管理措施等因素有关。未来预期交通量是指桥梁在使用寿命内预计承受的最大交通量,它与桥梁所在地区的人口增长、经济发展、城市规划等因素有关。实际交通量和未来预期交通量的获取可以通过多种方式,如视频识别、雷达探测等。《公路工程技术标准》(JTG B01—2014)按照对交通流状态的描述,将公路的服务水平划分为六级,其中:一级服务水平对应的交通流处于完全自由流状态,驾驶员能自由地按照自己的意愿选择所需速度,行驶车辆不受或基本不受交通流中其他车辆的影响。在交通流内驾驶的自由度很大,为驾驶员、乘客或行人提供的舒适度和方便性非常优越。较小的交通事故或行车障碍的影响容易消除,在事故路段不会产生停滞排队现象,很快就能恢复到一级服务水平;而六级服务水平对应的交通流处于拥挤状态,是通常意义上的强制流和阻塞流,在这一服务水平下,交通设施的交通需求超过其允许的通行量,车流排队行驶,队列中车辆出现停停走走的现象,运行状态极不稳定,可能在不同交通流状态之间发生突变。

针对港珠澳大桥的场景,通过第三章提出的交通荷载重构方法,可以利用多种方式来进行交通量的统计。如图 6.3-5 所示。从图中可以看出,在每天的 2:00 ~ 12:00,港珠澳大桥的通行车流较大。整体来讲,港珠澳大桥的目前的通行能力处于很好的状态。

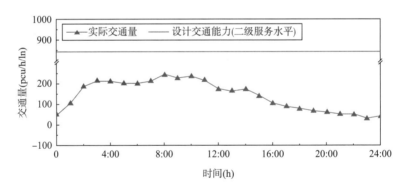

图 6.3-5 某三个月的对应时刻的小时平均交通量

6.3.3 抗灾害能力评定

对桥梁抗灾害能力的评定,《公路桥涵养护规范》(JTG 5120—2021)规定可采用现场测试与分析检算的方法,重要桥梁可进行模拟试验。上述方式较为烦琐,耗时耗力。针对港珠澳大桥的应用场景,提出了一种结合极端荷载模拟和有限元仿真模拟计算的评价方法。该方法能够考虑桥梁所处的环境气候条件以及运营状况,模拟不同灾害作用下桥梁结构主体的受力和破坏情况。极端荷载是指桥梁在使用寿命内可能遭受的极端荷载,如台风等,它与桥梁所在地区的气象、地质等因素有关。在前述的章节中已经介绍和荷载的模拟方法以及桥梁结构的仿真计算方法。利用模型修正技术对建立的有限元模型进行修正使得有限元模型可以反映桥梁的真实状态。将极端荷载加载到有限元仿真模型,计算数字桥梁模型的响应,进而对桥梁状态抗灾害能力进行初步的评价。其基本可以分成以下三个状态:抗灾害能力强,表示极端荷载对桥梁结构主体基本无破坏,说明桥梁具有较高的安全储备,能够抵御计算荷载;抗灾害能力中等,表示极端荷载对桥梁结构主体基本有破坏,但不影响结构安全,说明桥梁在正常的使用条件下能够正常运行;抗灾害能力弱,表示极端荷载对桥梁结构主体基本有较大破坏,影响结构安全,存在安全隐患,且在极端的灾害条件下将难以保证结构安全。图 6.3-6、图 6.3-7 给出了在模拟的台风作用下青州航道桥的跨中响应以及响应的均方根(RMS)。其响应值均在规范允许的范围之内,这说明目前青州航道桥有很强的抗台风性能。

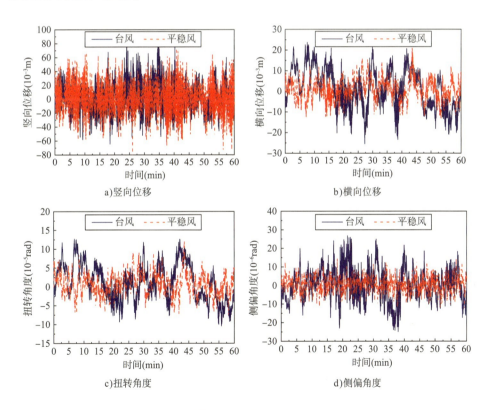

图 6.3-6 跨中响应

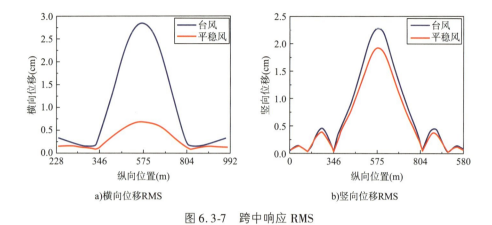

图 6.3-7 跨中响应 RMS

6.4 桥梁综合评定

多属性效用理论评定方法是在传统桥梁评估方法上，拓展出的一种更为全面的综合评定方法。目前，多属性效用理论评定系统并未运用于国内土木结构。在国外，欧洲、美国与加拿大已完成多属性效用理论评定的研究分析，处于评定系统开发与完善阶段。

桥梁多属性状态评估方法建立在多源大数据综合分析基础上，对不同维度的数据进行去量纲化整合分析。其采用多属性效用方程，把不同维度下，不同量级的数据进行归一化处理，再通过权重方程进行属性合并，最终给出 0～100 的评定值。以港珠澳大桥为例，需要综合评定的模块为：桥梁安全性、耐久性、适用性和其他性能。对于桥梁安全性能的状态评估，沿用层析分析法，从底层二级单个构件进行评分，通过权重函数化零为整，效用方程考虑风险值与数据不确定性，把桥梁单个构件的评分上升到整个部件。耐久性考虑钢筋混凝土材料与钢材本身的力学性能，如剩余使用寿命与材料强度，通过多属性效用方程，不同量纲数据可进行去量纲归一化处理。综上，该方法具有可行性高、通用性好、适用性广的特点，能科学合理地考虑桥梁综合性能。

港珠澳大桥多属性状态评估方法基本框架如图 6.4-1 所示，左侧模块为必选模块，右侧模块为推荐模块，在实际使用中，应根据数据源、桥梁监测项、检测项、常见病害、所处环境、交通监测、与全寿命周期维修养护费用灵活采用。

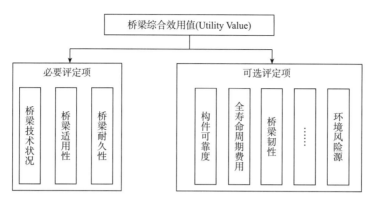

图 6.4-1 公路桥梁综合指标体系框架

6.4.1 效用函数确定方法

多属性效用函数首先对单一指标进行去量纲化,而后通过权重系数进行多指标综合分析。对于单因素的效用函数,一般设定为指数函数形式:

$$U_i(x_i) = A - B \cdot e^{-\frac{x_i}{RT}} \quad (6.4\text{-}1)$$

各参数算式如下:

$$A = \frac{e^{\frac{-\text{Min}(x_i)}{RT}}}{e^{\frac{-\text{Min}(x_i)}{RT}} - e^{\frac{-\text{Max}(x_i)}{RT}}} \quad (6.4\text{-}2)$$

$$B = \frac{1}{e^{\frac{-\text{Min}(x_i)}{RT}} - e^{\frac{-\text{Max}(x_i)}{RT}}} \quad (6.4\text{-}3)$$

$$RT_i = \frac{-CE_i}{\ln\left\{\dfrac{-0.5U_i[\text{Max}(x_i)] - 0.5U_i[\text{Min}(x_i)] + A}{B}\right\}} \quad (6.4\text{-}4)$$

式中:U_i——单项指标 i 的效用值;

A、B——放缩常数;

$\text{Min}(x_i)$——单项指标最小值;

$\text{Max}(x_i)$——单项指标最大值;

RT——管理者风险预期。

管理者风险预期是管理者对于数据不确定性与失效风险的态度。当 RT 为负时,为风险偏好型决策;RT 为 0 时,为风险中立型;RT 为正时,为风险规避型。

决定 RT 正负的为确定性等价值 CE(certainty equivalent),其表征管养人员风险承担能力预期值,当 CE 值小于单项指标均值$[\mathrm{Min}(x_i)+\mathrm{Max}(x_i)]/2$,计算出 RT 为正,表现为该指标下降到 CE 值之前,效用值下降快于指标值,在下降到 CE 值后,效用值下降慢于指标,管理者倾向于将该指标维护在较高水平。反之,当 CE 值大于平均值,管理者接受该指标在较低水平。风险值 RT 通过 CE 计算得到:

$$e^{-\frac{CE}{RT}} = 0.5 \times e^{-\frac{\mathrm{Max}(x_i)}{RT}} + 0.5 \times e^{-\frac{\mathrm{Min}(x_i)}{RT}} \tag{6.4-5}$$

不同属性的模块应对应不同 CE 值,如桥梁关键部位的技术状况可提高 CE 值,非地震带降低环境风险的 CE 值,单一指标的效应函数须通过加权求和的方式融合为多属性效应函数:

$$U = \sum_i k_i \cdot U_i(x_i) \tag{6.4-6}$$

式中:k_i——指标 i 效用函数 U_i 对应权重,满足关系 $\sum_i k_i = 1$。

对于多因素影响的效用函数,普遍采用的方法有中位值打分法与统计拟合法。中位值打分法采用定义规范评级与效用值之间的对应关系形成曲线,具体步骤如下,首先,把构件对最低等级设定为 0 分,最高对应于 100,接着设定中间等级对应的分数,再进一步细化,如图 6.4-2 所示。

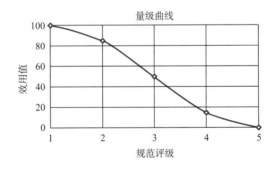

图 6.4-2 中位值打分法

对于统计拟合法,其统计实际运用的评分与效用值之间的关系,在笛卡尔坐标系中形成点阵,直接输入专家推荐或业内认可的拟合公式,待定参数可由最小二乘法自动拟合。

综合评估包括安全性、耐久性、适用性、其他可添加性能在内,对应的权重为 W_1、W_2、W_3 以及 W_4,如图 6.4-3 所示。

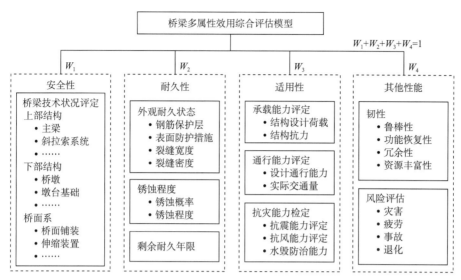

图 6.4-3　桥梁多属性效用评估模型

1）安全性

桥梁安全性主要参考《公路桥梁技术状况评定标准》(JTG/T H21—2011)中的规定,对桥梁构件、部件、部位进行评定打分,最后总结出桥梁的安全性。这部分评定指标在规范规定的基础上,增加了多属性效用函数进行去量纲归一化处理,具体评分如图 6.4-4 所示。

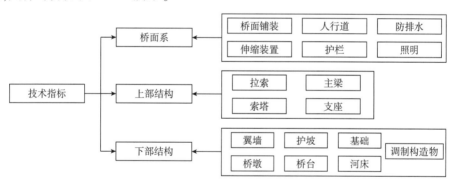

图 6.4-4　安全性评定指标选取

2）耐久性

根据《工程结构可靠性设计统一标准》(GB 50153—2008)中对耐久性的定义,结构的耐久性评定应以判定结构相应耐久年数与评估使用年限之间关系为目的。根据港珠澳大桥 120 年设计年限为目标值,根据子课题钢结构疲劳与子课题混凝土耐久性所建议的方法,计算对应构件在特定环境作用下的正常使用年限,最终通过多属性效用计算归一化值。对于全寿命周期内,满足正常使用极限状态的构件评定为 1 分。

3) 其他性能

其他性能为可选性能,只在数据支持时考虑,如桥梁韧性,全寿命周期内维修养护费用指标。桥梁韧性指桥梁在受到灾害后,保持状态恢复功能的能力,主要体现四个方面:鲁棒性、功能恢复性、冗余性。鲁棒性是指桥梁对于给定的外界作用,而能维持当前状态的能力。功能恢复性是指桥梁在受到外部作用破坏,维修完成时,该部位功能恢复情况。冗余性是指当灾害发生时,桥梁系统内有没有单元激活去替代失效的构件的能力。

6.4.2 综合评估方法

桥梁综合评估方法,通过多属性效用方程与合理的权重比设定,把不同的评分系统,如桥梁安全性、耐久性、适用性及其他性能,通过效用方程转化为 0~1 的值,再通过设置不同的权重比,最终整合成一个分数。其中关键的是,量化指标确定,通过不同的,成熟的理论方法去量化各个目标函数的指标。如桥梁可靠度中,人工巡检打分评级系统,桥梁健康监测中的时变可靠度计算理论。对于管养花费,可通过开销量化,对于社会因素,如使用者使用成本,通过计算行车平均耗时进行量化。对于韧性,通过事故后,交通的恢复速度量化。最终对于港珠澳大桥相同构件,不同部件与部位形成 3 个层级的排名系统,得分从低到高排序,对于低于阈值的构件或部件,将由维修养护模块进行决策修复。具体过程如图 6.4-5 所示。

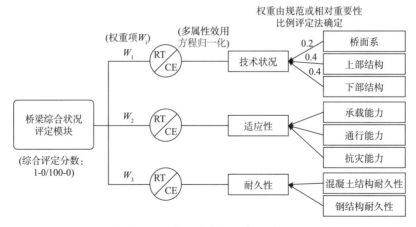

图 6.4-5　港珠澳大桥综合评估界面

关于综合评定里的各模块的权重确定方法,目前主要采用相对重要性来较为客观地制定,其具体过程如下,先确定平级的子块数量,如桥梁技术状况,适应性,耐久性。则子模块数量为3,定义一个3×3的对称矩阵,按表6.4-1选定相对重要性系数。

相对重要性比例表　　　　　　　　　　　　　　　表6.4-1

部件(部位)相对重要性	X/Y
部件 X 相对于部件 Y 非常重要	7
部件 X 相对于部件 Y 重要	5
部件 X 相对于部件 Y 较为重要	3
部件 X 相对于部件 Y 一样	1
部件 X 相对于部件 Y 较为次要	1/3
部件 X 相对于部件 Y 次要	1/5
部件 X 相对于部件 Y 非常次要	1/7

接着,依据表6.4-2,生成对应的矩阵,分别进行一次列向归一化与行向的归一化,最后加权则可以得到每个子模块的相对权重,具体算例如下:

$$\begin{pmatrix} 1 & 7 & 5 \\ 1/7 & 1 & 1/3 \\ 1/5 & 3 & 1 \end{pmatrix} \rightarrow \begin{pmatrix} 0.74 & 0.64 & 0.79 \\ 0.10 & 0.09 & 0.05 \\ 0.15 & 0.27 & 0.16 \end{pmatrix} \rightarrow \begin{pmatrix} 2.17 \\ 0.25 \\ 0.58 \end{pmatrix} \rightarrow \begin{pmatrix} 0.72 \\ 0.08 \\ 0.20 \end{pmatrix} \quad (6.4\text{-}7)$$

权重打分表　　　　　　　　　　　　　　　表6.4-2

模块	技术状况	适应性	耐久性
技术状况	1	7	5
适应性	—	1	1/3
耐久性	—	—	1

以上所述的所有评估结果数据都会传输到智能维养系统,为维养决策提供有力的支持。

6.5　本章小结

本章主要介绍了港珠澳大桥的综合评估方法。首先,建立了技术状况评定指标及分级评定标准,并针对港珠澳大桥的应用场景提出了技术状况指标评定方法,同时开展了关键易损构件的专项评估;然后,综合运用健康监测系统、模拟仿真计算等多源数据分别给出了港珠澳大桥承载能力、通行能力、抗灾害能力的评估方法;最后,基于多属性效用理论评定方法,对不同维度的数据进行去量纲化整合分析,针对港珠澳大桥的桥梁安全性、耐久性、适用性和其他性能进行了综合评价。

CHAPTER 7 | 第 7 章

跨海桥梁服役性能监测与评估系统

7.1 概述

港珠澳大桥服役性能监测与评估系统包括桥梁健康监测系统及桥梁服役性能仿真、在线评估及分级预警系统。桥梁健康监测系统是对常规的检查、检测和载荷试验的重要补充，其不可替代性主要表现在连续性、同步性、实时性和自动化四个方面。该系统能够根据桥梁的具体结构形式，进行结构有限元建模，确定桥梁的安全敏感点，从而确定传感器的布设数量和位置。该系统能够采集各类传感器信息，并提供多种预测预警模型以及数据分析的模型，一旦监测数据超出设定的阈值或容许值，系统就会报警。该系统能够建立完备的桥梁数字化档案，提高桥梁作为交通设施的智能化管理水平，随时远程掌控桥梁性能和工作状态，提高数据监测的精度。港珠澳大桥桥梁服役性能仿真、在线评估及分级预警系统是利用重构技术实现多介质、多场、多荷载随机重构，以桥梁健康监测系统协同互联感知数据及力学-数学模型为双向驱动，融合多源异构数据突破智能仿真评估预警关键技术，建立桥岛隧智能仿真、实时在线评估及分级预警体系。该系统能够实现"荷载仿真-桥梁结构模型-桥梁响应"正向评估链条，以及利用卷积神经网络模型，结合正反向评估数据，修正荷载仿真参数与桥梁结构有限元模型，实现桥梁一体化评估体系的"持续进化"。该系统能够对桥梁的服役性能进行精准模拟和预测，为桥梁的安全运营提供科学依据。

本章首先梳理了跨海桥梁服役性能监测与评估系统的功能需求、性能需求和其他需求，明确了系统的目标和范围，然后对系统的数据库设计、数据接口设计和系统实施与部署进行了详细的描述和规划，保证了系统的可靠性和可扩展性。

7.2 港珠澳大桥健康监测系统

港珠澳大桥健康监测系统的核心需求，是实现特殊事件快速报警、长期性能演变跟踪，为港珠澳大桥的管养提供技术支持。健康监测系统应能够实现对涡振、斜拉索异常振动的自动跟踪和报警;对钢箱梁内、钢塔内的湿度跟踪,为除湿机、涂层性能演变服务;对桥梁模态进行跟踪,为评估钢混连接性能服务;对车流特性、风荷载进行监测和分析,为港珠澳大桥运营服务;以及其他监测评估功能,为大桥管养提供可靠的数据支持。现有的港珠澳大桥健康监测系统基本数理统计功能、数据分析功能、分析实时性仍有待完善,需要对桥梁健康监测系统进行升级改造,有力地服务于港珠澳大桥管养工作。

7.2.1 目标

港珠澳大桥健康监测系统可实现实时在线分析与报警、定时离线分析、监测报告生成,具体流程如图7.2-1所示。

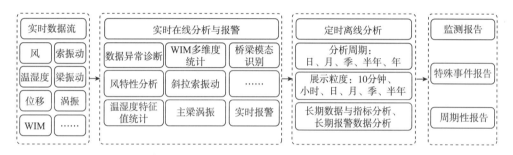

图7.2-1 港珠澳大桥健康监测系统数据分析流程

实时在线分析反映结构运行状态的结构响应数据,可实现对结构监测数据的实时分析计算,得到各种监测指标,当发现结构状态异常实时报警或报警,使用户实时掌握结构运行状态。定时离线模块在原始数据和实时在线分析结果的基础上,进行不同时间粒度的统计和分析,研究结构性能长期演变趋势以及指标间的时空关联关系。监测报告内容涵盖统计分析和离线分析结果,分为日报、月报、季报、年报,可从不同时间尺度上描述和挖掘监测数据。

港珠澳大桥健康监测系统的开发可为港珠澳大桥结构的安全保驾护航,为大桥运营维护提供服务,为特殊应急事件(涡振、船撞、地震等)提供及时准确的技术支持,为海洋环境下的跨海集群工程长期服役性能评估决策提供技术支撑,为国家重点研发计划项目"港珠澳大桥智能化运维技术集成应用"提供高质量的长期监测数据支持和信息服务。

7.2.2 需求分析

1）功能需求

港珠澳大桥健康监测系统包含监测管理、实时在线、定时离线、安全报警、系统设置五个功能模块。桥梁健康监测系统主要业务功能框架如图7.2-2所示。

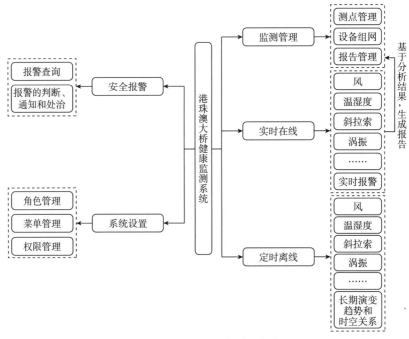

图7.2-2 系统业务功能框架

监测管理：依据港珠澳大桥主体结构健康监测设备的部署方案，配置各结构单元的设备参数、测点参数，形成系统内部编号，实现桥梁监测实体与监测设备实体的映射，并通过手动标记的形式确定各个测点在相应平面图、断面图的位置，完成对传感设备的定位，实现监测设备与监测点位的统一管理。

实时在线：反映结构运行状态的结构响应数据，监测内容包含风、温湿度、WIM、位移、斜拉索、振动、模态、涡振、应变、隧道管节接头张合情况和水密性，可实现对结构监测数据进行实时分析计算，得到各种监测指标，当发现结构异常状态实时报警或报警，使用户实时掌握结构运行状态。

定时离线：在原始数据和实时在线分析结果的基础上，进行不同时间粒度的统计和分析，研究结构性能长期演变趋势以及指标间的时空关联关系。定时离线模块相较于实时在线模块，分析时间尺度更大，分析结果更加深入，可得到结构运营状态的演变规律,评估桥梁运营状态,对养护工作指导意义更大。

安全报警:安全报警模块对整个港珠澳大桥的报警信息进行统计展示,分为阈值报警和车辆报警,实现报警的判断、通知和处治,方便管养人员在使用系统时对各个内容的报警信息进行管理。

系统设置:系统管理模块依据监测业务和管理体系,总结不同部门的岗位职能,抽象出若干种角色,赋予各角色相应权限,实现不同部门、不同岗位的用户具备不同的功能操作权限和数据操作权限,并允许用户自定义角色权限。

系统业务功能详细信息如表7.2-1所示。

系统业务功能　　　　表7.2-1

一级功能	二级功能	描述
监测管理	测点管理	1. 系统监测树管理:增删监测内容; 2. 系统监测点管理:配置测点
	设备组网	1. 设备库:管理系统采集设备和传输设备等; 2. 设备配置:依据数据流通配置设备顺序; 3. 采集制度:配置说明采集设备的采集制度
	报告管理	1. 周期报告:管理下载日报、月报、季报、半年报、年报等监测报告; 2. 特殊事件报告:由事件驱动,自动生成特殊事件报告
实时在线	风	1. 展示实时数据:风速风向实时数据; 2. 展示统计分析结果:瞬时最大风速、瞬时最小风速、3s均值最大风速、2min均值最大风速、10min平均风速、紊流强度、脉动方差、紊流积分尺度、风攻(偏)角、实时报警结果
	温湿度	1. 展示实时数据:温湿度实时数据; 2. 展示统计分析结果:温湿度实时统计数据(首位值、末位值、均方根、最大值、最小值、绝对值平均值、绝对值最大值、绝对值最小值)、温度场、温度梯度、实时报警结果
	WIM	1. 展示实时数据:车流实时数据; 2. 展示统计结果:实时报警结果
	梁端位移	1. 展示实时数据:位移实时数据; 2. 展示统计分析结果:位移累计值、位移速度、位移加速度、位移差数据、实时报警结果
	主梁挠度	1. 展示实时数据:位移实时数据; 2. 展示统计分析结果:位移累计值、位移速度、位移加速度、实时报警结果

续上表

一级功能	二级功能	描述
实时在线	GNSS设备位移	1. 展示实时数据：位移实时数据； 2. 展示统计分析结果：位移累计值、位移速度、位移加速度、实时报警结果
	斜拉索	展示统计分析结果：实时分析结果（10min）、最大索力统计、最小索力统计、加速度均方根RMS（大振幅指标）、量相似比SRE（涡振指标）、振幅相似比SRA（涡振指标）、实时报警结果（涡振和索力）
	模态	展示统计分析结果：实时分析结果（10min）、模态各阶次振型、各阶次频率、各阶次阻尼比
	涡振	1. 展示实时数据：振动实时数据； 2. 展示统计分析结果：加速度均方根RMS、能量相似比SRE、振幅相似比SRA、实时报警结果
	应变	1. 展示实时数据：应变实时数据； 2. 展示统计分析结果：实时统计数据（首位值、末位值、均方根、最大值、最小值、绝对值平均值、绝对值最大值、绝对值最小值）
定时离线	风	在实时在线分析出各类风指标的基础上，采用不同时间粒度进行统计。 统计值包含指标的平均值、最大值、最小值
	温湿度	对温湿度监测数据进行不同时间粒度的统计，研究时间和空间上温湿度长期变化规律。 统计值包含温湿度数据的最大值、最小值、平均值、均方根、绝对值平均值、绝对值最大值、绝对值最小值、方差、极差等
	WIM	对车流数据进行不同时间粒度、不同交叉组合的统计
	梁端位移	对监测数据进行不同时间粒度的统计。 统计值包含位移累计值、速度、加速度、绝对值最大值等
	主梁挠度	对监测数据进行不同时间粒度的统计。 统计值包含位移累计值、速度、加速度、绝对值最大值等
	GNSS位移	对监测数据进行不同时间粒度的统计。 统计值包含位移累计值、速度、加速度、绝对值最大值等
	斜拉索	对实时计算得到的斜拉索索力和判断异常振动发生状态的加速度均方根（RMS）、振动幅值比（SRA）和能量相似比（SRE）等关键指标，进行不同时间粒度的统计，研究斜拉索索力和异常振动情况的长期演变情况

续上表

一级功能	二级功能	描述
定时离线	模态	对实时计算得到的频率、阻尼比、振型等模态参数进行不同时间粒度的统计,得到桥梁模态参数的长期演变情况,掌握桥梁的长期动力特性变化
	主梁涡振	对实时计算得到的加速度均方根(RMS)、振动幅值比(SRA)和能量相似比(SRE)等判断涡振发生状态的指标,进行不同时间粒度的统计,研究关键指标的长期演变情况
	应力	对应变监测数据进行不同时间粒度的统计,并将应变数据换算为应力数据,研究时间和空间上应变长期变化规律
	耐久性	展示全桥耐久性历史数据
	数理统计	1. 历史数据统计; 2. 自相关对比; 3. 互相关对比
	异常数据诊断	展示大桥主梁振动和拉索振动数据的异常诊断结果
安全报警	报警查询	1. 阈值报警查询; 2. 车辆报警查询
系统设置	系统权限、角色管理	控制全系统页面的权限、赋予角色权限,并与智联平台对接

2)性能需求

针对数据处理的高效性以及系统界面响应速度的及时性,港珠澳大桥健康监测系统性能需求如表 7.2-2 所示。

性能需求　　　　　表 7.2-2

需求名称	需求描述
数据分析性能需求	后台每 10min 的所有分析功能和测点数据统计,需要在 10min 内完成
系统界面响应需求	主要页面的响应时间不能高于 10s
系统运行访问量需求	页面能够满足最多 10 人同时访问

3)其他需求

港珠澳大桥健康监测系统其他需求如下:

(1)数据库需求

①初始数据库的大小:大约有14个原始数据库和35个分析统计库。

②数据库的增长速度:原始数据增长量约为16GB/天,分析统计数据增长量约为0.03GB/天。

③网络和共享访问需求:系统必须能够支持4位开发人员、3位大桥运维人员、2位领导共9人同时查看。

④数据查询性能:在非高峰期数据库应用系统的查询等待时间在5s之内。

⑤安全性:只有开发人员能够访问数据库;只有数据中台的相关人员能够修改完善数据库。

(2)系统安全需求

①不同角色用户登录后权限不同,主要为查看不同功能模块权限、修改配置参数权限。

②密码验证错误三次则锁定账号。

③系统只能在内网登录。

(3)服务器需求

两台Windows服务器:内存32GB以上、显卡3GB以上、12代英特尔CPU以上、硬盘空间2TB以上。

7.2.3 系统细部设计

1)数据库详细设计

港珠澳大桥健康监测系统的数据统计与分析业务所涉及的数据量庞大,为方便运维人员更好地管理与查询相关数据信息,将不同种类的数据分别存储在不同的数据库类型中。健康监测系统所使用的数据库类型如表7.2-3所示。

港珠澳大桥健康监测系统数据库　　　　表7.2-3

数据库类型	版本	说明
Mongodb	V4.2.6	实时数据存储及定时删除
MySQL	V5.7	监测参数、分析参数等关系型数据存储
Clickhouse	V21.11.5.33	原始数据、分析数据等时序数据存储
Redis	V5.0	用于大量实时数据的实时报警

2）数据接口设计

（1）报警接口：健康监测系统向港珠澳大桥智联平台其他系统传输不同监测单元、不同监测内容的报警信息。

（2）实时数据接口：健康监测系统接收数据中台的实时数据流进行展示，并依靠MATLAB封装程序针对不同的数据类型进行数据统计和分析。

（3）配置参数接口：存储分析代码所需要的分析参数，在进行实时数据统计与分析时，传递分析参数，保证数据分析过程顺利且准确。

（4）分析结果接口：实时数据流经统计分析后输出并存储结果，并在系统界面上展示统计结果。

（5）测点信息接口：提供各个测点的具体信息，包含测点编号、设计编号、设备类型、位置信息等。

（6）报告管理接口：桥梁健康监测系统会自动生成报告，需要提供存储接口将报告保留，且需要具备下载报告的功能。

7.2.4 系统实施与部署

1）健康监测系统数据实时统计与分析模块

港珠澳大桥健康监测系统接入大桥监测的实时数据对其进行统计分析，针对不同监测内容生成不同的监测指标，监测内容包含风、温湿度、WIM、位移、斜拉索、涡振、模态等。

风监测模块实时获取风速、风向监测数据，进行不同尺度和深度的统计分析，能得到任意时间段内桥位处各类风荷载信息，风速概率分布、紊流强度阵风系数等重要风特性参数。为桥梁评估提供数据基础，确保桥梁运营期间的抗风性能。

温湿度、位移等监测模块实时获取温湿度监测数据，并从时间和空间的角度，对监测场和梯度进行多维度的统计分析。

车辆荷载监测模块实时获取动态称重系统的监测数据，按行驶车道对车辆荷载数据进行多角度的交叉统计，实时展示车辆荷载数据的综合统计结果以及车道中的车辆超重和超速情况，使管理者实时了解车流情况，供交通管理和结构评估使用。

斜拉索监测模块实时分析获得斜拉索的振动数据,并实时识别斜拉索索力和异常振动情况,确保用户实时掌握斜拉索工作状态。

系统振动数据分析包含实时分析加速度数据,自动获得桥梁实时模态参数(频率、阻尼比及振型图)和振动水平(振动强度和幅值),实时掌握桥梁的动力特性;自动识别主梁是否发生涡激振动,并及时进行报警。

实时统计分析结果界面示例如图 7.2-3 所示。

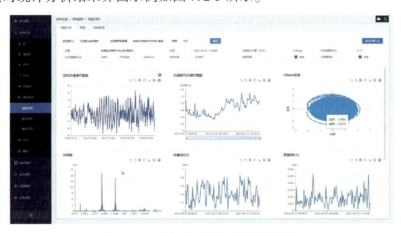

图 7.2-3　涡振实时统计分析结果界面

2）健康监测系统实时报警模块

港珠澳大桥健康监测系统接入大桥监测的实时数据,利用封装 MATLAB 程序进行统计分析,根据《公路桥梁结构监测技术规范》(JT/T 1037—2022),设置报警指标限值,对平均风速、温湿度值、WIM 车速车重、位移、主梁涡振、斜拉索索力、斜拉索涡振等关键指标进行实时判断,分析结果超出报警指标限值时则及时发送报警信息。

3）健康监测系统定时离线模块

港珠澳大桥健康监测系统的实时分析模块关注数据监测的实时性,定时离线模块是在实时在线分析结果的基础上对不同监测内容的长期监测指标信息进行分析,挖掘各类环境、作用、结构响应监测指标随时间、空间的变化趋势,挖掘多指标的相关性等信息。

离线风统计模块根据实时在线分析中的平均风速和风向、风速概率分布、风偏角、风攻角、阵风系数、脉动方差、紊流强度、紊流积分尺度等关键风特性指标,采用不同时间粒度进行统计,研究指标的长期变化规律。

离线温湿度、位移、耐久性数据统计模块对温湿度监测数据进行不同时间粒度的统计,研究时间和空间上数据的长期变化规律。

离线 WIM 统计模块对 WIM 数据的车道、车型、车重、车速、车流量、轴重、轴距进行不同时间粒度、不同交叉组合的统计,研究长期信息空间和时间的车辆分布信息以及车道中的车辆超重和超速情况,以便管理者了解长期车流情况,供交通管理和结构评估使用。

离线振动数据分析模块对实时计算得到的斜拉索索力和判断异常振动发生状态的关键指标,进行不同时间粒度的统计,研究斜拉索索力和异常振动情况的长期演变情况;对实时计算得到的频率、阻尼比等模态参数进行不同时间粒度的统计,得到桥梁模态参数的长期演变情况,掌握桥梁的长期动力特性变化;对实时计算得到的加速度均方根(RMS)、振动幅值比(SRA)和能量集中系数(ECC)等判断涡振发生状态的指标,进行不同时间粒度的统计,研究关键指标的长期演变情况;对振动数据进行异常模式诊断并给出数据异常模式。

离线统计分析结果界面示例如图 7.2-4 所示。

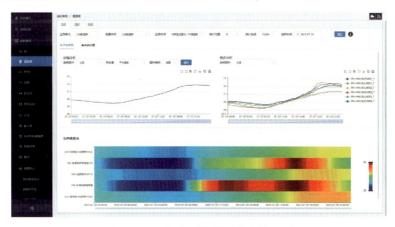

图 7.2-4　定时离线温湿度统计界面

7.3　港珠澳大桥桥梁服役性能仿真、在线评估与分级预警系统

港珠澳大桥桥梁服役性能仿真、在线评估及分级预警系统是以全天候时空感知监测数据为基础,引入大数据智联平台下的数据处理技术,在实现数据

驱动的同时,从流-固耦合、固-固耦合等角度建立桥梁服役性能评估预警的力学模型、数学模型,借助人工算法实现力学模型和数学模型的迭代更新、反馈及自适应调整,形成融合大数据协同互联互通的桥梁实时在线评估及分级预警技术,为港珠澳大桥管理局开发建设一套桥梁服役状态仿真、实时在线评估与分级预警系统,针对"港珠澳大桥智能化运维技术集成应用"项目需求,协同健康监测系统与维养决策系统,助力港珠澳大桥的日常维养与极端事件应急处置。

7.3.1 需求分析

1) 功能需求分析

功能需求分析可以帮助开发者理解用户的需求,设计合适的软件架构,制订开发计划,评估风险和成本,以及验证软件功能是否满足用户的期望。港珠澳大桥桥梁服役性能仿真、在线评估及分级预警系统的功能需求可按照业务流程分为数据接入、首页、桥梁信息库、正常荷载仿真、极端荷载仿真、桥梁易损构件评估和桥梁整体评估七个部分,各部分需求可细化为表 7.3-1 中的各项。

系统功能需求分析　　　　表 7.3-1

需求划分	需求描述
数据接入	接入桥梁健康监测数据
	基于实测数据,创建桥梁仿真、预警、评估任务
首页	展示构件评估和整体评估结果
桥梁信息库	三维模型展示接口集成
正常荷载仿真	交通荷载仿真
	三维动态演示
	正常风荷载仿真
	温度作用仿真
	波浪荷载仿真
极端荷载仿真	极端风荷载仿真
	地震作用仿真

续上表

需求划分	需求描述
桥梁易损构件评估	拉索构件评估
	伸缩装置构件评估
	桥面板构件评估
	支座构件评估
桥梁整体评估	最不利时刻响应计算
	桥梁整体评估

2）性能需求分析

性能需求分析可以帮助开发者确定软件的性能指标，优化软件的设计并实现，提高软件的效率和稳定性，满足用户的期望和需求。港珠澳大桥桥梁服役性能仿真、在线评估及分级预警系统的性能需求如表 7.3-2 所示。

系统性能需求分析　　　　表 7.3-2

需求划分	需求描述
最大并发用户数不低于 10	同时有 10 个用户使用该系统时，系统不会出现故障或异常
主要页面的响应时间不超过 3s	用户访问主要页面时，系统能在 3s 内返回主要页面
三维展示页面的模型加载时间不超过 10s	用户访问三维展示页面时，系统在 10s 内加载并显示桥梁虚拟演示模型
数据处理响应时间不超过 2s	用户提交数据处理请求时，系统在 2s 内返回处理结果
连续运行时间不低于 30d	系统在 30d 内不需要重启或停止服务
连续运行错误率不超过 3%	系统在 30d 内出现错误或异常的概率不高于 3%
可拓展至支持处理 10 万条数据	系统可以根据数据量的增加进行相应的拓展或优化

3）其他需求

（1）外部接口需求

外部接口需求分析可以帮助开发者确定软件与其他系统或设备之间的交互方式，规范软件的输入和输出，保证软件的兼容性和可互操作性，满足用户的多样化需求。港珠澳大桥桥梁服役性能仿真、在线评估及分级预警系统作为桥梁智能维养决策系统的前端，需要为维养决策系统提供构件评估与整体评估的结果作为其决策数据支撑，即需要提供拉索、伸缩装置、桥面板、支座等构件评估模块功能接口及承载能力/抗灾能力/通行能力三项整体评估模块功能接口,支持通过桥梁 ID、节点编码、指标类型和时间进行桥梁评估结果的查询。

(2)安全需求

安全需求分析可以帮助开发者确定软件的安全目标,设计合适的安全机制,防止和应对各种安全威胁,保护用户的隐私和数据。港珠澳大桥桥梁服役性能仿真、在线评估及分级预警系统的安全需求如表 7.3-3 所示。

系统安全需求分析　　　　　　　　　　　　　　表 7.3-3

需求划分	需求描述
不同角色用户登录后仅能浏览权限内功能	系统需要对用户进行身份认证和权限控制,确保用户只能访问和操作自己有权限的功能模块,防止用户越权或误操作
用户密码有加密机制,防止拦截风险	系统需要对用户的密码进行加密存储和传输,防止密码被窃取或破解,保护用户的账号安全
具备防止 SQL(Structured Query Language,结构化查询语言)注入、跨站脚本攻击等常见网络攻击的措施,确保用户数据安全	系统需要对用户的输入进行合法性检查和过滤,防止恶意代码注入数据库或网页中,造成数据泄露或破坏
进行日志记录,以便对用户行为进行监控和审计,发现异常行为及时处理	系统需要对用户的登录、访问、操作等行为做日志记录,并提供日志查询和分析功能,以便追踪用户的行为轨迹,发现并处理异常或非法行为
进行数据备份和恢复,确保在意外故障或人为损坏时可以迅速恢复数据	系统需要定期对数据进行备份,并提供数据恢复功能,以便在遇到硬件故障、软件错误、人为操作失误等导致数据丢失或损坏时可以及时恢复数据
进行安全审计和漏洞修复,及时修复软件中的安全漏洞,确保软件的安全性	系统需要定期对软件进行安全审计,并及时发现和修复安全漏洞,以提高软件的安全性能和可靠性

7.3.2　平台架构设计

构建港珠澳大桥桥梁服役性能仿真、在线评估及分级预警系统,可对桥梁运营阶段传感器数据进行分析,通过科学手段模拟桥梁运维阶段受到的各种正常和极端荷载,最后将这些荷载统一输入自主研发的有限元计算软件中,计算桥梁结构的响应,从而对桥梁整体和局部构件进行评估。系统可以划分为正常荷载仿真(良态风、波浪、车辆、温度)、极端荷载仿真(极端风、地震)、构件评估(支座、桥面板、拉索、伸缩装置)、整体评估(最不利工况计算、通行能力评估、承载能力评估、抗灾害能力评估)4个模块。桥梁仿真、评估、预警的主要流程包括实测数据接入、桥梁荷载仿真、桥梁易损构件评估、桥梁整体评估。其他周期性工作包括风险监控、预警报告。系统功能框架如图7.3-1所示。

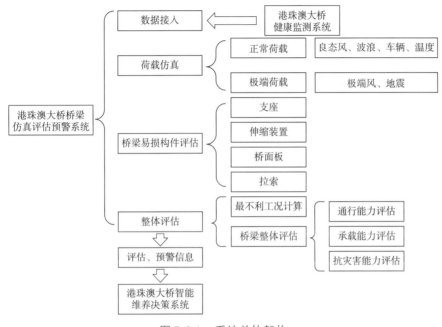

图 7.3-1　系统总体架构

1）设计原则

(1)需求约束

①软件环境约束：系统需要运行在稳定的操作系统平台上，例如 CentOS 7、Ubuntu、RedHat 等。系统还需要使用可靠的数据库管理系统，以保证数据的安全性和可靠性。系统所用的开发工具和开发语言需要符合相关的标准或规范。

②硬件环境约束：系统需要运行在高性能的服务器或集群环境中，以保证系统的稳定性和性能。服务器需要满足一定的配置要求，例如 CPU、内存、存储等。系统还需要使用高性能的网络设备，以保证数据传输的速度和可靠性。

③数据格式约束：系统需要定义统一的数据格式和协议，以便不同系统之间进行数据交换和共享。这些数据格式和协议需要符合相关的标准或规范。

④接口安全约束：系统需要使用可靠的身份认证和权限管理机制，以保证接口的安全性和可靠性。接口还需要使用防火墙等安全设备进行保护，以防止恶

意攻击和数据泄露。

⑤接口稳定性约束:系统需要确保接口的稳定性和兼容性,以便不同版本的系统之间进行数据交换和共享。系统还需要建立错误处理和异常处理机制,以处理可能出现的问题。

⑥接口性能约束:系统需要确保接口的性能和响应速度,以满足系统的实时性和可靠性要求。系统还需要具有负载均衡和流量控制等机制,以保证接口的稳定性和可靠性。

⑦标准和规范约束:系统需要遵循相关的标准和规范,例如 HTTP、SOAP、REST 等协议规范,以确保接口的兼容性和互操作性。

⑧易用性约束:用户界面需要简单、易用、直观,让用户轻松掌握系统的使用方法。用户需要能够快速、准确地完成各种任务,并能够快速了解系统的状态和反馈信息。

⑨一致性约束:用户界面需要保持一致性,包括设计风格、布局和命名规则等方面,使得用户可以轻松地找到并使用各种功能。

⑩界面美观约束:用户界面需要美观、清晰、简洁,使用户可以专注于任务本身而不会被视觉上的杂乱所干扰。

⑪响应时间约束:用户界面需要快速响应用户操作,避免用户长时间等待和不必要的耗时。

⑫安全性约束:系统必须保证桥梁安全运行,预测和预警桥梁结构的可能损坏和故障,并提供及时的预警和报警机制,以便采取相应的措施,保证人员和设备的安全。

⑬实时性约束:系统需要每天接入风速仪、强震仪实时数据以及雷达、动态称重系统等历史数据,并对这些数据进行实时处理和分析,及时更新桥梁的性能评估结果。

⑭可靠性约束:系统需要具备高可靠性和稳定性,能够长时间保证系统的正常运行和数据的可靠性。

⑮精度约束:系统需要采取高精度的仿真算法和数据处理技术,以提高评估和预测的准确性,保证预警的有效性和及时性。

⑯可扩展性约束:系统需要具备可扩展性,能够适应不同桥梁结构和运行环

境的要求,以便扩展到其他类似的桥梁项目中。

⑰可维护性约束:系统需要具有良好的可维护性,以方便系统的维护和升级。

⑱数据安全约束:系统需要保证数据的安全性和机密性,以防止数据被恶意攻击或泄露。

⑲用户友好性约束:系统需要具备良好的用户界面和操作体验,以提高用户的易用性和效率,减少误操作和人为因素的影响。

(2)隐含约束

①本系统需要假设用户具有一定的计算机技术和操作技能,可以熟练操作计算机和相关软件。此外,由于该系统主要服务于桥梁运营和维护方,因此还需要假设用户具有相关领域的基础知识和工作经验,了解桥梁的运营和维护流程,以便更好地理解系统提供的评估和预警信息,并做出相应的决策。

②软件方面:该系统需要依赖操作系统、数据库、网络等基础软件环境来运行,因此需要假设这些软件环境已经安装并正确配置,能够满足系统的运行需求。同时,该系统还需要依赖一些专业的仿真、评估、预测算法和模型库,需要假设这些算法和模型库已经编写并嵌入系统中,能够正确地运行和输出结果。

③硬件方面:该系统需要依赖一定的硬件设施来支撑其运行,包括计算机服务器、存储设备、网络设备等。需要假设这些硬件设施已经具备足够的性能和可靠性,能够满足系统的计算和存储需求,并保证系统的稳定性和安全性。

2) 平台技术架构

系统以全天候时空感知数据为基础,研究常规/极端风场频谱特性、近岸/离岸波浪传播特征、温度场梯度分布、车辆时空轨迹、海底地壳运动特性,进行风、车、浪、温度等正常运行和台风、地震等极端状态下多荷载场物理特征的智能转译;基于时空环境监测数据,针对模型材料形成完备的参数体系及自适应同步更新方法;考虑荷载场间的相互影响机制,自主研发港珠澳大桥正常运行及极端状态下多场全耦合分析系统;采取以数据(仿真/监测)、模型(力学模型/反演模型)为双向驱动源,以正向仿真评估为主,监测数据反演识别为辅,实现桥梁正常运行服役性能评估预测和极端状况评估预警。本系统研究技术路线如图 7.3-2 所示。

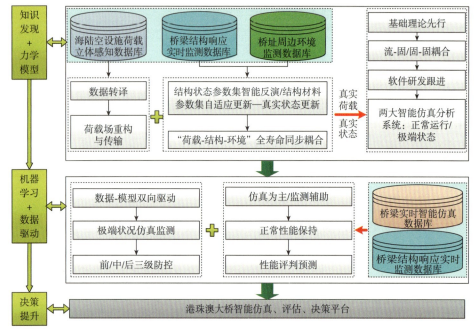

图 7.3-2 系统研究技术路线

系统设计的关键技术如下：

(1) 正常运行及极端状态下全耦合桥梁仿真分析技术

以全天候时空感知数据为基础，分别针对港珠澳大桥正常运行与极端状况荷载场构成情况，以常规/极端风场频谱特性、近岸/离岸波浪传播特征、温度场梯度分布、车辆时空轨迹、海底地壳运动特性等为数据驱动源头，联合主动学习、机器视觉与神经网络深度学习架构进行正常运行(风、车、浪、温度等)和极端状况(台风、地震等)下多荷载场物理特征智能转译与重构；围绕流-固耦合与固-固耦合两大核心问题建立物理/数值模型，研究多荷载场间的相互影响机制及对桥梁模型的联合作用机理，联合聚类算法与环境监测数据实时协同处理，形成真实静动力响应库与模型参数集间的映射关系，实现"荷载-结构-环境"全寿命同步耦合，基于Fortran 语言自主研发正常运行及极端状态下全耦合桥梁仿真分析系统。

(2) 融合多源异构数据的跨海桥梁在线评估及分级预警技术

联合仿真云数据特征值萃取、监测数据无监督学习算法，分别建立桥梁正常服役性能仿真数据库和监测数据库，以正向仿真诊断为主，辅以实测数据反演识别，打通软、硬件数据分析智联屏障，探究力学模型自校正优化框架并形成准确的桥梁服役性能预测模型；基于正常运行及极端状态下全耦合桥梁仿真分析，建立高精度桥梁服役性能评估预警的力学模型;引入大数据智联平台下的数据深度学习技术,建立其数学模型;借助人工智能算法实现力学模型、数学模型的优化分析及自适应迭代更新,实现数据-模型双向驱动下跨海桥梁极端状况在线评估及分级预警。

港珠澳大桥桥梁仿真评估预警系统通过港珠澳大桥智能监测系统中的监测数据接入和用户荷载输入,进行荷载仿真,对各监测桥梁的易损构件和桥梁整体进行评估。最终将评估结果和预警信息反馈给港珠澳大桥智能维养决策系统。更高效、便捷地为大桥运维保驾护航。

接入桥梁健康监测数据,如视频流、雷达数据、梁位移、动态称重、风速风向、梁加速度、拉索加速度、波高、潮位、潮向、温度数据,先处理后存储。基于存储的各项实测数据,创建桥梁仿真、预警、评估任务。所有数据均可创建定时任务和最不利工况计算任务,对风数据、波浪数据可额外创建实时任务。此外,用户可根据实际需求,自定义各项任务进行仿真评估计算,如图 7.3-3 所示。

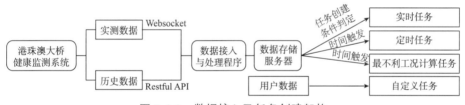

图 7.3-3　数据接入及任务创建架构

根据系统构件评估和整体评估相关计算结果,集成每天的定时任务计算结果至首页。同时总览桥梁信息库所有桥梁的整体评估结果。其中主航道桥还包含重要构件(拉索、桥面板、支座、伸缩装置)评估结果。如图 7.3-4 所示为首页的架构设计简图。

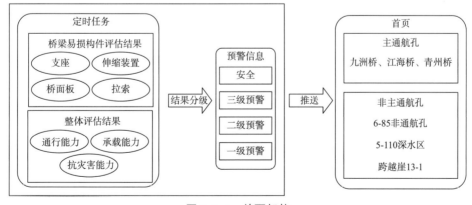

图 7.3-4　首页架构

正常荷载模块下设交通荷载、正常风荷载、温度作用和波浪荷载。可以根据健康监测系统的数据读入和用户输入,进行各类荷载模拟计算,得到所选桥段在该荷载下的响应数据和结构状况评定结果。如图 7.3-5 所示为正常荷载模块的架构设计简图。

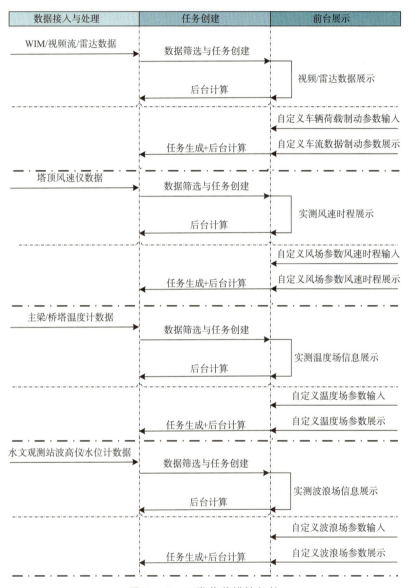

图 7.3-5　正常荷载模块架构

极端荷载模块下设极端风荷载和地震作用,可以根据健康监测系统的数据读入和用户输入,进行荷载仿真计算,得到所选桥段在该荷载下的响应数据和结构状况评定结果。如图 7.3-6 所示为极端荷载模块的架构设计简图。

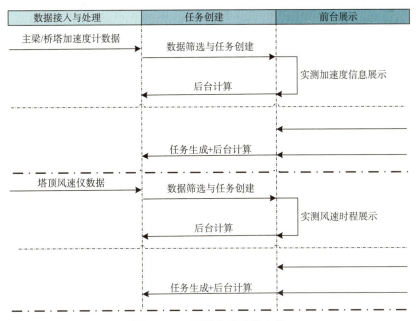

图 7.3-6　极端荷载模块架构

易损构件评估模块针对主航道桥重要构件,包括拉索、伸缩装置、桥面板和支座。计算评估各构件的性能指标,如拉索状态、伸缩装置磨损量和剩余使用年限、支座得分状况等。如图 7.3-7 所示为易损构件评估模块的架构设计简图。

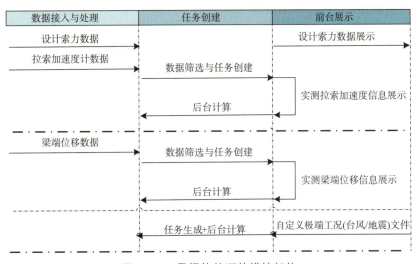

图 7.3-7　易损构件评估模块架构

3)平台硬件环境部署

(1)开发环境的配置

桥梁服役性能仿真、在线评估与分级预警是港珠澳大桥智能维养决策系统的一部分业务功能,功能简单。为了与智联平台兼容,建议采用 NET Core 开发,只是需要安装 Neo4j、MySQL 或 SQLserver 数据库,并配置 IIS 服务器、CPU:i3-6100、GPU:两张英伟达 T4-16GB 专业显卡、Linux 服务器的计算机即可。

(2)运行环境的配置

桥梁服役性能仿真、在线评估与分级预警是港珠澳大桥智能维养决策系统的一部分业务功能,运行环境与港珠澳大桥智能维养决策系统保持一致。

(3)测试环境的配置

测试将在局域网内开展,测试环境与开发环境保持一致。

7.3.3 平台细部设计

1)数据库设计

系统的数据库设计遵循标准的数据库设计原则,如每张表有 PrimaryKey 主键,表之间有外键关联,避免数据冗余。数据库表结构明确、合理,不同业务模块的数据表可进行合理拆分。字段设计覆盖了港珠澳大桥桥梁仿真评估预警业务需要存储和管理的各类数据类型。数据库的设计应至少涵盖以下五部分内容。

(1)桥梁基础信息,如桥梁编号、名称、节点数量等。

(2)桥梁结构信息,如节点坐标、构件信息、传感器分布。

(3)存储各类运行监测与评估数据,如位移、内力、疲劳损伤。

(4)记录不同评估模块的计算参数与结果。

(5)存储系统运行日志,如任务记录等。

表 7.3-4 以桥梁部分信息为例,展示了数据库的相关信息。

桥梁信息 表 7.3-4

序号	字段	说明	数据类型	长度	自增	主键	允许空	默认值
1	id	主键	int	11	√	√	×	NULL
2	serial_num	桥梁编号	varchar	50	×	×	√	NULL
3	name	桥梁名称	varchar	50	×	×	√	NULL
4	node_num	节点数	int	11	×	×	√	NULL
5	lane_num	车道数	int	11	×	×	√	NULL
6	icon	图标地址	varchar	255	×	×	√	NULL
7	company_flag	计算文件夹标识	varchar	255	×	×	√	NULL

续上表

序号	字段	说明	数据类型	长度	自增	主键	允许空	默认值
8	wear_max	伸缩装置磨损量最大值	varchar	50	×	×	√	NULL
9	traffic_node	车辆荷载位移默认节点	int	11	×	×	√	NULL
10	relevance_id	外部关联 ID	varchar	50	×	×	√	NULL
11	relevance_name	外部关联名称	varchar	50	×	×	√	NULL
12	tem_num	温度节点数	int	11	×	×	√	NULL
13	created_time	创建时间	datetime		×	×	×	NULL
14	updated_time	更新时间	datetime		×	×	×	NULL
15	created_by	创建人	varchar	50	×	×	√	NULL
16	updated_by	更新人	varchar	50	×	×	√	NULL

创建一个标准化的桥梁管理数据库,存储桥梁仿真评估预警业务数据,可有效支撑桥梁状态评估预警的相关功能,保障数据的完整性和一致性,方便对桥梁运行状态进行追踪分析,为桥梁安全评估提供数据支撑,实现桥梁评估预警结果的持久化存储。

2) 数据接口设计

(1) 接口调用说明

本系统中所有接口统一采用 Restful 模式调用。

(2) 接口定义

①内部接口定义。

a. 网络接口:系统需要与其他系统或设备进行通信,例如与传感器和监控设备进行通信。网络接口可以定义用于接收和发送数据的函数和协议。

b. 用户接口:系统需要提供用户界面,以便用户可以与系统进行交互。用户接口可以定义用于显示数据和接收用户输入的函数和过程。

c. 系统接口:系统需要与其他系统进行交互,例如与监控系统、数据分析系统和预警系统进行通信。系统接口可以定义用于传输和共享数据的函数和协议。

d. 安全接口:系统需要保护敏感数据和系统资源不被未经授权的用户访问。安全接口可以定义用于加密和解密数据、用户身份验证和权限管理的函数和过程。

②外部接口定义。

以查询桥梁整体评估结果外部接口为例进行说明,见表7.3-5。

表7.3-5　外部接口参数

接口地址	http://host:port/open-api/getOverAll				
请求参数	参数说明				
	参数名称	参数说明	类型	必填	备注
	bridge Id	桥梁ID	string	是	多组数据用英文逗号分隔
	type	指标类型 (1承载能力/2抗灾能力/3通行能力)	string	是	无
	Time	时间	string	是	如2023-04-30
请求示例	{"type":"1","bridge Id":"G0094440402L018008W","time":2023-04-03}				
错误返回值说明	错误码			备注	
	200			查询成功,有数据	
	300			参数错误	
	100			查询成功,无数据	
	500			查询失败,系统异常	

7.3.4　平台实施与部署

1)跨海桥梁正常荷载仿真模块

(1)车辆荷载仿真

基于港珠澳大桥的交通视频监控系统,使用深度学习及计算机视觉技术获取车辆的时空信息,同时融合桥梁式动态称重系统(Bridge Weigh-in-motion,简称BWIM)所采集的车辆时不变信息,BWIM Moses算法是桥梁动态称重算法的基础。通过使桥梁实测响应与理论响应之间差值最小化来计算车辆轴重,获取完整的车辆荷载信息,最终实现车辆荷载的检测跟踪。根据WIM系统和交通监控视频的时间同步原则,可以将WIM系统和监控视频获得的车辆荷载时不变信息和时变信息融合,得到完整的车辆荷载信息。具体来说,基于车型一致、时间同步以及车速一致的原则,即可完成车辆荷载时变信息和时不变信息的匹配,进而实现车辆荷载的重构。如图 7.3-8 所示为车辆荷载仿真计算模块的系统设计方案。

图 7.3-8　交通荷载仿真

（2）正常风荷载仿真

基于粤港澳大湾区海洋环境风观测数据，利用有限的监测数据，实现桥梁在正常运行环境全天候风速场的实时转译与精确重构。风观测数据通常伴随较多的坏点，需对实测数据进行预处理以剔除坏点，确保后续分析数据的准确性。参照莱茵达准则采用绝对均值法剔除数据坏点，进而通过五点平滑法对风速数据进行优化处理，确保数据具有较高的保真度。分析大跨度桥梁结构在自然风速作用下的随机动力响应，前提是桥梁风致振动分析过程中认为三维脉动风场仅与时间相关。实际的大气边界层紊流风场中，脉动风速不仅是时间的函数，而且随空间位置(x,y,z)而变化，是一个所谓的单变量四维（1V-4D）随机场。若将风场看作是离散空间点处随机风波的总和，则该单变量四维（1V-4D）随机场可以处理为多变量一维（nV-1D）随机过程。利用谐波合成法（WAWS 法）以及利用线性滤波技术的方法（如 AR，MA，ARMA 等）可实现正常风荷载的重构。如图 7.3-9 所示为正常风荷载仿真计算模块的系统设计方案。

（3）温度作用仿真

针对港珠澳大桥健康监测系统中的温度监测数据，开展利用有限监测数据实现时空变化的桥梁三维温度场实时精确重构技术研究，采用热传导分析，模拟桥梁的温度场。建立港珠澳大桥三座主航道桥的实体模型，用于结构精细化三维温度场重构。

图 7.3-9　正常风荷载仿真

基于结构表面几何特征和结构材料特性,采用来自桥梁健康监测系统和香港气象台的实测环境条件数据,包括环境温度、风速和太阳辐射,计算热边界条件并施加到实桥模型上,进行热传导分析,得到全桥结构的三维温度场。

为提高温度场重构的效率和实操性,将实体模型的全桥三维温度场结果作为依据建立温度作用简化模型,区分不同桥梁构件的温度特征值,将其映射为有限个温度计的实测数据的线性组合。通过实测数据拟合的温度特征值可以作为温度作用直接加在简化的梁杆模型上,进行温度效应的计算,提高计算效率,降低计算成本。

如图 7.3-10 所示为温度作用仿真计算模块的系统设计方案。

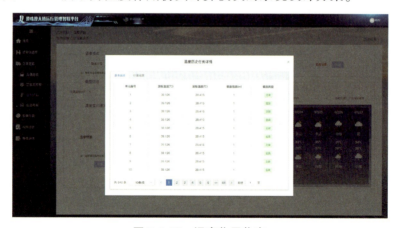

图 7.3-10　温度作用仿真

(4)波浪荷载仿真

CFD(Computational Fluid Dynamics,计算流体动力学)波浪运动数值模拟主要基于不同的湍流模拟方法,利用合理的求解方法进行计算求解,从而实现对波浪运动的模拟。基于连续性假设 N-S 方程下的湍流模拟,总体上可根据是否引入简化湍流模型分为两类。基于数学模型,对波浪运动进行数值模拟还需要建立合理的求解方法,利用有限差分法、有限元法、边界元法、有限体积法、有限分析法等进行求解。

①粤港澳大湾区波浪形式特征分析。

基于粤港澳大湾区地质地形数据、海洋测深数据、桥梁分布位置与几何形状、常年波浪作用形式等基础资料,分析常规波浪的波高、波速和波形特征,为波浪荷载建模提供数据支持。

②波浪荷载作用下桥梁墩体结构流-固耦合数值模拟研究。

基于物理模型试验的波浪荷载研究,在试验水槽内布置桥墩缩尺,设计并制造多种波浪形态,获取波浪冲击作用下桥墩所受的冲击荷载,分析波浪冲击作用下桥墩的力学特性。

港珠澳大桥荷载仿真评估系统波浪荷载模块基于自主研发的流体数值模拟方法 Tsunami Squares(TS),建立了 TS 框架内桩周压力分布模式,设计并开展了不同波浪工况下的单桩和群桩波浪荷载试验,试验数据有效验证了桩周压力分布模式,进而支撑单桩及群桩的波浪荷载计算方法。如图 7.3-11 所示为波浪荷载仿真计算模块的系统设计方案。

图 7.3-11　波浪荷载仿真

2)跨海桥梁极端荷载仿真模块

(1)极端风荷载仿真

实时接入港珠澳大桥桥址区实测风速数据,拟合多项式谱,采用谐波合成三维脉动风场,分别建立极端风解析模型、代理模型及数值模型,根据不同精度和计算效率的需求,采用条件模拟的方法进行极端风荷载的重构,实现桥梁在正常运营(季风)和极端状况下(台风)全天候风速场的精确重构与实时转现,为桥梁多尺度实时仿真及评估提供完备的风速场。完成风速演变谱和相干函数估计,全桥风谱模型建立及全桥风速条件模拟,为正常运行及极端状况风荷载下的结构响应分析提供精确荷载输入。基于 Hilbert 谱瞬时特征信息的非平稳风速过程模拟方法模拟瞬时频率保留目标值的傅立叶频谱信息和概率密度分布,因此将 DWT 引入信号分量瞬时频率的模拟。如图 7.3-12 所示为极端风荷载仿真计算模块的系统设计方案。

图 7.3-12 极端风荷载仿真

(2) 地震作用仿真

实时接入港珠澳大桥桥址区 7 个桥墩位置处的三方向地震数据,对全桥区域内的时空变化三维地震场进行精确重构。该地震重构技术融合了基于克里金估计的条件模拟算法和基于反距离权重插值的非均匀地震场参数估计算法,使得其适用于具有少量观测点的大空间尺度下的地震场模拟。并且,该技术计算效率高、考虑了空间维度下地震场的复杂性,符合项目的实际需求。同时,该地震作用仿真模块采用了基于地震能量比的地震发生评估机制,可实时自动地判断地震发生继而触发地震模拟主算法。目前,已完成全桥地震动自功率谱和相干谱的估计,以及全桥三方向地震动时程的条件模拟,为桥梁在地震作用下的响应分析提供精确的荷载输入。如图 7.3-13 所示为地震作用仿真计算模块的系统设计方案。

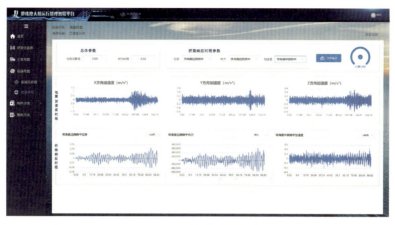

图 7.3-13　地震作用仿真

3）跨海桥梁易损构件评估模块

（1）桥面板

国内外对于焊接钢结构疲劳损伤问题进行了广泛深入研究，目前主要的分析方法有两种，分别是基于 $S\text{-}N$ 疲劳曲线和 Palmgren-Miner 线性累积损伤的传统分析方法（$S\text{-}N$ 曲线法）和断裂力学方法。其中 $S\text{-}N$ 曲线法发展较为成熟，到目前为止仍是疲劳分析中应用最为广泛的方法之一，也是各国疲劳设计规范中普遍采用的方法，主要适用于高周期疲劳分析；与 $S\text{-}N$ 曲线法的统计思想不同，断裂力学方法则重点关注构件局部微裂纹从萌生到扩展、损伤的整个过程，侧重于对疲劳损伤破坏机理的研究，但须假定结构存在初始裂纹。

为了对港珠澳大桥桥梁的服役性能进行有效的仿真、评估和预警，本研究建立了一个定时任务系统，每天自动对桥面板构件进行相关计算。该系统根据已有的桥梁监测数据和评估模型，创建桥面板评估历史任务，对每个桥面板构件的损伤程度、疲劳裂纹、应力分布等参数进行分析，综合考虑桥梁的使用环境、荷载特性、材料性能等因素，计算出桥面板构件的安全等级和剩余使用年限，并将结果以图表的形式展示。该系统能够实时反映桥面板构件的健康状况，为桥梁的维护和管理提供科学依据，系统界面如图 7.3-14 所示。

（2）伸缩装置

作为桥梁结构的重要组成部分，伸缩装置主要用于调节由风荷载、车辆荷载、温度等外部荷载引起的桥梁纵向变形。作为桥梁上部构件的连接部件，车辆直接高速行驶在伸缩装置顶面，其工作性能直接影响行车的安全性与舒适性。

不同桥梁结构形式具有不同的梁端位移需求,桥梁跨度越大,对伸缩装置的伸缩范围要求也越大。模数式伸缩装置具有良好的传力方式与使用效果,位移范围大,因此其在大跨度桥梁上应用较为广泛。根据伸缩装置弹性元件参数与健康监测系统提供的梁端位移数据,分析得到正常运营状况下伸缩装置滑动支承磨损情况与极端状况下伸缩装置变形极值,将滑动支承聚四氟乙烯滑板磨损厚度与初始厚度相比较,给出滑动支承的合理更换周期。

图 7.3-14 桥面板评估

为了对港珠澳大桥桥梁的服役性能进行有效的仿真、评估和预警,本系统能够每天自动对伸缩装置构件进行服役性能仿真和评估,同时也能根据用户的需求,对伸缩装置构件在极端工况下的性能进行计算。该系统根据已有的桥梁监测数据和评估模型,创建伸缩装置评估历史任务和极端工况计算自定义任务,对每个伸缩装置构件的累计变形和转角位移等参数进行分析,绘制出实测梁端位移时程图,并计算出伸缩装置构件的安全等级,并将结果以图表形式展示。该系统能够及时监测和预警伸缩装置构件的损伤风险,为桥梁的维护和管理提供科学依据,系统界面如图 7.3-15 所示。

(3) 拉索

在对桥梁缆索进行状态评估和健康监测时,拉索的振动状态是评估构件使用状态的重要指标,然而当前的缆索构件的健康监测指标一般为加速度,需要对加速度进行处理和分析才能评定出构件的状态。在目前使用的各种方法中,傅立叶分析的应用最为广泛,它是一种纯频域分析方法,非常适用于对线性过程的平稳时间序列的处理。但在对非线性、非平稳信号的处理上,傅立叶分析却存在着明显的不足,它不仅缺乏应有的分辨率,还会因强制拟合原数据序列面产生许多噪声信号,造成理论与实际不符。在服役荷载作用下,缆索构件的振动响应是一个非常复杂的信号,实测的响应难以用现有的线性理论和平稳过程理论来解释,这给桥梁振动分析、桥梁健康监测与构件评估带来很大的困难。为了能高效准确地感知缆索构件的振动状态,采用时频方法获取缆索振动瞬时频率,以此为基础进行缆索构件的振动状态评估、索力状态评估与耐久性状态评估等工作。根据桥梁健康监测系统中对拉索加速度的实时监测数据并结合拉索的现场检查数据,开展拉索索力的准实时识别,并对拉索状态进行评估。

图 7.3-15　伸缩装置评估

为了对港珠澳大桥桥梁的拉索构件进行有效的仿真、评估和预警,本研究建立了一个定时任务系统,每天自动对拉索构件进行相关计算。该系统根据已有的桥梁监测数据和评估模型,创建拉索评估历史任务,对每个拉索构件的加速度时程及索力时程等参数进行分析,利用时频方法获取拉索的索力时程响应,绘制出实测加速度时程和索力时程图,计算出拉索构件的安全等级,并将结果以图表形式展示。该系统能够及时监测和预警拉索构件的振动状态、索力状态和耐久性状态,为桥梁的维护和管理提供科学依据,系统界面如图 7.3-16 所示。

(4) 支座

支座是桥梁的重要构件之一,它承受着桥梁的垂直荷载和水平荷载,并允许桥梁在温度变化和地震等作用下产生相应的位移。因此,支座的状态对桥梁的安全和耐久性有着重要影响。为了对港珠澳大桥桥梁的支座构件进行有效的仿真、评估和预警,本研究建立了一个定时任务系统,每天自动对支座构件进行相关计算。该系统根据已有的桥梁监测数据和评估模型,创建支座评估历史任务,对每个支座构件的位移、刚度和承载力等参数进行分析,利用有限元方法获取支座的力学响应,计算出支座构件的安全等级,并将结果以图表形式展示。该系统能够及时监测和预警支座构件的位移状态和磨损状态,为桥梁的维护和管理提供科学依据,系统界面如图 7.3-17 所示。

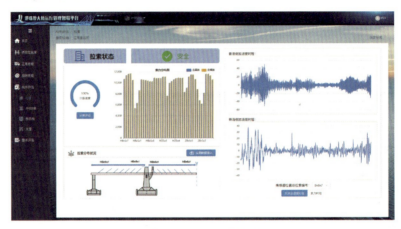

图 7.3-16　斜拉索评估

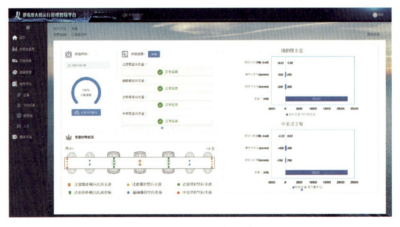

图 7.3-17　支座评估

4) 跨海桥梁适应性评定模块

(1) 通行能力

针对港珠澳大桥的通行能力评定问题,提出了一种基于设计通行能力、实际交通量和未来预期交通量的评价方法。该方法能够反映桥梁在现行或预期的交通条件下,满足交通需求的程度。设计通行能力是指桥梁在设计时考虑的最大交通量,它与桥梁的结构形式、车道数、限速等因素有关。实际交通量是指桥梁在使用期内实际承受的交通量,它与桥梁所在地区的交通发展水平、交通管理措施等因素有关。未来预期交通量是指桥梁在使用寿命内预计承受的最大交通量,它与桥梁所在地区的人口增长、经济发展、城市规划等因素有关。实际交通量和未来预期交通量的获取可以通过多种方式,如人工现场调查、视频识别、雷达探测等。根据设计通行能力、实际交通量和未来预期交通量之间的关系,可将公路桥梁的通行能力分成三级:一级为通行能力好,表示设计通行能力大于实际交通量且大于未来预期交通量,说明桥梁通行能力具有较大的余量,能够适应现行或预期的交通需求;二级为通行能力中等,表示设计通行能力大于实际交通量,但小于未来预期交通量,说明桥梁在现行的交通条件下能够正常运行,但在未来可能面临交通拥堵的风险;三级为通行能力差,表示设计通行能力小于实际交通量且小于未来预测交通量,说明桥梁已经超过了设计的承载能力,存在安全隐患,且在未来的交通条件下将难以满足交通需求。该方法能够为港珠澳大桥的维护、改造和更新提供参考依据。

(2)抗灾害能力

针对港珠澳大桥的抗灾害能力评定问题,提出了一种基于极端荷载和有限元仿真模型的评价方法。该方法能够考虑桥梁所处的环境气候条件以及运营状况,模拟不同灾害作用下桥梁结构主体的受力和破坏情况。极端荷载是指桥梁在使用寿命内可能遭受的最大外部荷载,如台风、地震等,它与桥梁所在地区的气象、地质等因素有关。有限元仿真模型是指根据桥梁的结构形式、材料性能、边界条件等,建立的能够反映桥梁结构主体行为的数值模型,它与桥梁的设计、施工、维护等因素有关。根据极端荷载和有限元仿真模型,可将公路桥梁的抗灾害能力分成三级:一级为抗灾害能力强,表示极端荷载对桥梁结构主体基本无破坏,说明桥梁具有较高的安全储备,能够抵御不同灾害作用;二级为抗灾害能力中等,表示极端荷载对桥梁结构主体有破坏,但不影响结构安全,说明桥梁在正常的使用条件下能够正常运行,但在极端的灾害条件下可能需要进行修复或加固;三级为抗灾害能力弱,表示极端荷载对桥梁结构主体有较大破坏,影响结构安全,说明桥梁已经超过了设计的承载能力,存在安全隐患,且在极端的灾害条件下将难以保证结构完整性。该方法能够为港珠澳大桥的维护、改造和更新提供参考依据。

(3)承载能力

针对港珠澳大桥的承载能力评定问题,提出了一种基于桥梁结构损伤和交通运输需求的评价方法。该方法能够考虑桥梁在使用过程中受到的各种作用以及环境因素的影响,分析桥梁结构的变化和损伤程度,评价桥梁的承载能力是否满足现有交通运输的需求。桥梁结构的变化和损伤程度是指桥梁在使用过程中由于荷载、温度、腐蚀等因素导致的结构形变、裂缝、断裂等现象,它与桥梁的结构形式、材料性能、施工质量等因素有关。交通运输对桥梁的要求是指桥梁在使用寿命内需要承受的最大交通量、最大车辆重量、最大车速等参数,它与桥梁所在地区的交通发展水平、交通管理措施等因素有关。根据桥梁结构的变化和损伤程度以及交通运输对桥梁的要求,可将桥梁的承载能力分成三级:一级为承载能力好,表示桥梁结构无明显变化和损伤,且能够满足现有交通运输的需求,说明桥梁具有较高的安全储备,能够正常使用;二级为承载能力中等,表示桥梁结构有一定的变化和损伤,但仍能够满足现有交通运输的需求,说明桥梁在正常的使用条件下能够正常运行,但需要进行定期的检测和维护;三级为承载能力差,表示桥梁结构有明显的变化和损伤,且不能满足现有交通运输的需求,说明桥梁已经超过了设计的承载能力,存在安全隐患,且需要进行紧急加固或更新。该方法能够为港珠澳大桥的维护、改造和更新提供参考依据。

本系统能够及时监测和预警港珠澳大桥整体的运营状态,为桥梁的维护和管理提供科学依据,系统界面如图 7.3-18 所示。

图 7.3-18　整体评估

7.4 本章小结

本章详细介绍了港珠澳大桥健康监测系统和桥梁服役性能仿真、在线评估及分级预警系统的设计和实现。健康监测系统接入大桥的实时监测数据,对不同的监测内容(如风、温湿度、WIM、位移、斜拉索、涡振、模态等)进行实时在线和定时离线的统计分析,生成各种监测指标,并实现实时报警和报告管理功能。桥梁服役性能仿真、在线评估及分级预警系统基于实测数据,从流-固耦合、固-固耦合等角度建立桥梁服役性能评估预警的力学、数学模型,利用人工智能算法实现模型的迭代更新、反馈及自适应调整,形成融合大数据协同互联互通的桥梁实时在线评估及分级预警技术,为港珠澳大桥的日常维养与极端事件应急处置提供技术支持。本章详细描述了系统的需求分析、系统细部设计、数据接口设计和系统实施与部署等内容,为业务拓展提供了可参考的模板。

CHAPTER 8 | 第8章

结语

8.1 设备创新

　　研究开发了分别用于不同结构部位检测的巡检无人机、钢箱梁外磁吸附智能巡检机器人、混凝土表面负压爬壁巡检机器人、箱梁内轨道巡检机器人等水上结构和沉管隧道内巡检机器人无人检测平台,并集成搭载了亿级像素检测相机、X射线、高光谱、红外相机、激光相机、温湿度传感器等多传感器检测设备,通过5G通信指挥车集控平台统一调度指挥,实现了无人机集群控制与UWB辅助定位、多类型巡检机器人集控、5G无线专网检测数据高效传输、病害智能识别与分级分类等关键技术的突破,可初步实现对钢箱梁内外、桥塔桥墩高耸结构物等水上结构物及沉管隧道内表观典型病害的检测,结合自主开发的病害识别专家决策系统采用结构离散技术可实现对病害的在线智能识别与分级。同时,5G指挥车中的显控平台可远程直观展示实时检测现场与测试数据,支撑搭建了水上智能检测装备系统,可为跨海桥岛隧工程提供高效的智能巡检服务。水上结构智能检测装备的体系化集成创新,解决了目前跨江海桥梁钢箱梁外与高耸桥塔结构物检测可达性差/检测覆盖率低、箱梁内封闭空间检测效率低/检测数据回传障碍、隧道排烟道等封闭空间人工检测环境差、行车道内检测影响交通等一系列效率低、安全性不高、人员投入大、人工检测结果误判等问题,提高了长距离桥隧结构的维养工作效率、降低了人员投入、消除了检测结果人工误判,具有良好的长期经济价值和智能化提升示范效应,为桥岛隧集群设施服役寿命的延长提供了良好的维养保障。

　　研究开发了一种新型无线物联网健康监测网络。每个传感器本地都连接了一个5G授时模块,以确保时间同步,并集成了英伟达Xavier NX边缘计算板,处理本地数据。英伟达Xavier NX边缘计算板集成了本地数据处理任务,保证了数据安全,降低了数据传输负荷,并能在特定情况下及时响应,使其成为将高级分析和实时监控集成到桥梁健康监测系统的理想选择,最终有助于提高桥梁基础设施的整体安全性和可靠性。

8.2 技术手段创新

1) 科学研究方面

（1）数据诊断：针对数据质量判断标准不清、时空分布不明、异常模式不细、异常原因不准的痛点，基于深度学习的异常模式诊断方法，实现数据质量指标化、可视化，以及硬件维护的靶向性、预防性、动态性。

（2）模态、涡振识别：针对自动化不足、适用性不广、鲁棒性不高的问题，改进稳定图自动清洗、解析和模态追踪方法，实现桥梁运营模态和涡振实时在线的识别、追踪与报警。

2) 技术开发方面

（1）数据管理：针对数据交流共享难、数据管理效果差的问题，采用数据标准化、业务数据化、数据业务化的方法，利用无线传感网络减少中间环节，实现规范、稳定、高效、共享的数据管理，打造共同的数据底座。

（2）算力强化：针对海量数据实时处理的时延高、易堵塞、稳定性差的问题，依托数据中台和流立方平台，使计算效率和稳定性显著得到提升，1349个数据通道全部实现实时高效稳定追踪报警。

（3）算法打通：采用混合编程、模块化算法集成、实时在线分析与定时离线分析并举的方法，实现横向多种算法集成、纵向多个业务打通、从手动离线到自动在线的效果。

（4）业务集成：针对数据分析、报告生成中需借助商业软件、小工具进行手动干预、离线处理的痛点，采用数据算法解耦、前后端分离、混合编程的方法，实现横向到边、纵向到底的业务集成效果。

（5）自主掌控：针对"卡脖子""卡脑子"问题，跨越达尔文之谷、死亡之海，采用开源环境、完全自主开发、流程管理、快速迭代的方法，达到完全自主可控、快速响应用户需求的效果。

3) 工程服务方面

（1）数据创造：推进数据→信息→知识→决策的全链条演进，实现数据制造

→数据创造、达到长期性能演变追踪、特殊事件报警评估的目标。

(2)全息透视:采用全链条、多角度、多维度、多尺度、多粒度、多形式的方法,实现全息信息透视,所见即所得,所得即所需。

(3)分析报告:针对"商业软件+人工干预"写报告的时效不足、内容不全、深度不够的问题,研发自动生成WORD版报告的程序,达到特殊事件报告1min内完成、周期性报告1天内完成的效果。

(4)运维价值:对标工程的刚需和痛点,在硬件维护、湿度控制、斜拉索振动、模态、涡振、交通流等方面,已经产生了直接价值。

8.3 评估理论创新

在港珠澳大桥的评估过程中,基于传统评估框架,针对性地提出了更适用于港珠澳大桥等跨海桥梁的评估方法。在桥梁技术状况评定方面,以统一化、规范化的结构解析为基础,制定了更为完善的评定指标体系,并对应地确定了评定指标的标度。特别是针对病害的描述,现行规范中定性、定量描述存在不直观、主观性强的问题,在此将病害图片引入现行规范的评定标准中,建立基于病害分类分级标准图的指标分级评定标准。以熵权可拓物元模型为理论基础进行了桥梁技术状况评定指标的评定。在桥梁适应性评定方面,以全天候时空感知数据为基础,进行风、车、浪、温度等正常运行和台风、地震等极端状态下多荷载场物理特征的智能转译;基于时空环境监测数据,针对模型材料形成完备的参数体系及自适应同步更新方法,考虑荷载场间的相互影响机制,自主研发港珠澳大桥正常运行及极端状态下多场全耦合分析系统;采取数据(仿真/监测)、模型(力学模型/反演模型)为双向驱动源,实现港珠澳大桥适应性评定的智能高效。最后,将多属性效用理论评定方法,对不同维度的数据进行去量纲化整合分析,针对港珠澳大桥的桥梁安全性、耐久性、适用性和其他性能进行了综合评价。为了综合港珠澳大桥的技术状况评定、适应性评定等多方面的评估结果,基于多属性效用理论评定方法,对不同维度的数据进行去量纲化整合分析,开展了港珠澳大桥的综合评价。

8.4 评估体系创新

在港珠澳大桥的评估体系中，以统一的结构离散、解析为基础，通过物联网感知设备、智能运维设备等渠道动态采集桥梁的实时状态信息。在已有健康监测系统的基础上，引入北斗、5G等先进技术，增强桥梁健康监测网。利用光纤环网、5G通信网络、Wi-Fi等多种方式实现设备感知层的数据传输。并在数据中台对数据进行接入、治理、管控、服务和安全等全链路的处理。这些为桥梁状态的评估提供了完备、可靠的技术支撑。在桥梁评估过程中，自主研发了涵盖港珠澳大桥正常运维荷载以及极端荷载在内的桥梁仿真计算软件，为桥梁运维阶段的评估、预警提供了计算核心，并进一步融合监测、检测、仿真等多源数据，开展港珠澳大桥的高效评估。最终，评估结果将自主反馈给港珠澳大桥智能维养系统，进而为港珠澳大桥的维养决策提供有力的数据支撑。

参 考 文 献

[1] Paints and varnishes-evaluation of degradation of paint coatings-designation of quantity and size of defects,and of intensity of uniform changes in appearance-part 3:assessment of degree of rusting:ISO 4628-3-2016[S],2016.

[2] 海上行程管理道路的劣化与维修[R].神户:本州四国联络高速道路株式会社,2014.

[3] TANG Z,CHEN Z,BAO Y,et al. Convolutional neural network-based data anomaly detection method using multiple information for structural health monitoring[J]. Structural Control and Health Monitoring,2019,26(1):106-112.

[4] SIMONYAN K,ZISSERMAN A. Very Deep Convolutional Networks for Large-Scale Image Recognition.[J]. CoRR,2014,6(3):1409-1446.

[5] HE M,LIANG P,LI J,et al. Fully automated precise operational modal identification[J]. Engineering Structures,2021,234(10):13-19.

[6] HE M,LIANG P,OBRIEN E,et al. Continuous Modal Identification and Tracking of a Long-Span Suspension Bridge Using a Robust Mixed-Clustering Method[J]. Journal of Bridge Engineering,2021,27(3):20-25.

[7] 梁鹏,贺敏,张阳,等.实时在线桥梁模态参数自动识别[J].振动、测试与诊断,2021,41(01):76-84.

[8] HE M,LIANG P,ZHANG Y,et al. Identification,tracking and warning of vortex induced vibration using k-means clustering method[J]. Structure and Infrastructure Engineering,2022,7(4):1-14.

[9] HE M,LIANG P,WANG Y,et al. Online automatic monitoring of abnormal vibration of stay cables based on acceleration data from structural health monitoring[J]. Measurement,2022,195:13-20.

[10] 景强,郑顺潮,梁鹏,等.港珠澳大桥智能化运维技术与工程实践[J].中国公路学报,2023,36(6):143-156.

[11] 孟凡超,刘明虎,吴伟胜,等.港珠澳大桥设计理念及桥梁创新技术[J].中国工程科学,2015,17(01):27-35+41.

[12] 王胜年,苏权科,范志宏,等.港珠澳大桥混凝土结构耐久性设计原则与方法[J].土木工程学报,2014,47(06):1-8.

[13] 陈雪萍,魏晗,唐聿明,等.盐雾环境下钢基表面水性环氧涂层的性能劣化行为的电化学研究与快速评价[A]//中国腐蚀与防护学会.第十一届全国腐蚀与防护大会论文摘要集[C].中国腐蚀与防护学会:中国腐蚀与防护学会,2021:2.

[14] 李寒.跨海斜拉桥涂层预养护时机选择与技术措施研究[J].城市道桥与防洪,2020(10):130-133+19.

[15] 汤小波.Q235碳钢/有机涂层体系在不同模拟大气中的劣化研究与寿命预测[D].北京:北京化工大学,2019.

[16] 吉伯海,傅中秋,王秋东,等.我国大跨径桥梁钢箱梁的养护技术发展及展望[J].工业建筑,2018,48(10):1-9.

[17] 白思洁.海洋大气环境下两种典型复合涂层体系失效过程中物理化学性质及EIS参数的演变[D].北京:北京化工大学,2018.

[18] 裴佳齐,郭志奇,宋冰泉,等.跨海桥梁混凝土劣化分析及预养护[J].上海公路,2017(01):31-36+5.

[19] 汤勃,孔建益,伍世虔.机器视觉表面缺陷检测综述[J].中国图象图形学报,2017,22(12):1640-1663.

[20] 张辉,宋雅男,王耀南,等.钢轨缺陷无损检测与评估技术综述[J].仪器仪表学报,2019,40(02):11-25.

[21] 刘磊,王冲,赵树旺,等.基于机器视觉的太阳能电池片缺陷检测技术的研究[J].电子测量与仪器学报,2018,32(10):47-52.

[22] 常海涛,苟军年,李晓梅.Faster R-CNN在工业CT图像缺陷检测中的应用[J].中国图象图形学报,2018,23(07):1061-1071.

[23] 王新新,徐江伟,邹伟金,等.TFT-LCD缺陷检测系统的研究[J].电子测量与仪器学报,2014,28(03):278-282.

[24] XU K, AI Y, WU X. Application of multi-scale feature extraction to surface

defect classification of hot-rolled steels[J]. International Journal of Minerals, Metallurgy, and Materials,2013,20(1):37-41.

[25] HU H,LIU Y,LIU M,et al. Surface defect classification in large-scale strip steel image collection via hybrid chromosome genetic algorithm[J]. Neurocomputing, 2016,181:86-95.

[26] OH J K,LEE A Y,OH S M,et al. Design and Control of Bridge Inspection Robot System[C]// International Conference on Mechatronics & Automation. IEEE,2007.

[27] 曾燕华.基于计算机视觉的桥梁表面缺陷检测技术研究[D].广州:广东工业大学,2005.

[28] 蔡光明.高速铁路桥梁底面裂缝的视频检测系统研究[D].北京:北京交通大学,2011.

[29] 蔡钊雄.基于多足爬墙机器人平台的桥梁裂缝检测方法研究[D].广州:华南理工大学,2012.

[30] GANG L A,XI A,JIAN Z B,et al. Pixel-level bridge crack detection using a deep fusion about recurrent residual convolution and context encoder network [J]. Measurement,2021,176.

[31] 张志勇,刘心报.关于AHP中比率标度的选择问题[A]//中国系统工程学会决策科学专业委员会.中国系统工程学会决策科学专业委员会第六届学术年会论文集[C].中国系统工程学会决策科学专业委员会:中国系统工程学会,2005:5.

[32] 常健.基于模糊层次分析法的桥梁安全评价研究[D].衡阳:南华大学,2015.

[33] 朱诚.基于层次分析法和模糊数学对桥梁运营风险评估[D].昆明:昆明理工大学,2014.

[34] 陈根良.湿地资源质量评价方法——以湖南东洞庭湖国际重要湿地为例[J].测绘通报,2022,4(03):28-31+82.

[35] 杨爽,杨辉,曾义,等.基于模糊层次分析法的水力发电厂的安全性评价[J].水电站机电技术,2015,38(08):99-102+106.

[36] 郭聪,冯柯,董家辉,等.基于AHP和模糊综合评价的船艇装备战场损伤等

级评估[J].装备制造技术,2022(06):249-253.

[37] JEONG H L,JONG M L,HYUNG J K,et al. Machine Vision System for Automatic Inspection of Bridges[J]. 2008 Congress on Image and Signal Processing, 2008,10(2):363-366.

[38] LEE B J,SHIN D H,SEO J W,et al. Intelligent bridge inspection using remote controlled robot and image processing technique[C]. International Symposium on Automation and Robotics in Construction(ISARC), Seoul, Korea. 2011: 1426-1431.

[39] ERSOZ A B,PCKCAN O,TEKE T. Crack identification for rigid pavements using unmanned aerial vehicles[C]//IOP Conference Series:Materials Science and Engineering. IOP Publishig,2017,236(1):10-21.

[40] MANDAL V, UONG L, ADU-GYAMFI Y. Automated Road Crack Detection Using Deep Convolutional Neural Networks[C]// 2018 IEEE International Conference on Big Data(Big Data). IEEE,2018:5212-5215.

[41] GIRSHICK R,DONHUE J,DARRELL T. Rich feature hierarchies for accurate object detection and semantic segmentation[C]. In CVPR,2014.

[42] GIRSHICK R. Fast RCNN[C]. IEEE International Conference on Computer Vision. IEEE,2015:1440-1448.

[43] REN S Q, HE K M, GIRSHICK. R. Faster RCNN:to-wards real-time object detection with region proposal net-works[C]. In:Advances in Neural Information Processing Systems (NIPS). Montreal, Quebec, Canada: MIT Press: 2015: 91-99.

[44] REDMON J,DIVVALA S,GIRSHICK R,et al. You only look once:Unified, real-time object detection[J]. USA:IEEE,2016,2(4):779-788.

[45] REDMON J, FARHADI A. YOLO9000:Better, faster, stronger[C]. IEEE conference on Computer Vision and Pattern Recognition,2017:6517-6525.

[46] REDMON J, FARHADI A. YOLOv3:An incremental improvement[C]. IEEE conference on Computer Vision and Pattern Recognition,2018,arXiv:1804.0276.

[47] BOCHKOVSKIY A,WANG C,LIAO H M. YOLOv4:Optimal Speed and Accuracy

of Object Detection[C]. In ECCV,2020.

[48] LIU W,ANGUELOV D,ERHAN D,et al. Ssd:Single shot multibox detector [J]. In:Proceedings of European Conference on Computer Vision. Amsterdam, The Netherlands:Springer,2016,5(4):21-37.

[49] LIN T Y ,GOYAL P ,GIRSHICK R ,et al. Focal Loss for Dense Object Detection [J]. IEEE Transactions on Pattern Analysis & Machine Intelligence,2017,12(99):2999-3007.

[50] ZHANG L,YANG F,ZHANG Y D,et al. Road crack detection using deep convolutional neural network[C]//2016 IEEE international conference onimage processing(ICIP). IEEE,2016:3708-3712.

[51] 冯卉.基于深度学习的道路裂缝识别算法研究与实现[D].北京:北京邮电大学,2019.

[52] 车艳丽.基于深度学习的路面裂缝分类与识别技术研究与实现[D].西安:长安大学,2018.

[53] 温作林.基于深度学习的混凝土裂缝识别[D].杭州:浙江大学,2019.

[54] YANG X, LI H, YU Y, et al. Automatic pixel-level crack detection and measurement using fully convolutional network[J]. Computer-Aided Civil and Infrastructure Engineering,2018,33(12):1090-1109.

[55] DEODATIS G. Simulation of ergodic multivariate stochastic processes[J]. Journal of Engineering Mechanics,1996,122(8):778-787.

[56] PRIESTLEY M B. Evolutionary spectra and non-stationary processes[J]. Journal of the Royal Statistical Society:Series B (Methodological),1965,27(2):204-229.

[57] SEARS W R. Some aspects of non-stationary airfoil theory and its practical application[J]. Journal of the Aeronautical Sciences,1941,8(3):104-108.

[58] LIEPMANN H W. On the application of statistical concepts to the buffeting problem[J]. Journal of the Aeronautical Sciences,1952,19(12):793-800.

[59] SCANLAN R H,BELIVEAU J G,BUDLONG K S. Indicial aerodynamic functions for bridge decks[J]. Journal of the Engineering Mechanics Division,1974,100

(4):657-672.

[60] LI Q C,LIN Y K. New stochastic theory for bridge stability in turbulent flow. II [J]. Journal of Engineering Mechanics,1995,121(1):102-116.

[61] 王树青,梁丙辰. 海洋工程波浪力学[M]. 青岛:中国海洋大学出版社,2013.

[62] PIERSON W J,MOSKOWITZ L. A proposed spectral form for fully developed wind seas based on the similarity theory of S. A. Kitaigorodskii[J]. Journal of Geophysical Research Atmospheres,1964,69(24):5181-5190.

[63] GODA Y. A commpative review on the functional forms of directional wave spectrum[J]. Coastal engineering journal,1999,41(1):1-20.

[64] 中华人民共和国交通运输部. 港口与航道水文规范:JTS 145—2015[S]. 北京:北京人民交通出版社股份有限公司,2015.

[65] XU B,WEI K,QIN S,et al. Experimental study of wave loads on elevated pile cap of pile group foundation for sea-crossing bridges[J]. Ocean Engineering,2020,197:106896.

[66] WANG Z,QIU W. Characteristics of wave forces on pile group foundations for sea-crossing bridges[J]. Ocean Engineering,2021,235:19-29.

[67] ZHANG Z,TU J,WU L,et al. Numerical investigation on the wave force characteristics of multi-cylinder with equilateral-triangular arrangement[J]. Ocean Engineering,2022,243:110245.

[68] HALL D,LLINAS J. Multisensor data fusion[J]. Electronics & Communication Engineering Journal,2001,9(6):245-253.

[69] 刘慧,李清泉,曾喆,等. 利用低空视频检测道路车辆[J]. 武汉大学学报(信息科学版),2011,36(03):316-320.

[70] CHEN Z,LI H,BAO Y,et al. Identification of spatio-emporal distribution of vehicle loads on long-span bridges using computer vision technology[J]. Structural Control and Health Monitoring,2016,23(3):517-534.

[71] COIFMAN B,BEYMER D,MCLAUCHLAN P. A real-time computer vision system for vehicle tracking and traffic surveillance[J]. Transportation Research Part

C,1998,6(4):271-288.

[72] BEWLEY A,GE Z,OTT L,et al. Simple online and realtime tracking[C]//2016 IEEE international conference on image processing(icip). IEEE,2016:3664-3468.

[73] WOJKE N,BEWLEY A,PAULUS D. Simple Online and Realtime Tracking with a Deep Association Metric[J]. IEEE,2017:3645-3649.

[74] DAN D,GE L,YAN X. Identification of moving loads based on the information fusion of weigh-in-motion system and multiple camera machine vision[J]. Measurement,2019,144:155-166.

[75] 王俊骅,宋昊,景强,等.基于毫米波雷达组群的全域车辆轨迹检测技术方法[J].中国公路学报,2022,35(12):181-192.

[76] 郭天鸿,刘海峰,张禹森,等.基于毫米波雷达和单目相机的路侧高速感知系统[J].中国交通信息化,2023(05):106-109+113.

[77] 陈惟珍,王春生,徐磊.上海市外白渡桥剩余寿命与使用安全[J].桥梁建设,2002,2(6):7.

[78] CHEN S R,WU J. Modeling stochastic live load for long-span bridge based on microscopic traffic flow simulation[J]. Computers & structures,2011,89(9-10):813-824.

[79] 肖强.基于三车道交通流微观仿真的大跨桥梁汽车荷载响应分析[D].西安:长安大学,2016.

[80] 高欣凯.基于开放边界微观随机车流模型的连续梁桥车载效应研究[D].西安:长安大学,2021.

[81] 赵丹阳.基于监测数据的大跨径斜拉桥温度效应分离与变形预测研究[D].南京:东南大学,2019.

[82] 郭棋武,方志,裴炳志,等.混凝土斜拉桥的温度效应分析[J].中国公路学报,2002,15(2):51-54.

[83] XU Y L,XIA Y. Structural health monitoring of long-span suspension bridges[M]. CRC Press,2011.

[84] SALAWU O S. Detection of structural damage through changes in frequency:a

review[J]. Engineering structures,1997,19(9):718-723.

[85] NARUOKA M,HIRAI I,YAMAGUTI T. The measurement of the temperature of the interior of the reinforced concrete slab of the shigita bridge and presumption of the thermal stress[C]. Symposium of the Stress Measurements for Bridge and Structures. 1957:106-115.

[86] KIUREGHIAN A D. A coherency model for spatially varying ground motions[J]. Earthquake engineering & structural dynamics,1996,25:99-111.

[87] ZERVA A,ZERVAS V. Spatial variation of seismic ground motions:an overview[J]. Applied mechanics reviews,2002,55:271-297.

[88] BI K,HAO H,CHOU W N. Influence of ground motion spatial variation,site condition and SSI on the required separation distances of bridge structures to avoid seismic pounding[J]. Earthquake Engineering & Structural Dynamics, 2011,40:1027-1043.

[89] KIM T,KWON O S,SONG J. Seismic Performance of a Long-Span Cable-Stayed Bridge under Spatially Varying Bidirectional Spectrum-Compatible Ground Motions[J]. Journal of Structural Engineering,2021,147:1-19.

[90] ZERVA A. Spatial variation of seismic ground motions:molldeing and engineering application[M]. CRC Press,2009.

[91] VANMARCKE E H,FENTON G A. Conditioned simulation of local fields of earthquake ground motion[J]. Structural Safety,1991,10:247-264.

[92] HU L,XU Y L,ZHENG Y. Conditional simulation of spatially variable seismic ground motions based on evolutionary spectra[J]. Earthquake Engineering & Structural Dynamics,2012,41:2125-2139.

[93] BI K,HAO H. Modelling and simulation of spatially varying earthquake ground motions at sites with varying conditions[J]. Probabilistic Engineering Mechanics, 2012,29:92-104.

[94] KONAKLI K,DER KIUREGHIAN A. Simulation of spatially varying ground motions including incoherence, wave-passage and differential site-response effects[J]. Earthquake Engineering & Structural Dynamics,2012,41:495-513.

[95] THRAINSSON H. Modeling of earthquake ground motion in the frequency domain[D]. Stanford University,2000.

[96] LU X,CHENG Q,TIAN Y,et al. Regional Ground-Motion Simulation Using Recorded Ground Motions[J]. Bulletin of the Seismological Society of America, 2021,111:825-838.

[97] LU J B,HU L,XIA Z L,et al. Conditional simulation of non-stationary spatially variable ground motions for long-span bridges across non-uniform site conditions [J]. Advances in Bridge Engineering,2022,3(8):1-20.

[98] SHINOZUKA M,ZHANG R C. Equivalence between Kriging and CPDF methods for conditional simulation. Journal of engineering mechanics[J],1996,122 (6):530-538.

[99] HARICHANDRAN R S,VANMARCKE E H. Stochastic Variation of Earthquake Ground Motion in Space and Time[J]. Journal of Engineering Mechanics, 1986,112:154-174.

[100] Department of the Army Corps of Engineers. Coastal engineering manual[M]. U. S. Army Corps of Engineers,2002.

[101] MLIT. Technical standards and commentaries for port and harbor facilities [M]. Tokyo:The overseas coastal area development institute of Japan,2009.

[102] 房忱.风浪联合作用下的大跨度桥梁响应特性及桥上列车走行性研究 [D].成都:西南交通大学,2020.

[103] ZHU J,ZHANG W,WU M X. Coupled dynamic analysis of the vehicle-bridge-wind-wave system[J]. Journal of Bridge Engineering,2018,23(8):04018054.

[104] 涂志斌.多维随机荷载组合方法及风浪耦合荷载效应研究[D].杭州:浙江大学,2016.

[105] 林皋.研究拱坝震动的模型相似率[J].水利学报,1958(1):80-104.

[106] 夏颂佑,张楚芳,张鸣岐.动态结构模型相似条件若干问题的探讨[J].河海大学学报(自然科学版),1980(1):61-74.

[107] 迟世春,林少书.结构动力模型试验相似理论及其验证[J].世界地震工程,2004,20(4):11-20.

[108] 杨树标,李荣华,刘建平,等.振动台试验模型和原型相似关系的理论研究[J].河北工程大学学报(自然科学版),2007,24(1):8-11.

[109] 林皋,朱彤,林蓓.结构动力模型试验的相似技巧[J].大连理工大学学报,2000,40(1):1-8.

[110] 张兆顺,崔桂香.流体力学[M].北京:清华大学出版社,2006.

[111] 杨建民,肖龙飞,盛振邦.海洋工程水动力学试验研究[M].上海:上海交通大学出版社,2008.

[112] ZHENG X Y, LI H, RONG W, et al. Joint earthquake and wave action on the monopile wind turbine foundation: An experimental study [J]. Marine Structures, 2015, 44: 125-141.

[113] 李玉刚,任年鑫,莫仁杰,等.风浪联合作用下海上风机动力响应模型试验设计方法[J].实验室科学,2016,19(6):1-4.

[114] 陈国建.箱式超大型浮体的水弹性模型试验[J].海洋工程,2003,21(3):1-5.

[115] 徐英辉.渤海导管架平台设计中的环境荷载组合研究[D].青岛:中国海洋大学,2013.

[116] FOWLER M. Refactoring: Improving the design of existing code[M]. Addison Wesley Longman, 1999.

[117] ERICH G, RICHARD H, RALPH J, et al. Design patterns: elments of reusable object-oriented software[M]. Addison Wesley Longman, 1995.

[118] ERIC F, ELISABETH F. Head first design pattern[M]. O'Reilly Media, 2004.

[119] 胡鹏.基于热点应力法的钢桥面板的疲劳性能研究[D].南京:东南大学,2015.

[120] 刘高,朱乐东,项海帆.大跨桥梁抖振内力分析与应用[C]//中国公路学会桥梁和结构工程分会,云南省公路学会,云南省公路规划勘察设计院,中国云南路桥建设集团股份有限公司,云南交通咨询有限公司.中国公路学会桥梁和结构工程分会2004年全国桥梁学术会议论文集.人民交通出版社,2004:8.

[121] 李杨海,程潮洋,鲍卫刚.公路桥梁伸缩装置实用手册[M].北京:人民交

通出版社,2007.

[122] LIMA J M,BRITO J D. Inspection survey of 150 expansion joints in road bridges[J]. Engineering Structures,2009,31(5):1077-1084.

[123] GUO T,LIU J,ZHANG Y F,et al. Displacement monitoring and analysis of expansion joints of long-span steel bridges with viscous dampers[J]. Journal of Bridge Engineering,2015,20(9):1-10.

[124] FU C C,ZHANG N. Investigation of bridge expansion joint failure using field strain measurement[J]. Journal of Performance of Constructed Facilities,2010,25(4):309-316.

[125] 王新敏. ANSYS工程结构数值分析[M]. 北京:人民交通出版社,2007.

[126] CAMPBELL T I,KONG W L. TFE sliding surfaces in bridge bearings[R]. Ontario:Transportation Association of Canada(TAC),1987.

[127] STANTON J F,ROEDER C W,CAMPBELL T I. High-load multi rotational bridge bearings. Appendix C:Friction and wear of PTFE sliding surfaces[R]. Washington,DC:National Academies Press,1999.

[128] ARCHARD J F. Contact and rubbing of flat surfaces[J]. Journal of Applied Physics,1953,24(8):981-988.

[129] RIGNEY D A. Comments on the sliding wear of metals[J]. Tribology International,1997,30(5):361-367.

索　引

B

边缘计算 …………………………………………… 26
病害智能化识别专家决策系统 …………………… 62
波浪荷载仿真 ……………………………………… 115

C

层次分析法 ………………………………………… 5

D

地震作用仿真 ……………………………………… 146

F

风-车-浪-桥多耦合振动分析 ……………………… 178
风车耦合关系 ……………………………………… 169
风荷载仿真 ………………………………………… 108
风浪耦合关系 ……………………………………… 156

G

港珠澳大桥 ………………………………………… 1
工业 4.0 时代 ……………………………………… 105

J

交通荷载重构 ……………………………………… 108
交通荷载感知 ……………………………………… 122

L

流计算 ··· 31

M

盲区定位技术 ·· 62
模态识别 ·· 38

Q

桥梁服役性能仿真、在线评估与分级预警系统 ············· 231
桥梁健康监测系统 ··· 10
桥梁适应性评定 ·· 208
桥梁综合技术状况评定 ·· 192
桥梁综合评定 ··· 214

S

数据异常诊断 ··· 33
数据中台 ··· 29

T

涂层劣化 ··· 6

U

UWB 辅助定位技术 ··· 73

W

温度作用仿真 ··· 134
涡激振动识别 ··· 45
5G 无线专网 ·· 76

无人平台 ·· 62
无线传感网络 ·· 11

X

斜拉索异常振动识别 ···································· 47

Z

正反结合 ·· 183
综合集控系统 ·· 62
最不利荷载组合 ··· 174